淘宝、天猫店核心盈利技术

雷自昌 著

清华大学出版社

北京

内 容 简 介

用昨天的运营理念和技术去应对今天的残酷竞争，却试图实现明天的伟大梦想，这本身就是幻想！店铺运营理念不清、思路混乱、运营技术落后，是淘宝和天猫卖家不盈利的根本问题！

本书提出的快速打造淘宝和天猫盈利店铺的"五步法"核心盈利技术体系，已经在广大用户中得到了广泛验证，被普遍认为是效率高、效果好、完全安全的店铺核心盈利方法。"五步法"以最新战略管理与市场营销理论为基础，结合了作者十几年来的淘宝和天猫实战经验，并吸纳了众多大卖家的成功做法，做到了"理论顶天，实战落地"，希望能帮助广大卖家朋友脱离店铺不盈利的境况。

本书适合长期被店铺利润困扰而无力自救的淘宝和天猫店铺卖家研读；也适合大中专院校的电子商务专业学生作为重要的专业辅助读物、学习一线电商实操的参考书；还适合广大淘宝和天猫店铺的运营专业人士学习，以提高自己的运营理论水平和实操技术水平，提升自己的职场竞争能力。

本书封面贴有清华大学出版社防伪标签，无标签者不得销售。
版权所有，侵权必究。举报：010-62782989，beiqinquan@tup.tsinghua.edu.cn。

图书在版编目(CIP)数据

淘宝、天猫店核心盈利技术 / 雷自昌 著. —北京：清华大学出版社，2020.4（2023.11重印）
ISBN 978-7-302-55172-0

Ⅰ.①淘… Ⅱ.①雷… Ⅲ.①电子商务—商业经营—中国 Ⅳ.①F724.6

中国版本图书馆 CIP 数据核字(2020)第 049580 号

责任编辑：刘金喜
封面设计：周晓亮
版式设计：孔祥峰
责任校对：成凤进
责任印制：杨 艳

出版发行：清华大学出版社
　　　　网　　址：https://www.tup.com.cn，https://www.wqxuetang.com
　　　　地　　址：北京清华大学学研大厦 A 座　　邮　编：100084
　　　　社 总 机：010-83470000　　　　　　　　邮　购：010-62786544
　　　　投稿与读者服务：010-62776969，c-service@tup.tsinghua.edu.cn
　　　　质 量 反 馈：010-62772015，zhiliang@tup.tsinghua.edu.cn
印 装 者：涿州市般润文化传播有限公司
经　　销：全国新华书店
开　　本：190mm×260mm　　印　张：17.75　　字　数：360 千字
版　　次：2020 年 5 月第 1 版　　印　次：2023 年 11 月第 4 次印刷
定　　价：68.00 元

产品编号：083790-01

作者简介

雷自昌(火星)，四川宜宾人，幕思城创始人、首席执行官(CEO)，成都大学2010级市场营销专业休学创业者，2008年进入淘宝开店创业，2012年成为淘宝万堂书院认证讲师，十多年来一直战斗在电商运营一线，是中国早期一批系统总结电商运营知识的探索者，也是推动中国电商运营知识普及教育的尝试者和实践者。

总 序

要论进入21世纪以来中国最伟大的商业变革,我认为非电子商务莫属,它不仅塑造了中国新的商业模式,也深度影响了大众的生活方式。中国仅用了20多年的时间,就在电子商务领域取得了举世瞩目的成就。

电子商务在中国,既是一种商业模式革命的成功,也是无数中国普通人成功实现创业梦想的绝佳舞台,更是推动中国经济发展的重要动力之一。在这次轰轰烈烈的中国电商潮流中,涌现出了以马云和刘强东等为代表的一大批改变世界的电商领军企业家。他们带领中国普通电商人心往一处想、力往一处使,通过短短20多年的集体努力,就完成了一次既改变个人命运又改变中国国际形象,更是改变人类社会发展进程的伟大社会变革。

中国电商崛起的过程中,数千万中国电商卖家用"摸着石头过河"的大无畏精神,靠着中国人特有的智慧、勤劳与执着,前赴后继,勇往直前,创造了现代商业史上的伟大奇迹。中国电商人在这20多年间,有太多可歌可泣的事迹,有太多可供书写的故事,有太多可供总结的经验和理论,值得有使命感的中国人去记录、记忆和传播,以影响更多人参与到这场史无前例的人类商业变革中去。

幕思城作为一家中国最早一批加入电商教育培训领域,以"帮助电商领域普通人创造不普通事业"为使命的专业电商服务机构,不仅见证了中国电商奇迹,更是为亲身参与奇迹的创造而倍感自豪。作为中国电商的直接受益者,幕思城在带领团队帮助电商卖家打造盈利店铺的过程中,越来越感觉到有必要正本清源,主动承担起整理中国电商运营经验和

知识的任务,力争把中国电商人探索形成的宝贵方法理论化、系统化和书本化,供后人学习和借鉴。

未来,幕思城将以"幕思城电商图书"为系列书名,资助出版电商领域的学术著作、教材、工具书、通俗读物、传记、文学作品、译作等书籍,以向为中国电商崛起而奋斗的电商人致敬!

我们想为中国电商做点什么!

佚 名

推荐序一

实际上，我们在面对成功或失败的时候，大都非常偏激，呈现出两种完全不同的状态。当我们取得成功的时候，很容易被胜利冲昏头脑，往往习惯性地去总结成功的"经验"，而对于当初冒过的风险却视而不见。其实，成功的时候去总结经验，固然有其重要的借鉴价值，但是大多数时候都会让自己更加膨胀，最后在头脑癫狂的道路上逐步走向事业崩溃。我的看法是，当人成功的时候，一定要重视自己当初"赌博"过的运气。你的成功可能只是当时运气好，而下一次你可能就没有那么好的运气了。

对于失败，我们却往往非常悲观，总结的时候关注点大多数也是失败的原因或者风险。失败时，过多关注失败因素会让我们否定自己，甚至自卑到失去未来努力的动力。其实，那些失败的因素我们都已经用时间、精力、资金等去检验过了，那些不能再犯的错误就是我们宝贵的经验。既然是经验，而且已经交了"学费"，就要牢牢记住，切不可再交学费去"重修"。

本书充满了作者对运营淘宝和天猫店铺成功经验和失败教训的理性总结，贯穿了"从成功中总结风险"和"从失败中总结经验"的理念，避免了以偏概全、把个案放大成规律的片面，确保了形成的系统知识具有理论上的系统性和操作上的可行性，值得电商领域的广大创业者、从业者和学生去学习和借鉴。

作为一个老淘宝人，我对于书中总结的方法和提出的理论深有同感，也非常认可。如果这本书能够早10年出版，我相信它能够拯救更多的淘宝卖家，让他们在寻求发家致富的道路中省去无谓的摸索。

这本书也让我回想起了自己早期的深刻的淘宝经历，顺便写出来供大家借鉴。其实，十几年前发生的悲剧，依然是现在绝大部分卖家的常态！

一、我的第一个淘宝店

叮咚!

这是淘宝人最熟悉的声音。

我永远都记得我的淘宝店的第一个"叮咚",因为它正式开启了我真正的淘宝生涯。

2007年深秋的一个晚上,我百无聊赖,和每天这个时候一样,趴在开着的电脑面前打瞌睡。像这样在电脑前憨憨守着淘宝店铺的日子,我已经经历了好多天了。店铺真的是一点儿动静都没有!我就像一个坐在平静水边,死死地盯着纹丝不动的浮漂的垂钓者,放空着大脑,幽幽地等着鱼儿上钩,但是却永远不知道水下到底有没有鱼。

在那个生活艰难的岁月,想开个属于自己的淘宝店,赚点儿钱弥补生活所需,最初的想法就这么简单。刚开始,我只有一个蒙眬的开店想法,不知道怎么做,有问题也不知道去哪里问。

幸运的是,我老婆老家的郭叔有一个服装代工厂,主要给韩国厂商生产服装。韩国人每次都会多给一点料,以备残次品损耗和正常消耗。因此,每次交完货之后一般都会多出一些料来,郭叔也会把这些剩下的料做出成品。这些多出来的服装和检验不合格的残次品服装,郭叔一般会等上门来收外贸尾单的人拿走。即使这样,最后还是会剩下一些没人要的衣服。慢慢地,郭叔的仓库里就积累起了越来越多的外贸尾单。

于是,我老婆就让丈母娘去郭叔家问一问还有没有剩下的衣服。果然,仓库里还有很多剩下的外贸尾单。郭叔人很好,允许我们卖了衣服再付款。很快,第一批衣服就过来了。

天哪,简直就是万国牌,各种各样的衣服,款式和颜色多种多样,有的还只有一件。不过,对于找不到货源的我来说,还是相当满意的。因为衣服超级便宜,记得最开始是7元到10元一件,而挂在店里能卖90~120元,价差大得惊人。有些衣服的韩语吊牌都是完整的,记得吊牌价有高达一万韩元以上的,最高的吊牌价甚至达到了45 000韩元。在那个品牌管理不严格的淘宝时代,把吊牌价拍在详情页里,那是相当具有促销作用的,这就是平台红利!

这时候,家里的二手索尼长焦照相机派上了用场。说是拍图,也就是将衣服在床上铺好,然后把焦距对好,简单拍张图就行。那时候既不懂灯光、构图、修图,也不会PS,随便用软件剪切一下图片就挂在店里开卖了。至于标题和详情页等,自己知道很重要,但没人教我怎么写,所以就按照自己的想法尽可能描述得自己满意就行了。

店就这样开起来了。不过,一天一个人都没有。怎么办呢?想起了当时淘宝有一个在店里拍卖宝贝的做法,就把那个只有一件的绿色时尚女士短上衣拿来拍卖,卖15元。就是这个拍卖品，引来了第一个"叮咚"。后来，也不知道为什么店铺就莫名其妙有了连续不断的"叮咚"。

生意就这样慢慢好了起来，一天最多时可以发出去几十单。再后来，因为我的东西好，价格便宜，引来了很多淘宝卖家，他们主动通过旺旺上门来联系批发，最远的居然还有台湾同胞来联系我批发了好多女士打底衫。

不过，尾单数量有限，卖完就没有了，当时对于畅销的打底衫没有爆款思维，也就没有想过联系生产厂家追加订货。现在想想，真的可惜市场机会了！

2008年5月12日，四川遭遇重大地质灾害，汶川地震改变了一切。我很长一段时间都没有打理店铺，店也就这样垮了。后面我再也没有恢复这个店了。

其实，这是一个开头很好的店！从信念上讲，如果我能够坚持，则这个店现在应该是个大店了；从经营理念上讲，如果我能够根据用户的需求不断推出新产品，则这个店现在也应该是个大店了；从精力上讲，如果我能够全身心投入，则这个店现在应该已经很大了，说不定都是全国著名服装品牌店了。

不过，一切都不能假设，一切都不能"如果"。

我后来总结这一段淘宝开店史的时候，最大的感触就是，"它是靠运气'蒙'出来的店，迟早会'垮'，现在没'垮'只是时机未到"。实事求是地讲，虽然我的理论水平在当时还是很高的，但是当时我确实没有成型的"淘宝盈利理论"做支撑，更没有打造淘宝盈利店铺的系统方法，我也不可能无师自通。

不懂的事情，做起来真的很难！

二、倒下的昔日淘宝大店

"我现在一天可以发3 000多双了，最高峰的时候一天发过6 000多双。"

当小黄给我说起他们的淘宝店每天可以发3 000双以上鞋的时候，我觉得他们真的很厉害。在那个还没有"双十一"的淘宝时代，这个发货量对于绝大部分淘宝卖家来说就是一个天文数字。即使放到现在，这个日发货量也是绝大多数淘宝卖家望尘莫及的。

他们是两个初中同学合伙做的淘宝店。小黄大学毕业后去国外工作了几年，挣了一些钱。回国后，在2007年春天，小黄就和自己的初中同学小杨一起做起了淘宝店。

他们一开始就大手笔，投入很大，搭建了专业的队伍，购置了专业的摄影设备，还找我帮忙在大学里招模特。但是，丰满的理想在骨感的现实面前，总是那么的苍白。

刚开始的时候，真的没什么生意！这种艰难一直持续到了2008年4月。

4月的一天，小黄跟我说，前面投入的30多万元资金基本上快要耗光了，现在账上还剩一万多，最多还能再撑一个月。如果马上退出，还可以保住最后剩下的一万多块钱。但是他们不甘心，决定坚持到耗光最后一分钱。

2008年5月12日，发生了令世界震惊的汶川地震。他们都以为淘宝店这次肯定完了。但是，恰恰相反！地震之后，全国人民都支持四川的灾后重建，因此很多淘宝买家更倾向于在四川店铺里买东西。真的是人多力量大，他们的淘宝店简直是一飞冲天，瞬间发货就忙不过来了，场地不够大，人手也不够。

淘宝店的特点就是强者恒强！一旦店的销量冲起来了，后面靠惯性都能运行很长一段时间。

再后来，货源跟不上了，怎么办？

那就投资一家生产厂？

一天晚上，小黄和小杨一起来征求我的意见，他们想马上开工厂。他们说，现在每天的发货量都很大，工厂从每双鞋上要赚很多钱，如果有了自己的工厂，也就意味着以前工厂赚的钱就不用再付出去了，都是自己的了。这样，一年下来光这一块就有上千万元的利润。

我说，数字上是可以这样算账，但是做工厂意味着是进入另外一个完全陌生的领域，跟开淘宝店卖东西完全不是一件事情。以你们的精力、经验和阅历，应该是完全驾驭不了做工厂的，建议最好还是不要做工厂，像现有这样跟工厂合作更好一些。

不过，他们没有接受我的建议。很快，他们的工厂正式开张了。

一切都仿佛进展得顺风顺水，小黄和小杨宛然是成都淘宝女鞋的一片旗帜。他们也觉得前途一片光明，还注册了很多品牌，想进一步做大做强。后来，他们觉得女包、女装、女帽等这些产品都是女性用品，关键是每天这些类目的产品销量都很大，别人卖得那么好，他们认为自己能把女鞋做好，这些东西也应该都可以做好！不过，女包、女装、女帽等与女鞋不一样，他们发现自己很难像那些大店一样把这些产品做好，甚至因为精力分散，女鞋销量也开始走下坡路了。

到了2009年的时候，小黄还咨询我，能不能再开辟一个淘宝培训新业务。他们发现很多想开淘宝店的人都不会开店，又没有人教，于是他们想去做淘宝培训。我还是建议他们要冷静，自己的优势不在培训而在店铺运营上面，最好还是专注把淘宝店做好，别人能赚钱的事情你不一定能做好。这一次，他们听了我的意见，没有去做淘宝培训。

后来，他们与我接触越来越少，然后就没有了他们的消息。再后来，从同行那里得到了他们的最新消息，说是他们早就散伙了，店也早就垮了。

人哪，总是容易疯狂！

刚开始，店家往往小心翼翼，就怕自己做不好一个店。但是，店铺一旦有了点起色，就开始躁动。要是做了几个爆款，就觉得自己无所不能，就开始"谋划"开新店、"谋划"进新类目、"谋划"开工厂……

该谋划的不谋划，不该折腾的瞎折腾，这就是大多数淘宝卖家的"元神"！

三、小故事里的大启示

面对店铺的成功，一定要分清自己是"运气好"还是"水平高"！

做淘宝，要勤奋和勇气，但是更要掌握规律。

如果你不知道自己是怎么做起来的，无论你现在做得有多大，你一定会在未来一个不确定的时间不知不觉就突然倒下了。因为你把店铺做起来不是因为你水平高，而可能是当时运气好。当运气不再出现的时候，你的好日子就结束了。

做淘宝，比努力"做起来"更重要的是，你要知道"应该怎么样做起来是对的"。很多淘宝店主都极其容易迷失在眼前的盈利中，看着自己的支付宝在"长大"，就觉得自己很厉害，开始憧憬未来的宏伟事业，甚至开始模拟富豪的生活。小黄自始至终不知道自己是怎么起来的，就不知道该在哪些地方继续努力，也就更不知道哪些地方是坚决不能去碰的。比如，你能开店，你就能开厂吗？你能做女鞋店，你就能做女包店吗？你能做淘宝店，你就能做淘宝培训吗？

只要你不能让"来钱"变成必然，就必然会最终"没钱"。当你有一点点成绩的时候，比较冷静的一件事情是悄悄问一问自己，"是我运气好"还是"我的水平高"。回答这个问题，一定要老实，不要欺骗自己，要仔细回忆自己店铺的每一处细节。很多人负责任地回答完这个问题之后，都会觉得后脊梁发冷。原来自己现在的一切不过是"比别人运气稍微好了一点"而已，只是碰巧做对了很多事情，而不是仔细比较了各种做法，最后充满信心地选取了最符合规律的那一种。

很多人总是说，我认真考虑一下，但是因为没有考虑的"模板"，实际上根本不知道考虑什么，很多时候都只是假装在沉思，实际上脑袋却处于放空状态。虽然耗费了"思考"的时间，但最后还是拍了拍脑袋、凭直觉定了一个不需要思考的方案。其实，你不假装在思考，最后还是会选择这个拍脑袋的结果，你只是被自己的假装认真思考感动了而已！

很多淘宝、天猫卖家最拿得出手的是自己的勤奋、勇敢。

勤奋而勇敢的人很多，真的能出人头地的却寥寥无几。中国数亿农民都很勤奋，但是谁见过农民只靠勤奋登上了富豪榜？改革开放之后，对于东部沿海地区"两眼一抹黑"的农民工有很多，他们靠着勇气闯天下，但又有几个人是出人头地的。做淘宝需要勤奋，但光有勤奋是不够的，勤奋不是做好淘宝的唯一条件。做淘宝需要勇气，但勇气也不是做淘宝的唯一利器。

淘宝、天猫卖家，只有掌握了可靠的盈利规律，加上持续的勤奋和大无畏的勇气，你才可能真的会拥有成功的淘宝人生。

四、可靠的盈利书籍

我觉得，雷自昌是中国普通人投身电商事业，并以此来实现命运改变的典型代表之一，也是中国千千万万个普通人帮助其他普通人走上发家致富之路的缩影。他把自己的淘宝、天猫运营经验写成书，希望用可靠的知识去帮助更多想在淘宝、天猫上创业成功的普通人，这是非常值得鼓励的。

该书是雷自昌在总结自己十几年淘宝、天猫运营经验的基础上，加上大规模淘宝、天猫成功和失败案例分析之后，形成的相对非常规范的打造盈利店铺的专著，值得广大电商人学习。

该书有如下特色。

(1) 该书是淘宝、天猫专业书籍中以打造盈利店铺为主题的专著，是对淘宝、天猫卖家多年有效运营经验的高度总结和规范理论提炼，填补了中国电商领域理论研究的空白。

(2) 该书的理论框架完全符合当代企业管理理论，特别是市场营销理论的内核。该书以客户为中心，以清晰的目标客户来确定店铺的战略、定位、产品、定价、渠道和促销等具体经营活动，与当代最新企业管理理论具有内在统一性。从该书中能够清晰地看到营销理论大师科特勒的影子，也体现了作者对现代战略管理理论的深刻理解。

(3) 该书实现了企业管理理论与电商实践的完美结合。虽然中国的电子商务专业在大学课程中已经开办了20年，但是电子商务专业的教学计划和教科书基本属于"既不电子也不商务"，培养出来的学生也很难适应电商实战的需求。该书真正打通了理论与实操之间的界限，为读者给出了在淘宝、天猫平台上做盈利店铺的具体操作步骤。

(4) 该书既不是理论的堆积，也不是操作步骤的罗列，而是有理论深度的规范操作体系的。很多教科书都是没有实践经验的人通过整理知识形成的，这种书往往满足于逻辑体系的完整，强调概念的准确和理论的逻辑自洽，但是很难得到实践的验证。该书阐述的打造盈利店铺的方法，已经被上万名淘宝、天猫卖家使用并被验证是有效的。

希望《淘宝、天猫店核心盈利技术》能够帮助更多的淘宝、天猫卖家实现盈利梦想，走上富裕之路。

佚　名

推荐序二

我是一名创业十年以上的电商"老兵"。我经常对所有的创业者讲,别人看不起你光鲜的那一瞬间,就是你光鲜的开始。创业是一条永不回头的路,唯有真正取得一些成绩,你才有下一场战斗的机会。而幕思城就是全力帮助电商领域普通人创造不普通事业的团队,雷自昌就是在不断总结电商人成功和失败的经验后,全力帮助电商人成长的普通人。我和他一样,我相信普通人也能创造时尚与美。

与自昌相识是在一场创业分享会上,我们是多年的兄弟,亦师亦友。我们有相同的创业背景,都来自大山;我们有相同的学习习惯,都不断地提升自己;我们有相同的价值观,不断总结失败,调整最佳状态。创业路上,和自律的人在一起,你不会甘于堕落;和积极的人在一起,你不会步入平庸。

书中大量的实操案例,无论运用好其中的哪一种,都会有很大的提升。例如,我们常用的"以爆制爆"的方法、社群实操的技巧等,都是老电商人宝贵经验的总结,更是"弯道超车"的秘诀。幕思城也自主开发了很多工具,如潜在蓝海行业的分析工具、关键词的工具等,都能带来电商效率性革命。

我和阿么走过了10多年,一个电商品牌走了10多年真的不容易。我们曾经取得了单日销售16万双鞋子的奇迹。能走到今天,少不了日常认知的积累、平台供应商的帮助、兄弟和朋友的支持,更少不了对创业方法的总结。对创业方法的总结如下。

- 聚焦与专注
- 可持续发展
- 以人为本,团队年轻化

- 一步一个脚印，万事先规划
- 控制成本，现金流就是生命
- 科技与新制造的结合

创业路上，幕思城成就无数个普通人。我们在一起，永不止步。我相信终身成长，普通人也能创造不普通的事业。

肖龙(阿么创始人)

2019年6月26日

推荐序三

我做电商有12年了,进入电商行业一开始是开的杂货铺—零食小吃—淘宝店,店内产品有泡椒凤爪、牛肉干、豆腐干等零食,这类产品的利润率比较低。在梳理店铺数据的时候,我发现有一个词很特别,那就是"巧克力礼盒"。深入分析数据之后发现,搜索"巧克力"的客户需求是零食属性,而"巧克力礼盒"具备零食属性和礼品属性。于是我在2011年开了天猫店,主打巧克力礼盒,店铺定位"巧克力类目的玫瑰花店",这一做就快10年了。

我和火星(雷自昌)认识大概是在2013年。那个时候,他在万堂书院线下车友会讲直通车课程,我当时就被他身上那种踏实、实干的精神给吸引了,我们成了很好的朋友。

在我做电商的过程中,我参加过各种线上线下的培训。2010年,我就参加了淘宝大学第二期的MBA班,当时的授课老师有"铁木真"陆兆禧和"逍遥子"张勇。和我同一期的同学有"韩都衣舍"赵迎光、"茵曼服饰"方建华、"云集"老板肖尚略等。现在电商已经发展到非常成熟的阶段,已经过了发布商品之后随随便便捣鼓一下就能赚大钱的时代,学习肯定是必需的。

电商方面的书我平时看得少,因为我过去大概知道电商行业的书籍一般是什么样子,要么是讲一些新手开店的基础知识,没有太大意义;要么是杂七杂八的个人经验,让人难以信服。但是,当我看完火星老师这本书之后,颠覆了我以前的认知。这本书的框架和逻辑都是循序渐进的,既有科学的商业理论作为基石,又有作者大量的店铺实操,具体的方法也经过教学实践检验,甚至这里面有好几个方法正是我目前在使用的。例如,人群重新定位。我当年就是把买巧克力的个人买家,重新定位成买巧克力礼盒的送礼人群,还有里面讲到的记录款式的数据、记录竞争对手的店铺数据等。这个方法我用了10年,其对于优化搜索排名，效果非常明显，而且我还保存了近10年行业大量的数据，可以精确预估未来90天店铺的流量、转化率、客单价甚至每天的销售额，对于我们这类节日档期礼品类目尤为重要。

所以我觉得，对于正在路上的中小卖家来讲，有这样一本严谨的电商盈利教材作为"兵"书，一定可以让自己在店铺发展过程中少走很多弯路，也一定能够加速自己打造盈利店铺的速度！

李 严

2019年6月30日

推荐序四

壮志胸怀磨砺出，壮丽人生干中来。

火星老师深耕电商培训十年，热忱待人，真诚助人，如星辰一般照亮无数电商人的梦想。

此书汇聚了火星老师十年电商生涯的如是种种，千百个典型案例熔炼于一体，实在值得推荐，值得一看。

——落叶 万堂书院成都车友会会长

与火星老师相识已有多年，每次交流都乐于分享，毫无保留，火星老师是电商培训课程的先行者，课程系统化，实操性强，帮助数万电商卖家答疑解惑，解决困难，指明方向。作为竞争对手，我不希望你看到这本书，作为一个电商人，我建议你尽快买下！

——雪狼(游国满) 淘宝大学讲师

"思路决定出路"，本书毫无保留地讲解了电商运营思路和各种营销方法的底层原理，深入浅出，值得一口气看完，然后连看三遍，可称得上是电商思维宝典。

——吴博 幕思城经理班学员 大码女装TOP卖家

和大多数人一样，我是一名普通的"炊二哥"。我坚信：一名将菜品卖不出去的厨师不是一个好厨师。于是，2013年开始我便在1688创业销售自己拿得出手的产品。2016年，在电商这条路上感觉已经走不下去了，贷款高达75万元。为了实现当初这份梦想，一个偶然的机会，朋友介绍我认识了火星。把自己的情况告诉给火星后，我提出先学习后交学费的要求(当时并没见过面,经济现状的确很困难,且不敢再相信培训学校),让人意外的是,火星直接答应了。就这样我进入幕思城全面学习"带你打造盈利店铺"的系统课程。最要命的是,幕思城那一套完全有别于其他培训学校的教学体系:进校要分班,然后再分组;每班有班主任(幕思城老师),每组有小组长;基础课程14天(成长营),一天都不能间断;每天有家庭作业,一天未交作业小组就要被扣分,自己还要交罚款。这样的教学体系,完全超越了我认识的九年义务教育。

幕思城的使命是"全力帮助电商领域普通人创造不普通事业",在当下浮躁的经济社会中,我认为这是一种十分难得的态度、修养和境界,这就是我认识的火星。至今为止,我在幕思城学习已经3年了,完全摆脱了当初生意上的困境,从找方向到定位,从选品到爆款,一步一步按照火星教的技巧来做,把他的思想完全贯穿到生意中。我的食品厂只为电商卖家服务,除了自己的多个店铺,还为多家天猫旗舰店供货,企业纯利达百万元以上。

感谢火星,我生意的导师,人生的贵人。强烈推荐在电商事业中遇到瓶颈的、找不到方向的、想要快速起步的、电商事业想要做得更大更稳的卖家朋友们,认真把《淘宝、天猫店核心盈利技术》这本书看上三遍,相信您会更加优秀,企业更加卓越!

——胡润 幕思城经理班学员 食品类目TOP卖家

选择大于努力,选择不对,努力白费。在电商行业日渐盛行的今天,选择电商,在我看来,已经选择了一个正确的方向。有人说,高考改变一个人的命运,而在我看来,改变命运的不是上了大学,而是上了大学接触了电商。

很多人都像我之前一样,从各个渠道学习了各种各样的电商知识,而真正地运营店铺时,却不能把学习到的知识点串联在一起,只能是打游击战术,最终以失败告终。

对于中小卖家而言,实战、落地、系统是最需要的,刚接触淘宝、天猫运营的新手,期望能有人手把手地教他。成熟的运营,需要的是更加系统的知识和独立的思维方式,而《淘宝、天猫店核心盈利技术》这本书,立足于大中小卖家的痛点,详细讲解各个环节细节,实操落地,通俗易懂,深入浅出,不管你是菜鸟还是老手,都能轻松掌握每个知识点。祝大卖!

——徐磊 幕思城经理班学员 零食类目TOP卖家

自 序

电商就是我的生命

人，一定要与自己的祖国同呼吸共命运！

我很庆幸自己出生在中国，也很幸运自己在青年时代就能分享到中国经济增长奇迹的成果，否则我这么一个穷困的农家子弟可能真的永无翻身之日。是中国的经济奇迹和电子商务的飞速崛起，给了我改变命运的历史机遇。我深深感谢自己伟大的祖国和这个激情四射的时代，它使我可以用勤奋来获得个人成就和生命的尊严，它也使我能够比大多数同龄人更早得到更多的社会认可和更丰富的人生阅历。

像我这样的普通农家子弟，都能通过自己的努力获得成功，这让我更加坚信中国的未来一定会更好！

一、农村，给了我坚强性格

说实话，我做梦也不会想到，自己会在中国电子商务领域做了这么多有意义的事情，帮助了那么多电商创业者和从业者摆脱淘宝、天猫开店困境，最终赢得人生财富。估计当年我贫困的父母从来也不会意识到，自己普通得毫不起眼的儿子会成为中国电商领域众多卖家追捧的对象。

人生，就是这样充满惊喜！

（一）贫穷让我早懂事

1989年的冬天，我出生在四川宜宾的一个偏远农村。父母都是老实巴交的农民，以种田为生。小时候家里很穷，一家人住在一个泥巴砌的房子里面(见图0-1)，几乎找不到比"家徒四壁"更好的形容词来描绘我的家了。

图 0-1

我们那个地方把这种房子叫作土墙房，这种房子一到雨天就容易漏雨。为了防止这个土墙不被雨水淋湿而倒塌，父亲需要经常搭个梯子上房去揭瓦。虽然父亲很努力，但是在下雨天房子还是经常漏雨，这个时候就需要在漏雨的下方放个水桶接水。有时候雨太大，家里面会放上四五个甚至更多的水桶接水，否则，家里就很可能被雨水淹没。记得有一年夏天，突降暴雨，从房顶涌下来的雨水瞬间就压塌了蚊帐，一家人在慌乱中度过了一个不眠之夜。

在我5岁那年，弟弟出生了，家里显得更加的贫困。在弟弟未满一岁的时候，为了缴纳2 500元的超生罚款，父亲跑遍了整个村子，但是却没找到一家人愿意借钱给我们。坚持不懈的父亲又跑了一圈，终于借到了杯水车薪的200块钱。最后，父母只有将我们家最值钱的"过年猪"卖了。我至今仍然清晰记得在"过年猪"后面追赶的哭泣的母亲，因为那是母亲忙碌一年为家里过春节的唯一希望。那一年，我们过了一个非常平淡的春节。

因为在外地打工比在农村种地挣钱多，所以我们四川这边的农民有很多人都跑到广东、浙江一带去打工，有些有两三个子女的家庭，大家一起去外面打工几年之后，一般都能回农村修一个两三层的楼房。那年大年初三后，与我们当地很多农村家庭一样，父亲出去打工挣钱，母亲留在家照顾我和弟弟，种地的同时养点猪和鸡增加收入。父亲除了力气和勇气没有特别的技能，一个人出去打工挣钱，是不可能给我们家盖楼房的。父母辛苦挣来的那点钱只够供我和弟弟念书。一直到我去成都念大学时，我们一家都还是住在那个漏雨的土墙房里。

我高中的时候，母亲也随父亲一起去外地打工，他们想尽快多挣点钱以供我上大学。可是他们哪里知道，我早就不想让他们在外面打工，外面打工真的太累了，我希望自己能尽快承担起家庭责任，好让他们早点回家享福。

（二）初二遇到互联网

我上学的时候学习方面基本不用父母操心，不过以他们俩小学文化水平估计也不知道该怎么操心，更无法承担起教我知识的任务。

我从小学到初中一直成绩都比较好，始终保持在班上的前几名，值得骄傲的是经常都是第一名。我小学的时候就发现，当班长可以得到班主任及科任老师更多的关照，所以每学期我都非常认真地当好班长。有可能是在小学的时候尝到了当班长的甜头，因此我非常热衷于竞选班长，所以初、高中乃至到了大学每次竞选班长都获得成功。

在我的学习生涯中，每个阶段都有那么一两位老师对我影响极大。我初中的班主任是个女老师，姓杨。她对我们班每个同学的家庭情况都非常了解，会经常找一些调皮捣蛋的同学去谈话，但是从不骂人，而是苦口婆心地劝说，以至于我们当年班上最调皮、成绩最差的学生毕业多年之后，每每提到杨老师，还特别感激她。

还记得我们快要中考的时候，杨老师提醒我们学习任务重，要休息好，而她自己则挺着大肚子还经常来班上视察情况，时而在自习课上给我们加油打气，时而在窗外驻足观看教室的情况，到她临产前几天她都还在学校上课。印象最深的是在初一的一次早自习，杨老师突然叫大家先安静一下，她说今天是班上一位同学的生日，她特意准备了一个文具盒要送给这位同学。毕业之后我才知道，那天正好也是她的生日。所以我每年在那一天都给她发个生日祝福短信，这件事情我到现在已经坚持了11年。

我是初二的时候接触互联网的。当时，我在我们学校旁边的街上闲逛，网吧里面一个同学大声叫我的名字，叫我过去。于是我战战兢兢地跑进网吧，他说他可以帮我申请一个QQ号。我看着他坐在一个"大肚皮"的台式电脑面前，画面上正在和别人视频聊天。

这是我第一次这么近距离地看到电脑，刚一接触就被这个神奇的东西吸引住了。我虽然喜欢上网，但是却从来没有沉湎于游戏，更没有因上网而影响学习，我想这可能与杨老师那时对我耐心而细致的教导有关。

后来，我经常周末的时候出去上网，不过我只是喜欢在网上研究各种功能奇特的软件，比如能把图片展示成3D样式的软件、能把多张照片制作成带背景音乐的相册的软件、能把某段音乐的一部分剪切出来做成手机铃声的软件等。由于喜欢各种软件，我高中毕业、参加高考的时候差点报了软件开发专业。

（三）高中体验父母恩

初中毕业之后，我考上了我们县的重点高中。高中毕业以后，有两个月的暑假，当时已经18岁的我，很想在暑假的时候做点什么，于是父亲建议我跟他一起去广东打工，去做"撕线"的工作。

他说清远那边到处都有"撕线"的活干，一个月下来也能挣好几千，他和母亲在那边已经工作一年多了。我当时不知道什么是"撕线"，也没多想就跟着去了。我哪里知道，之后的这段经历几乎可以让我的人生轨迹发生翻天覆地的变化。

我随父母一起坐了30多个小时的绿皮火车，终于到了广东清远区石角镇的一个村。对于从来没出过远门的我来说，这一路无疑是新鲜的。下了火车之后我们陆续又换乘了汽车、公交车和摩托车，然后到了一个到处都有农田，又有工地的地方。接下来有一段路连摩托车都开不过去，父亲说可能走20多分钟就到他们之前住的地方了。

一路上父亲都在给我讲他在广东待的这一年多发生的有趣的事情。当走到一个池塘边的时候，他告诉我他在这个鱼塘里一下午钓到了好几条大鱼，就是池塘的水污染有点严重，不然这个鱼都是可以吃的。

穿过一个个小巷，终于到了父母的住所。父亲让我把东西放在房间里面，我一看，这哪里是住的房间，简直就是一个"难民避难所"，整个房间不到10平方米，睡觉的床和做饭的炉灶之间的距离不到一米，屋里还散乱地放着鞋子、煤气罐、锅碗瓢盆和一些工具。当看到这些景象时，我的鼻子一阵发酸，差点哭了出来。后来父亲告诉我，这个地方一个月的房租加水电费要80元。

到了晚上睡觉时，我才真正体验了一把"民工"的艰难。我们住的这个屋子顶部是石棉瓦盖的，很薄，不隔热。在那个暑假，广东地面温度高达40℃以上，屋子里面的凉席都是滚烫的，躺上去睡5分钟，后背都能烫伤。所以，每天晚上睡觉之前，父亲都要用水管在石棉瓦上冲水半个小时左右，屋里面才能勉强适合睡觉。

第二天，我就随父母一起去工地"撕线"去了。到了工地，我才真正明白什么是"撕线"工作。"撕线"工地上工作的工人基本上都是我们老家的人，其中一个长辈和我说，工地上这些各种各样的电线、电缆都是从美国、英国、日本等发达国家运过来的，我们负责把这些电线用一种课桌大小的"电线扒皮机"(见图0-2)打破，然后再用手工方式把电线外面的塑料和里面的金属丝线分离，再分门别类归类整理好。"电线扒皮机"是完全开放的，操作起来非常危险，稍不注意就可能把手卷进去，不幸的话几根手指可能就没了。于是他让我负责分离打破后的电线、电缆，并给我演示怎么手工分离这些已经用机器打破的大大小小的电线，我坐在一边开始干起来。

图 0-2

炎热的夏天，在一个彩条布搭的帐篷下面一坐就是五六个小时，灰尘和铜屑飘扬在空中，吸入鼻腔，嘈杂的机器声震耳欲聋，酷热已经不是单纯的考验了。虽然我一再提醒自己要坚持，但是只干了两天我就和父亲说太累，实在坚持不下去了。

我第一次深刻感受到了一种莫名的力量，是什么力量让父母能在这种环境中坚持不止一年？我的父母很普通，但是绝对可以用伟大来形容他们。

后来我长大一点儿才知道，父亲他们做的这个工作其实就是在处理发达国家的电子洋垃圾。当时清远是中国最大的洋垃圾处理地，那些发达国家依赖中国廉价的劳动力和对环境污染的高容忍度，把对环境和人体有害的固体废弃物运送到中国来，再把脱离污染可再生利用的材料运输回自己的国家，以实现自身环保的同时增加经济利益。可喜的是，中国已经在2018年全面禁止进口洋垃圾,这让欧美一些国家一下子慌了。

后来父亲通过关系,把我介绍到东莞南城步行街的一个川菜馆(见图0-3)去当服务员。当服务员的环境好多了,但是也不比工地上轻松。记得第一天上班时,领班的组长教我端盘子、传菜。我需要来来回回爬楼梯,把二楼厨房的菜一个一个送到一楼、二楼的大厅和三楼的包间。跑了一天之后,第二天早上起床站起来那一刻,我的两条腿居然在不由自主地颤抖,差点摔倒。

图 0-3

这次暑假打工只持续了一个多月,但是这一个多月的时光恍如隔世。我在这段时间真真切切地体会到了父母的艰辛和不容易,也从此下定决心一定要改变我们这个农村贫困家庭的命运。不幸的是,这次暑假工的经历让我错过了当年高考填志愿的时间,以至于我不得不再复读一年高三,重新参加高考。

二、马云,给了我人生方向

(一)马云改变了我的观念

到了高中,我的观念逐步发生了一些改变。高二时,我的成绩没以前那么好了,从班上前几名下滑到中等水平以下。

高中的学习压力比较大,试卷"满天飞",但是我们总有办法忙里偷闲。当时我们流行看杂志,如《读者》《青年文摘》《知音》和《故事会》等。记得高二那年,我读到一本《读者》时,像往常一样先看了一下目录,根据标题选择我喜欢的类型的文章来看。当我看到一个大概意思是中考考了两次、高考考了三次的人在麻省理工演讲的标题,我被吸引住了,于是,我翻到那一页开始认真看起来。这篇文章深深地吸引了我,让我第一次知道在中国有个名字叫马云的成功企业家。文章中说马云出生在杭州,小时候他父亲经常打他，偶然一次挨打的过程中他用英语还口，他发现他父亲听不懂，于是，他对英语产生了浓厚的兴趣。为了学好英语，马云经常骑着自行车载着老外逛西湖，他给老外当导游，老外教他英语。但是马云偏科比较严重，经常是英语成绩全年级第一，数学成绩全年级倒数第一。这让他中考考了两次才考上高中，高考参加了三次才考上大学。后来，马云创立阿里巴巴。经过数年的发展，阿里巴巴已经成为全球最大的电子商务平台，而马云也登上了胡润中国富豪榜。

看完这篇文章之后，我感觉整个世界都亮了，我心想，这世界上居然还有这么厉害的人，能从低谷爬到如此高的巅峰。我仿佛从马云身上一下子看到了一个农家子弟的希望之光。

自从看了那篇文章以后，我到处找关于马云的信息，去图书馆借书，以及到网吧上查找马云的资料和观看他的演讲视频。记忆最深刻的一次是，马云在视频中说自己中考考了两次才考上高中，高考考了三次才考上大学，而且最后一次高考距离本科线还差5分，但是由于杭州师范学院英语专业没有招满，他就勉强被录取了。马云说，像他这样的人都能成功，中国80%的年轻人就都能成功！当我听到这句话的时候，仿佛感觉马云是专门对我说的，我当时被马云彻底激励了，对他疯狂膜拜，以至于当时我就把追随多年的偶像从周杰伦改成了马云，甚至还把我的人生目标定为以后要成为像马云那样的商界楷模。

2010年，在我第二次高考后填写志愿时，我毫不犹豫地把意向的三个学校的专业都填为了市场营销。当时在我有限的认知里面，感觉市场营销这个专业距离马云最近。现在来看，这个决定有些稚嫩，但是却非常庆幸。

（二）从网吧开启电商之路

在网上搜寻马云经历的过程，让我越来越对他背后的公司阿里巴巴和淘宝网产生了兴趣。这让充满好奇心的我在2008年有了第一次网购经历，并且在不久之后就在网上自学了开店流程，还在网吧里顺利注册了自己的淘宝店。

不过，那个时候电商的学习资源极其匮乏，既没有视频教程，更没有直播教学。自己身边一个做淘宝店的人都找不到，我唯一学习网店运营技巧的方法就是拿着一个当时特别流行的"大喇叭"的山寨手机，打开QQ空间，搜索别人的日志，大海捞针一般从里面寻找有用的知识和方法。那个时候的QQ空间，还可以通过关键词搜索全网QQ用户公开的日志，我就用这个方法搜索一些关键词，如淘宝开店、网店运营、网店人气等，通过这个方法学会了很多店铺装修及网店运营的方法。

（三）大学开始重做淘宝店

由于高中学业繁重加上电商行业也是刚入门，虽然在高中那两年代销了很多货源，实际上是到处碰壁,所以也没有赚到什么钱。到上大学的时候,我甚至都快忘了开了淘宝店这回事。

高中补习班毕业后,在一次坐车回家的途中,坐我旁边的是一位大二的学长,和他聊天的过程中得知他在大学后校门和同学合伙开了一家面馆,现在已经能自己挣大学的学费和生活费了,而且除了交学杂费自己还有2000块钱存款。在和他聊天时,我非常羡慕他,我心想要是我到大二的时候也能像这位学长一样,能够自己挣到学费和生活费就好了,这样父母就不用再去外面那么辛苦地工作了。这成了我当时给自己定的上大学的重要目标之一。

2010年夏天,我顺利地被成都大学市场营销专业录取了。怀揣着对大学的美好憧憬,在9月1号,我和很多农村同学一样,独自一个人扛着一个用化肥编织袋装满衣物的行李去学校报到。上大学后,为了尽可能节约生活费,每次从家里回学校的时候,我都会带尽可能多的咸菜,这样每次去食堂打饭的时候就可以少花点儿钱了。

大学的课很有意思,有时候一次课就会改变命运。

大一上的管理学课程就是这样,这门课是市场营销、会计和工商管理三个专业的学生坐在一个偌大的阶梯教室上课。有一堂课,教授管理学的王影老师(见图0-4)突然讲到淘宝这个话题,她说她儿子经常在淘宝上购物,她自己也买过几次东西,觉得网上买的东西质量与实体店买的差不多,但是网上的价格便宜了很多,她觉得电子商务以后在中国肯定会有很大的发展前景。她接着补充道,如果我们现场的同学有人去开个网店,卖成都最有优势的女鞋,应该是一个不错的机会,因为成都是女鞋之都,成都周边有很多女鞋工厂,成都大学附近就有一个西河女鞋市场,拿货也比较方便。

图 0-4

当时听王老师说的时候,这件事并没有引起我的特别注意,但是接下来让我惊讶的事情发生了。下课后,王老师找到我,她问我想不想去开个网店,卖成都女鞋,然后做到三个钻的信誉之后她来投资我。她语气平和地和我说着这些话,但是当我听到王老师说以后要来投资我的时候,我兴奋极了!投资这样的事情我经常在新闻中看到,标题大致是某某人获得了几十万或几百万的投资,然后走向成功的故事,高中读马云的故事时也曾了解到当年正是孙正义投资了2000万美元给阿里巴巴从而成就了今天的马云。所以一说到投资,我就有了要中大奖的感觉。

我没问老师想投资多少钱给我,但是我感觉改变我的命运有了一丝希望,于是便频频点头答应了下来。我火速跑回寝室和当时住在一起的大三师兄们说了这个情况,他们听了也极为振奋,同寝室的师兄建议我先买一台电脑,但当时我的家庭经济如此困难,我不想再为父母增添一丝负担,思来想去之后,我决定先买一台二手电脑。于是,我四处借钱,花了1800元在学校计算机系的一位大三师兄那里买了他的二手电脑。

这台二手电脑帮我赚到了人生真正的第一桶金,如今它早已不能使用了,不过已经被我完好地保存在农村老家了(见图0-5)。

图 0-5

(四)从代销女鞋到设计师

有了电脑之后,我又重新激活了淘宝店,并且开始疯狂学习各种网店运营推广技巧。每天下课之后,我就一个人待在寝室看文章、看视频学习做淘宝的方法,有时到下午三四点才发现自己还没吃中午饭。

后来，我就开始在网上找女鞋的货源来代销，然后自己学着装修店铺，还自学PS设计图片。因为那个时候淘宝竞争不大，再加上我代销的产品价格都普遍不高，所以不到三个月就到三个钻了。但是还没到三个月的时候王老师就找过我，她说她想了想，老师和在校学生一起做生意还是不太好，一方面可能会耽误学生的学业，另一方面做不好可能影响师生关系。为了避免给老师造成心理负担，我当时就和王老师说，没关系的，你可以等我做得更好了再来投资。所以我一直把"店铺做得更好就能够得到老师的投资和帮助"作为目标去奋斗，哪怕学习和摸索起来很枯燥我也不觉得累，因为心中充满了动力！

除了平时看文章外，我还加了很多的卖家QQ群。那个时候，还没微信，网上主流的沟通工具就是QQ。记得我最疯狂的时候加了200多个卖家交流群，其中有几个大群是我经常参与的。在群里面学习的同时，我也乐于分享自己经营店铺的一些经验，我因此也受到很多群友喜欢。

当时有个别QQ群的群主还会组织大家每周六晚上8点到YY频道去语音交流分享，我最开始也是听众之一。有一次，群主在组织的YY频道语音分享中讲了不到一个小时就不知道讲什么了，他就问谁愿意上麦去分享。于是我积极自荐，群主就把YY频道讲话的权限给我了。我分享了一些自己操作淘宝店的经验和技巧，结果受到听课卖家的大大赞扬，他们直接取我的QQ昵称"幸运的火星"的后两个字，叫我"火星"老师。很多人在YY公屏上打字说"火星老师，你讲得太好了"，这给了我极大的信心。后来，我想群友们觉得我讲得比群主好，可能是因为之前分享的那个群主地方口音太重，普通话不标准的缘故吧。我自信普通话这方面比他更有优势，因为我从小学到大学都是班长，经常上台演讲，普通话和表达能力都练出来了。

又过了一年，转眼间已经到大二了，我花在淘宝店的时间越来越多，甚至有时候忘了上课。由于当时主要是做代销，那一年左右的时间里，一个月利润最高的时候也只有2 000多元。不过对于当时的我来说，这个收入已经很不错了，基本实现了衣食无忧。由于那个时候卖出去的订单都需要提前支付货款给供应商，再加上货源不稳定，经常卖出去了产品但是供应商那边却没货，弄得我很苦恼。一方面是苦于随着订单增多，需要自己垫付资金的压力越来越大，另一方面是供应商那边没货导致我对买家的愧疚。

正在这个时候，我在网上认识一个昵称为"yinweb"（简称YB）的朋友。在和他聊天的过程中得知他是淘宝装修市场的设计师，专门帮卖家装修设计淘宝店。我心想装修店铺这种需求很大，做这个行业肯定能赚钱。我在大学开了淘宝店后，班上同学听说我的淘宝店一个月最多可以赚两三千元时，有一半都开了淘宝店。他们经常来问我怎么装修店铺，找我要装修的模板，我在想，自己何不提供一个帮卖家装修的服务呢？这样我既不用花钱去进货，又同样可以赚钱。

于是，我接下来真的就又开了一家专门卖店铺装修的模板和帮卖家装修的店铺。同年，我还入驻了淘宝的装修市场，成了一名淘宝官方认证的设计师，这对我后面做店铺装修提供了很大的帮助。2011年时非常流行装修PC端的首页，而且在之前淘宝装修市场还没有一键安装的店铺装修模板，所以卖成品的店铺装修模板和代装修的服务特别受欢迎，后期还经常有一些淘宝商城的卖家找我装修店铺(那个时候淘宝商城还不叫天猫)，一个订单的金额少则一两百元，多则三四千元，不过一般上千元的装修订单要求都比较高，我的PS技术只能搞定一些简单的装修设计，太高级的装修订单我就再转手一次外包出去找人帮我设计。我那个时候加了很多卖家交流QQ群，其中也有美工交流群，从中认识了一些设计水平高，但收入不高的设计师，于是，我把那些金额高且要求高的装修订单都转给他们做，他们做出来的作品客户也很满意。就这样我每个月很轻松就可以赚到三四万元，忙的时候接单都接不过来，需求实在太大了。

这个店铺装修生意忙不过来的时候我就在学校外面租房子办公了，并把我亲弟弟和一个堂弟叫过来帮忙。那时候，每个月赚的钱我都存了起来，过一段时间我就转到母亲的银行卡上。后来没多久，我就让父亲不要再去外面打工，回家准备修房子。过了年他们就开始动工了，修了三个月，把老家之前的土墙房拆了，盖起来了大约350平方米的两层楼房(见图0-6)。在当时，这个楼房是我们那个村面积最大的。母亲后来说，修房子一共花了38万元，那是我2011年做淘宝赚的全部的钱。

图 0-6

没有想到，我居然这么早就实现了上大学之前确定的自己赚学费、生活费的目标！更没想到的是，我做淘宝居然可以赚到这么多钱，还能帮父母把楼房盖起来了！

我在大学创业做淘宝店，大二赚到38万元给老家盖房子的事情当时在我们成都大学还引起了小小的轰动，现在学校官网还有相关报道的新闻。至此之后，父母再也没有出去打过工了，他们在老家过着悠闲的生活。

三、服务，给了我人生意义

（一）寝室里免费讲课教淘宝

我做店铺装修的时候，客户刚开始大都来源于YY频道。由于群主觉得我讲得好，群里面的卖家又喜欢听我分享，所以群主每周六都安排我来讲，而我讲完课会有很多卖家加我的QQ，他们成了我潜在的店铺装修的客户，所以每周虽然是义务讲课，我也很乐意。

我这个人比较热心，一般别人找我帮忙，我都不会拒绝，在淘宝上做生意同样如此。很多卖家买了装修模板或者找我装修了店铺之后，一般都会来旺旺上咨询我各种装修的问题，偶尔也会咨询一些标题优化、上下架优化等相关的网店运营问题。这些问题我也经常在每周六的YY免费公开课上做详细的操作演示，这让很多新手卖家特别感激我。

课后还有些卖家给我建议，说："火星老师，你一周才给我们分享一节课，太难等啦，能不能我们每个人给你交点学费，你每周多给我们上几节课。"于是，我就象征性地收了十几个学员的学费，每周给他们上三四节课。慢慢地，有些卖家通过我教的方法，订单越来越多了。口碑相传，后面来找我报名的卖家就越来越多。那个时候我白天做自己的店铺，晚上就开一个YY频道给这些学员分享我的操作经验。

（二）万堂书院开启我的淘宝新路

大二念完了以后，我就休学了。那个时候，淘宝店铺装修业务忙不过来，每周还有那么几天晚上要固定讲课，最要命的是学校寝室晚上十一点半就断电关灯了，而晚上如果我要讲课，关灯那会儿我可能正讲到最关键的地方。我又听班主任讲最多可以休学六年，六年之内如果还想回来拿毕业证可以恢复学籍继续念书，于是我就果断休学了。

我休学以后，时间就多了，偶尔我也参加成都本地的一些淘宝卖家线下交流活动。在一次活动结束之后，和几个淘宝卖家坐在一桌吃饭，当时坐在我旁边的人就是时任淘宝四川商盟的副盟主、万堂书院成都车友会的会长落叶(见图0-7)。

当问到我做淘宝的经验的时候，他了解到我从高中的时候就接触了淘宝，大学期间也都在做淘宝，还经常在YY频道给很多卖家讲课分享，于是，他问我有没有兴趣考万堂书院讲师。我当时也不知道万堂书院是个什么地方,更不知道考了讲师有什么用,只是觉得可以有一个淘宝官方认证讲师的头衔,于是就答应了。

图 0-7

接下来,第一道面试——线上讲师做题考试,我通过了。第二道面试——线上20分钟试讲,我也通过了。第三道面试需要到杭州阿里巴巴园区,去参加为期5天的潜力讲师培训,然后再最终考核,我也顺利地通过了,而且是当时参加最终考核的几十个讲师里面年龄最小的(那年,我22岁)。

正是这次考讲师之旅,彻底改变了我在电商行业自己摸爬滚打的局面,由一个"游击队"变成了"正规军",而这一切都要感谢落叶会长。

2012年通过万堂书院讲师认证考核获得的结业证书见图0-8。

图 0-8

顺利成为万堂书院认证讲师之后，接受了很多次万堂书院组织的讲师培训，认识了很多淘宝各个部门的小二和做淘宝的各个领域的高手，甚至淘宝负责搜索算法的小二、负责直通车的小二、负责淘宝的各种规则的小二都来到台前给我们新晋的这批讲师培训。在培训过程中，我们需要大量开发课件，如自然搜索优化的、直通车系列的、老客户系列的等。我们每周需要在线上给来自全国各地的学员讲课，偶尔还要出差到各个城市，在线下给万堂书院车友会的卖家讲课分享。

随着我的淘宝官方认证讲师生涯的开始，我开始大量接触淘宝官方的最新规则，与各种打造爆款的高手碰撞，接触各种各样的类目，这让我完全摸清了淘宝店打造爆款的各种神秘运营技术。也正是由于频繁在淘宝官方各种频道和线下活动中亮相，让我拥有了一大批粉丝，这些粉丝后来很多都成了幕思城的学员。

（三）成立幕思城帮助普通卖家

2012年9月，我正式注册公司和商标"幕思城"。那时，我对公司运作一窍不通，只是听别人说，如果已经在正式进行经营活动，并且有劳动雇佣关系产生，就必须做市场登记，否则就有法律风险。所以，我就找代办注册公司的人帮忙注册了公司幕思城。

当时，也不知道公司怎么命名好。关于公司的名字，我想了一天，好记的名字基本上都被别的公司注册了，最后花了200元在网上找网友起了"幕思城"这个名字。当时觉得"幕思城"这个名字朗朗上口，又给人一种很有学问的感觉，而且商标和公司也都能注册，所以公司名字就这么定下来了。

最开始其实并不确定自己的主要精力到底是放在经营店铺上，还是放在电商培训上，所以一开始两件事情同时都在做。不过在和更多小卖家接触久了之后，我越来越发现，电商这个行业里面还有很多需要我帮助的普通人，有些人甚至比我当年电商刚起步的时候还要艰难。一想到这里，我心中就有一种油然而生的使命感。

2014年之后，招进来的学员都叫经理班学员，基本上都是我一个人上课。我偶尔也会请一些我刚做淘宝的时候认识的比较有实力的卖家来分享。那个时候，公司就七八个人，基本上就是"小作坊"的模式。

随着公司的发展，到了2015年，公司的人越来越多，讲师也有十几个了。这个时期，我们的培养模式是"招生讲师亲自带学员"模式，也就是每个讲师都去招学员，然后自己负责培养自己招的学员。为了增加讲师，我首先从经理班学员里面招募了一批愿意成为讲师的人来到成都，然后我亲自培养他们。我给每个人确定了一个主要研究方向，如自然搜索、直通车等，然后每个讲师既要招生又要带他招进来的学员。

不过，这种模式的严重问题很快就显现出来了。一是招生公开课开得太频繁，几乎每天都开，而付费学员的教学课却没有那么多，导致付费的经理班学员有很大意见。二是讲师为了挣高的招生提成，两只眼睛主要盯着招生公开课，而忽视已付费学员的培养，这导致有些学员报名进来之后体验很差。

这个"招生讲师亲自带学员"模式运行了不到一年，我就把这个模式升级了，当时在公司还引起了特别大的震荡，那时很多讲师没有公开课讲，不再有之前的高收入，所以很多讲师就在那个时候离职了，有些讲师还出去自立门户开了培训班，把他在幕思城学到的讲课和招生的模式照搬过去。

现在都已经过去很多年了，目前市场上依然还有很多机构在使用幕思城2015年就淘汰的"招生讲师亲自带学员"模式来招生和培养学员。

其实我在2015年上半年很迷茫，因为那时学员越来越多，感觉自己不管是在公司管理方面，还是在运营培训业务等方面，都已经遇到了瓶颈。当时公司员工已经达到三十几个人，而我在这之前大学还没毕业就开公司，没有任何工作和创业经验，一切都是"摸着石头过河"。三十几个人的团队该如何管理令我非常头疼。再者，我虽然接触电商比较早，也在万堂书院学习了各种打造爆款的运营技术，但是我只是会讲课，我不敢说我懂教育，一堂课能把大部分学员讲兴奋，讲激动，这个我能做到。但是，毕竟我面对的学员成千上万，每个人的电商基础、经营类目、受教育程度、经济状况、性格都不一样，我无法只通过讲课让人人都能做出成效。

后来经过一段时间的思考之后，我决定放慢公司发展的脚步，踏踏实实带领公司的伙伴做好基础工作。在这个期间，我拜访了好几个业内的朋友，不断寻求他们的意见，最终找到了自己做这件事的使命，那就是用尽全力帮助那些像我当初一样，在电商起步阶段摸爬滚打的普通人，让他们也能够在电商行业实现自我的梦想，最终变得不普通！总结起来就是：全力帮助电商领域的普通人创造不普通的事业。

我们过去单纯给学员讲课，让学员有课就来听，没时间来就自己看回放这种模式，很难批量培养出能够在淘宝、天猫上赚钱的卖家。我们发现，学员做电商要盈利，不是听几节课就能实现这个目标的，必须有教材给他阅读，他才能搞懂做电商赚钱的原理；必须有严格管理的小班制去带他操作，他才能割掉"懒癌"去执行；必须有系统的盈利课程给他学，他才能知道怎么去做才可以长期都赚钱；必须配备一对一的成长顾问老师，他遇到问题才能及时找到人咨询并得到专业解决办法；必须配备和课程同步的工具助手，他才能简化操作，提高店铺运营的效率。

从我2010年开始给学员讲课直到幕思城的今天，我们不断累积经验、不断优化改进，终于形成了一套行之有效的电商盈利核心培养模式：

电商培训=盈利咨询+盈利课程+盈利教材+盈利软件+盈利培养=盈利店铺

到现在，我们每个月的学员满意度平均都在99%以上，70%左右的学员能在3个月以内出效果，超过50%的学员通过持续学习和执行，能够在一年以后销售额翻番。

当然，我们绝不满足于现在这点成绩。绝大部分的卖家都是像我一样的普通人，有些学员没有货源，有些学员没有资金，有些学员没有信心，我们会每年更新课程和培养模式，争取让更多幕思城的学员能够成为TOP卖家！

四、写书，体现我人生使命

（一）我走过的淘宝学习之路

我至今都清楚记得，刚做淘宝的时候起步非常艰难，虽然开了淘宝店，但是不知道卖什么，更不知道怎么卖。

当时，听我班上一个也在做淘宝的同学介绍说，货源可以在网上代销，网上有一键代发货源。他还告诉我，店铺的人气也可以自己搞定，就是用一个电脑登录买家账号在自己的店铺拍下产品付款，再切换到自己的卖家账号来发货，然后用买家号再登录确认收货好评，这样就可以累积一个信誉和一个销量了。他说他用这个方法很快就把店铺信誉做到3颗桃心了。

我如获至宝，赶紧去电脑上操作。一晚上就累积了13笔交易，店铺的信誉也快速升级为2颗桃心。但不幸的是，第二天早上醒来，一打开电脑，收到了一个旺旺弹窗消息，提示我店铺涉嫌炒作销量，一下子就被扣掉了12个信誉计分，这12笔交易的信誉计分清零。当时的情形至今还清晰地印刻在我的脑海里。

我从那一刻明白了，要在淘宝上做生意，不仅一定要学习平台的规则和玩法，更要遵守这个规则，半灌水摸索和想象出来的"创新"操作极有可能是自寻死路。

于是，我接着开始疯狂学习淘宝规则和各种网店运营、店铺装修的技巧。那个时候学习这些东西，平时只能用一个自己的山寨手机打开QQ空间，去搜索别人的日志，通过看其中与电商相关的文章来学习。周末的时候，我就在网吧用百度搜索相关文章，并跟着网上的文章来操作。

当时由于自己对淘宝玩法了解得不多，所以无法辨别这些文章的内容是否有价值，更不知道这里面的经验是否靠谱。记得那个时候看到的关于网店运营技巧相关的文章中，讲得最多的就是店铺信誉很重要，而要提高店铺信誉，建议先做虚拟产品去冲钻，然后再转实物。文章后面还不忘推荐某个虚拟充值软件的名称和购买链接。那个时候也不懂这是软文广告，就信以为真了，还花了300元买了一个虚拟充值软件来做，在店铺上架一些话费充值和游戏点卡的产品。不过，这些产品基本上都是进货价卖，例如，100元的移动话费充值，进货价就是99元左右。于是，我发动我身边的同学和亲戚朋友来找我充话费，让他们去我的淘宝店拍。这样折腾了大半年，不仅没赚到一分钱，还因为这个店铺虚拟信誉占比太高，无法报名淘宝官方的天天特价等活动。

（二）我观察到的淘宝学习风险

除了前面这两个事情以外，我在刚开始做淘宝的那几年，掉过的"坑"还真不少。后来学习得多了，操作得多了，懂得也就多了，才发现过去几年实在是走了太多弯路。而最近几年在我接触的很多新手卖家中，还有相当大一部分人在重复着我当年走过的那些弯路。

淘宝卖家往往喜欢看朋友圈的电商文章或者一些微信公众号的文章，这和我当年在QQ空间看的文章大同小异，只是学习的平台发生了一些改变而已。现在的电商类文章中充斥着各种钻淘宝漏洞的方法、各种代运营的软广告、各种未被验证过的个人经验。所以，目前电商行业的很多文章，其观点和方法都是有问题的，但是阅读的人中很少人有判断真伪的能力。

除了文章以外，电商行业的书籍也是鱼龙混杂。真正有价值和有技术含量、内容经过严格检验、经验和理论均可靠的电商书籍，简直就是稀缺品。现在的电商书籍中，讲新手怎么开店的占据主要份额，里面堆砌一系列枯燥的操作步骤和截图。这类书籍内容简单，由于平台规则或者平台操作后台变化之后就完全不具备参考价值，因此一般出版一年不到就完全过时。

另外一类电商书籍，是拼凑的一些零散的个人经验分享。由于不同的类目操作方法各不一样，不同的卖家能够操作的方法也不一样，所以这类碎片化方法拼凑的书籍对于卖家来讲，基本上也没有太多参考价值。

（三）我写书的内在动力

促使我写这本书的最大的原因，是我发现广大卖家正在被各种伪装得很好的"干货"知识包围，稍不注意，他们就会像我当年一样掉进"坑"里。通过写这本书，一方面，是希望把我10年的电商实战经验和8年教学中经过几万学员检验过的这套打造盈利店铺的方法论系统地总结出来，正本清源。另一方面，是希望让更多看到这本书的卖家少走弯路，避免掉进那些被我验证过害人不浅的各种"坑"。

（四）本书的总体结构

对于中国电商人的勤劳，我由衷钦佩。他们早起晚睡，夜以继日，很多人因为做店铺而积劳成疾，我们的学员中就有因为过度劳累而病倒的。多年的电商实战和教学实践中，我发现大多数卖家的店铺做不起来，不是他们不勤奋，更不是他们主观上不想做好，而是他们不懂得做盈利店铺的基本原理，以及基于该原理的系统操作方法。

为了适合成年人学习，本书在形式上尽可能轻松。但是轻松的形式，不能掩盖本书内容上的严谨。本书不是平地起高楼，更不是完全的理论创新，而是严格以战略管理理论和市场营销理论为坚实基础，以淘宝平台、天猫平台为实际电商工作环境，以经过近十年实战检验并证明有效的操作方法为内容，以系统逻辑结构整理知识而形成的严谨的专业书籍。

本书的使命，是为卖家打造盈利店铺提供逻辑严密、方法系统、验证充分的操作体系。本书的章节顺序，也是打造盈利店铺的操作顺序。本书的第一章是店铺盈利原理，旨在说明电商盈利的核心要素和实现步骤。第二章盈利店铺规划和第三章盈利产品管理，会详细地按操作步骤阐述如何解决"好卖"的问题。第四章盈利流量管理和第五章盈利爆款管理会在前两章的基础上展开，讨论如何解决"卖好"问题的具体方法和措施。第六章盈利顾客管理和第七章盈利困境管理则在好卖的产品卖好了的前提下，详细介绍了具体让顾客回头或转介绍的各种方法和实施步骤。

本书的理论框架，经过我多位企业管理方面经验非常丰富的朋友从企业管理理论方面的修改与全面论证，符合基本学术规范，这确保了本书在同类型书中具有显著的学术高度和学术可靠性。本书的实操方法，既是对我10年来电商实践的总结，更是对中国电商运营经验的提炼，而且经过我们多年的教学实践检验，被上万名学员用于店铺运营，结论是打造盈利店铺切实可行、行之有效。

中国的电商一日千里，未来发展空间巨大！后期我还会根据电商的变化，不断优化本书的结构，完善本书的内容，并不断拓展新增其他实用的打造盈利店铺的方法和技巧。

希望我的一点儿努力，能够对电商领域的普通人有所帮助。

雷自昌

幕思城首席执行官

幕思城电商图书 副总编

本书使用方法

本书是国内第一部专门针对如何在淘宝、天猫上开设盈利店铺的实战类图书，也是幕思城首次以严肃学术出版物方式慎重公开自己的核心知识体系。书中揭示的打造盈利店铺的方法体系，在长达7年的时间里，已经在幕思城数万名学员中得到充分验证，具有很高的有效性和可靠性。

一、本书的适用对象

本书适合在淘宝、天猫上开店的广大中小卖家和大卖家，以及在淘宝、天猫店铺工作的职业人士，也适合在校大中专学生作为教材之外的专业补充阅读书籍。我们希望本书的方法体系，能够帮助更多的淘宝、天猫店主和从业人员降低店铺运营风险，提高盈利核心能力，实现发家致富，走上成功道路。

本书也是幕思城专门为自己的学员准备的专用学习教材，与幕思城的电商盈利课程体系、电商盈利软件工具体系(盈利助手软件和将军令软件)、电商盈利辅导体系和盈利培养体系等构成一个完整的盈利服务系统，共同组成幕思城独特的电商盈利服务体系，去履行幕思城"全力帮助电商领域普通人创造不普通事业"的公司使命。

二、本书的阅读方法

每一个读者遇到的问题可能是不一样的，对本书的要求也是不一样的。因此，建议读者可以根据自己的情况来安排阅读顺序。

(一)想提升打造盈利店铺综合能力的读者

本书严格按照打造盈利店铺的科学逻辑来安排知识体系,后面的知识需要前面的知识做铺垫,后面的方法需要前面的方法做基础,因此建议这类想系统提升能力的读者,从本书的第一页开始,一页一页阅读,不要跳跃。否则,可能会很难完全理解和掌握本书的方法。

(二)想提升打造盈利店铺专项能力的读者

为了帮助这类希望提高专项能力的读者降低阅读难度,本书已经将打造盈利店铺的方法尽可能步骤化,以利于读者可以按照步骤来理解知识,并还原到店铺实操中。因此,有这类需求的读者,也可以翻阅到特定章节,首先阅读自己最感兴趣的部分。

三、本书的其他服务

(一)提供配套工具服务

做过淘宝、天猫店铺的读者都清楚,做好店铺不仅需要通过阅读来获得方法,还需要在软件工具的支持下实现方法的落地实操。我们提供幕思城盈利助手和将军令两个软件与课程完美匹配,帮助本书中的方法在实操中落地。

普通读者可以登录幕思城官网,在"工具"栏中免费下载使用将军令软件,配合本书的阅读。

幕思城的付费学员,请在幕思城官网登录自己的个人学习中心,在个人学习中心就可以免费使用与课程一一匹配的盈利助手。

(二)提供答疑辅导服务

学习过淘宝、天猫课程的读者知道,虽然自己非常认真地看视频、听录音、读书籍、读文章等,而且这些内容也非常优秀,在落地实操环节仍然会遇到各种各样不可预料的问题,让自己寸步难行。

当大家遇到不懂的问题时,可以登录幕思城官网,点击右上角的工作人员来联系我们,我们将及时给你提供专业答疑指导。

如果是幕思城的付费学员,请直接联系你的专属成长顾问、专属学习顾问或者专属发展顾问,他们都愿意为你解决问题。

四、意见和建议反馈

如果大家对本书的内容和方法有什么意见和建议,请及时反馈给我们,我们将与大家一起,共同来完善本书的内容,不断提高本书的质量。

大家可通过扫描下方二维码,获取本书专用邮箱地址,并将相关意见和建议发送至该邮箱,我将会及时回复大家。

目 录

第一章 掌握店铺盈利原理 ... 1

第一节 从市场规律中找准盈利方向 ... 4
一、2010年前的店铺盈利方向：在卖方市场要以货源制胜 ... 5
二、2014年前的店铺盈利方向：在初期竞争市场要以流量制胜 ... 6
三、2018年前的店铺盈利方向：在激烈竞争市场要以销量制胜 ... 9
四、2019年后的店铺盈利方向：在超竞争市场要以差异化制胜 ... 13

第二节 深刻理解店铺核心盈利原理 ... 18
一、理解盈利原理整体 ... 18
二、理解产品"好卖"原理 ... 23
三、理解产品"卖好"原理 ... 26
四、理解顾客"回头"原理 ... 29

第二章 做好盈利店铺规划 ... 33

第一节 规划好店铺定位 ... 37
一、明确自己生命的意义 ... 37
二、寻找自己的顾客 ... 39
三、寻找对手的弱点 ... 50
四、选择经营的类目 ... 53
五、确定店铺的定位 ... 58

第二节 规划好店铺品牌 ... 67
一、给店铺取个好名 ... 67
二、设计和注册商标 ... 69
三、规划好店铺风格 ... 74

第三节 设计好盈利模式 …………………………………………… 75
　　一、后端盈利型 ……………………………………………… 76
　　二、前端盈利型 ……………………………………………… 78
　　三、订阅盈利型 ……………………………………………… 79

第三章　做好盈利产品管理 …………………………………………… 81

第一节 规划好盈利产品 …………………………………………… 85
　　一、规划好产品体系 ………………………………………… 86
　　二、规划好产品组合 ………………………………………… 91

第二节 选择好盈利产品 …………………………………………… 93
　　一、多渠道寻找备选产品 …………………………………… 93
　　二、从备选产品中优选产品 ………………………………… 96
　　三、为优质产品解决货源 …………………………………… 100
　　四、测试产品的市场数据 …………………………………… 102

第三节 打造好盈利产品 …………………………………………… 104
　　一、打造完整产品 …………………………………………… 104
　　二、打造视觉营销 …………………………………………… 110
　　三、打造基础数据 …………………………………………… 122

第四章　做好盈利流量管理 …………………………………………… 125

第一节 做好店铺流量规划 ………………………………………… 129
　　一、制定好销售目标 ………………………………………… 129
　　二、测算好目标流量 ………………………………………… 130
　　三、做好引流渠道预算 ……………………………………… 131

第二节 做好盈利免费流量管理 …………………………………… 133
　　一、做好手淘搜索 …………………………………………… 133
　　二、做好手淘首页 …………………………………………… 140

第三节 做好盈利付费流量管理 …………………………………… 144
　　一、做好盈利广告准备 ……………………………………… 144
　　二、做好直通车 ……………………………………………… 147
　　三、做好钻石展位 …………………………………………… 152
　　四、做好淘宝客 ……………………………………………… 158
　　五、做好内容营销 …………………………………………… 165
　　六、做好站外流量 …………………………………………… 166

第四节 做好盈利私域流量管理 …………………………………… 169
　　一、自建私域流量池迫在眉睫 ……………………………… 169
　　二、建立自己的私域流量池 ………………………………… 170

第五章　做好盈利爆款管理 …………………………………………… 173

目　录

第一节　确定爆款打造的时机 · 177
- 一、打造爆款要抓时机 · 177
- 二、从市场洞察数据中寻找时机 · 178
- 三、从产品生命周期中寻找时机 · 179

第二节　管好爆款的生命周期 · 181
- 一、管好准备期 · 181
- 二、管好成长期 · 181
- 三、管好爆发期 · 184
- 四、管好衰退期 · 187

第三节　管好爆款的盈利策略 · 191
- 一、爆款能盈利才是关键 · 191
- 二、爆款盈利的关键策略 · 192
- 三、应对爆款被抄袭风险 · 193

第四节　防住爆款暴毙的风险 · 196
- 一、防范售后风险 · 196
- 二、防范竞争风险 · 196
- 三、防范供应链风险 · 197

第六章　做好盈利顾客管理 · **199**

第一节　树立老顾客价值观念 · 203
- 一、老顾客的引流成本极低 · 203
- 二、老顾客的终身价值极大 · 204
- 三、有老顾客才能长远发展 · 204

第二节　做好盈利顾客获取环节 · 205
- 一、把盈利顾客加入微信 · 205
- 二、对顾客做好备注与标签 · 208
- 三、用规范话术与顾客沟通 · 209

第三节　做好盈利顾客维护环节 · 209
- 一、塑造在老顾客心中的个人形象 · 210
- 二、持续加强与老顾客的好友关系 · 211
- 三、主动制造与老顾客成交的机会 · 212

第四节　做好盈利顾客价值挖掘 · 213
- 一、激励老顾客转介绍 · 213
- 二、激励老顾客复购 · 214
- 三、赚老顾客的淘宝客佣金 · 215

第七章　做好盈利困境管理 · **223**

第一节　流量类困境管理 · 224

一、流量下滑的处理方法 …………………………………………… 225
　　二、转化率下降的处理方法 ………………………………………… 226
　第二节　店铺类困境管理 ……………………………………………… 227
　　一、动态飘绿的处理方法 …………………………………………… 227
　　二、被中差评的处理方法 …………………………………………… 230

后　记 ……………………………………………………………………… **237**
　一、致谢 ………………………………………………………………… 237
　二、感受 ………………………………………………………………… 238
　三、后续 ………………………………………………………………… 239

第一章

掌握店铺盈利原理

插画：春春

赚一次钱很容易，一直赚钱很难。

比一直都赚钱更难的，是知道自己为什么不能赚钱。

本章课前必读

> 核心内容

（一）卖家应该长期坚守的核心理念

要做盈利的淘宝、天猫店铺，卖家必须首先牢固树立用"科学盈利方法"走"正道"的核心理念。

1. 有科学盈利方法

做盈利的淘宝、天猫店铺，卖家不能仅靠不怕输的拼搏勇气和在电脑面前顽强坚守的耐心，也不能仅靠"电商大咖"激动人心的表演式零碎知识分享，更不能寄希望于用"黑科技"去赌明天。而是要坚定地相信，做淘宝、天猫店铺是有科学方法体系的，任何对规律的怀疑或漠视，都是对自己未来的极大不负责。

2. 要走正道

打造长期可持续发展的盈利淘宝、天猫店铺，有系统科学的方法，但是没有一招制胜的捷径，一定要脚踏实地走正道，关键是要掌握科学、系统、可靠的盈利原理，并在实操中结合自己的实际情况灵活运用。实际上，科学方法本身就是最大的捷径。

（二）卖家应该深刻理解的核心原理

淘宝、天猫店铺能不能盈利，必须符合两个核心原理。

1. 顺应趋势——淘宝、天猫店铺的运营方向要与市场发展趋势一致

任何市场都有其内在的发展规律和基本发展趋势，市场参与者一定要相信"顺市场者昌，逆市场者亡"。对此，试图在淘宝、天猫市场中获利的卖家，不要有任何侥幸心理，必须有清醒的认识。店铺运营方向与淘宝、天猫的发展趋势背离，店铺将举步维艰，很快会走向灭亡。

2. 依靠规律——淘宝、天猫店铺的运营逻辑要与市场营销基本规律一致

现代市场营销基本规律在全世界范围内经过近百年的实战检验和严格筛选，是全球公认的科学盈利逻辑。如果淘宝、天猫店铺以混乱的运营逻辑或者以未经检验的奇怪运营逻辑为指导，店铺将举步维艰，很快会走向灭亡。

学习要点

(1) 深刻理解淘宝、天猫市场过去、现在和未来的发展趋势及内在规律，仔细回忆自己经历过的淘宝历程及每一个典型阶段的特征。

(2) 深刻理解在淘宝、天猫市场的不同发展阶段店铺要实现盈利的正确战略方向，仔细回忆自己曾经遇到的问题及犯过的方向性错误。

(3) 深刻理解做淘宝、天猫店铺的核心盈利原理"六字诀"："好卖""卖好"和"回头"，仔细梳理自己的淘宝、天猫店铺的运营思路。

学习难点

（一）调整心态难

淘宝、天猫卖家一般比较浮躁，总是希望找到一个一招制胜还要长期管用的"秘诀"，对于系统方法难以信任和忍受，也难以静下心来系统学习，结果是难以解决事关长远的基本问题。

（二）脚踏实地难

淘宝、天猫卖家总希望一夜暴富，希望宝贝瞬间爆发，很难听进去脚踏实地做店铺的方法，反而很容易相信那些"电商大咖"宣称的立竿见影的各种奇葩方法，甚至是"自杀式"的"黑科技"，最后反而亲自把店铺送上"断头台"。

学习平台

（一）专门网站

请在幕思城官网上学习经理班系统课程及学员参加专题训练营和综合训练营的相关帖子。

（二）专用软件

请结合幕思城盈利助手和幕思城将军令实操。

（三）问题咨询

(1) 请联系自己的专属卖家成长顾问，解决学习盈利原理中的认识和实操问题。

(2) 请联系自己的专属卖家学习顾问，参加相关的专题训练营和综合训练营。卖家学习顾问是我们在幕思城的"内部客户代表",其将站在我们的立场推进相关服务的提供,并确保我们得到的服务质量。

(3) 请联系自己的专属卖家发展顾问,明确自己当前的问题及未来的解决方向。

(4) 没有专属顾问的同学,请在幕思城网站上联系幕思城卖家发展顾问。

> 一句经典:不懂盈利原理,店铺就没有长远发展的前途!

与在其他市场做生意一样,要在淘宝、天猫做出有前途的盈利店铺,必须同时符合两个基本规律。一是店铺要与淘宝、天猫市场的发展阶段一致。如果店铺超前于市场的发展阶段,那么店铺会因为购买一方的人不足,而让生意举步维艰。如果店铺滞后于市场的发展阶段,那么店铺会因为卖方太多,竞争太激烈,而让生意越来越差。二是店铺的运营技术要与核心盈利原理一致。没有一以贯之的核心盈利原理做指导,运营技术将缺乏目的性和系统性,最终都可能是无效的。

我们不能改变淘宝、天猫市场的发展规律,更无法改变自己目前所处的淘宝、天猫市场的特定发展阶段,我们唯一可以改变的是不懂"淘宝、天猫核心盈利原理"和不懂"淘宝、天猫店核心盈利技术"这个事实。

第一节 从市场规律中找准盈利方向

> 一句经典:店铺与市场发展阶段错配,是淘宝中最大的悲剧!

很多人都说,小的东西变化快,而大的东西一般都变化缓慢。但是,这种判断在淘宝、天猫领域基本不适用。淘宝、天猫作为中国最大的电商平台之一,变化不仅一点都不慢,甚至快得让人窒息。也可以说,淘宝、天猫永远不变的规律就是"快速变化"。10年的电商经历告诉我们,如果不理解淘宝、天猫的过去和现在,我们就永远不会理解淘宝、天猫的变化规律,就更不会理解淘宝、天猫的明天。这时,我们就会迷茫、彷徨、恐慌,甚至对平台规则的任何变化都充满恐惧,也就更不会具有把握自己淘宝、天猫店铺未来发展方向的自信。

有的人喜欢用经验来做店铺,用经验来判断淘宝、天猫的未来。但是,昨天的经验适用于昨天的淘宝、天猫;今天的探索是为了适应今天的淘宝、天猫;而要跟上明天的淘宝、天猫,必须掌握淘宝、天猫的基本发展规律。用昨天的经验来运营今天的店铺,一定会把店铺带入明天的困境。

用昨天的理念来运营今天的店铺，去面对明天的竞争，却想实现后天的梦想，本身就是幻想！店铺与市场发展阶段不一致，无论是落后还是超前，我们都可能成为淘宝、天猫中的又一个悲剧！

从营销的角度来看，淘宝、天猫也是一个不断发展变化的市场，有其内在的基本发展规律。店铺符合市场的基本规律，就会得到快速发展。如果店铺背离市场的基本发展趋势，就可能陷入发展困境，甚至结束发展历程。

一、2010年前的店铺盈利方向：在卖方市场要以货源制胜

一句经典：卖方市场缺产品，找到货源就赚钱！

在市场发展的初期，一般的市场显著特征是卖方少，买方多。这个时期，市场缺产品，因此市场的决定力量不是买方，而是卖方，卖方卖什么产品，买方就买什么产品，这种市场特征被称为卖方市场。在淘宝、天猫处于卖方市场时期，做店铺的关键就是找到产品，甚至可以说找到产品就找到了钱。

（一）2010年前的淘宝趋势：卖方市场

1999年，一位叫马云的英语老师带领他的学生和亲朋好友总共18个人，一起创立了一个叫阿里巴巴的电子商务网站。后来，这个网站成了全球最大的电子商务网站。2003年，正值"非典"时期，阿里巴巴派遣了7名员工悄悄躲在湖畔花园里面开发淘宝网，只用了不到一个月时间淘宝网就上线了！

淘宝网上线时，美国的电子商务公司eBay和中国的易趣已经占据了中国电子商务市场份额的90%以上。2002年，eBay全资控股了易趣，相当于一家公司就左右了中国的电子商务市场。但是，淘宝网更了解中国市场，一路"攻城略地"。到2005年，淘宝的交易额已经是eBay的两倍。2006年年底，eBay最终关闭了在中国的网站。至此，淘宝彻底取代eBay成了中国电子商务的代名词。

eBay退出中国之后，习惯在网上购物的那批买家自然就转到了淘宝网，淘宝迎来了买家多、卖家少的卖方市场时代。2006年的时候，每天就有超过900万人在淘宝网上"逛街"。但是，在淘宝早期的卖方市场时期，淘宝网上的卖方严重不足，商品也严重不足。所以，那个时代做淘宝的卖家很容易赚钱，找到产品之后，随便挂几张图片在淘宝店里，坐在电脑面前等，都自然而然地会有人来咨询和购买。

这个时期最著名的淘宝店非柠檬绿茶莫属。柠檬绿茶诞生于2003年，是淘宝网当时的第一大店，也是那几年淘宝网上信誉最高的一家店，更是淘宝人流量最大的网店，日均访客数相当于12个沃尔玛门店日均访客数总和。当时，柠檬绿茶店铺基本就是一个大型超

市，商品种类丰富、数量繁多，拥有化妆品、服装、家居用品、饰品、鞋包、玩具、食品等13 000余种商品。后来，柠檬绿茶不仅整合了各个地区的优势产业带货源，更是代理了许多知名品牌，如九阳、苏泊尔、飞利浦、LV、Gucci、兰蔻、雅诗兰黛、宝洁、相宜本草等数十家国内外知名品牌，当时的商品数量最高时达到20 000多种。

在当时，淘宝上商品匮乏，谁有足够多的货源，谁就能决胜于淘宝战场；谁拥有掌握货源的优势，谁就有赚取高额利润的能力。所以，淘宝在2010年之前的这个阶段，是货源制胜的阶段，淘宝盈利的基本规律就是尽量多地找到各种优质货源，并上架到淘宝店。至于优化标题之类的基本运营技术，也基本不需要过多掌握。

但是，到了2011年年初，柠檬绿茶突然停止了发展。如果去淘宝店搜索柠檬绿茶，你会发现这家四金冠的店铺月销量可能还没有一个桃心店多。这家神店现在已经不再神奇，成了群星璀璨的早期淘宝店中快速陨落的一员，沉寂在了淘宝发展史中。

（二）店铺盈利的战略方向：有货源就盈利

> 做淘宝第一阶段的基本规律：有货源基础就有利润。

在2010年前，淘宝处于发展初期，源源不断的消费者上淘宝平台选购商品，而可供选择的商品种类和数量都是严重不足的，基本特征是买的人多，卖的人少，市场的决定力量倾向于被卖方掌握。这就是典型的卖方市场，也是很多市场的早期必然发展阶段，在这种市场里盈利的基本规律是"手里有东西就挣钱"，也可以简称为"货源制胜"。这一时期，淘宝卖家基本上是有货源就有利润，遇到的最大悲剧就是，店里的东西拍了很多，仓库里却没货了。因此，这一时期，淘宝店铺的运营技术没有货源重要。

这一时期做淘宝的基本规律：有货源就有利润。此时，做淘宝也很简单，卖家甚至不需要专门学习也能做起来。

二、2014年前的店铺盈利方向：在初期竞争市场要以流量制胜

到了2011年之后，如果还没有解决好货源或者主要精力还在忙着找货源，而不是用可靠方法去优化标题获取自然流量，还不懂得用直通车获取付费流量，我们会发现店铺流量越来越少，运营也越来越艰难，好不容易找到的货也慢慢都砸在手里了。其实，这一切都是因为市场发生了变化，买卖双方的力量对比关系发生了重要的转变，我们昨天的关注点已经不能成为店铺今天盈利的着力点。

大家千万要记住，卖方市场只是市场发育的早期特殊阶段，之后就是永远的买方市场，也就是卖家享受了短期的"甜蜜"之后，将迎来永远的买方说了算的市场。轻松赚钱的日子一旦过去，之后就再也不会出现。如果2010年前的淘宝红利没有享受到，我们就只有勇敢去迎接后面的长期竞争挑战了。

（一）2014年前的淘宝趋势：初期竞争市场

经过2006年到2010年的飞速发展，到了2011年，淘宝的周边生态体系建立得越来越完善，早期制约淘宝发展的货源问题得到了根本改观。在货源方面，阿里巴巴专门整合1688网站上的各个工厂和货源供应商，为淘宝卖家分销产品提供了各种政策和功能上的便利。另外，淘宝专门开发的分销平台及各种如雨后春笋般崛起的第三方货源平台，加上传统企业纷纷加入为电商供货的行列，彻底方便了淘宝卖家找到优质的货源。

2011年开始，货源已经不再是淘宝上稀缺的东西了。蜂拥而至的货源，让淘宝卖家拥有了取之不尽、用之不竭、卖而不光的产品，淘宝正式从卖方市场转型进入了买方主导的竞争市场时代，买卖之间的力量对比关系发生了彻底的逆转。这一时期的基本特点是"僧多粥少"，每一个产品都可能有众多的淘宝店铺在销售，买方输入的任何一个关键词都可能匹配出几页甚至几十页的同类宝贝。因此，这时期，卖家得到流量就是第一要务，得到流量就更容易卖出产品，进而得到利润。

这个时候，马云提出的"小而美"淘宝店的概念也逐步得到贯彻。淘宝鼓励卖家把一个细分的小市场做细、做精、做专业，重视商品品质，重视为消费者提供个性化的商品，不做无品质盲目铺货的杂货店。随后，淘宝网的流量也开始向小而美的店铺倾斜，有个性并且能满足消费者精准需求的店铺越来越受到欢迎。简单来说，就是我们的店只要符合淘宝"小而美"要求，就能得到更多流量支持。这个时期，"精准流量"这个词是当年做淘宝的热门词，卖家引流不再只是单纯要流量，而是要精准流量。

在这期间，如果我们的淘宝店铺不再是杂货店，而是根据淘宝发展趋势升级到符合淘宝提倡的某个领域小而美的店铺，再加上自己会标题优化技术，结合淘宝上各种流量渠道的付费广告，一般很容易就能快速把店铺规模做大，进而得到更多利润。

2014年之前，淘宝还处于PC时代，流量基本上都集中在PC端的网站，搜索也还不是个性化打散的流量。消费者随便搜索一个关键词，搜索结果页的展示结果都有40多个位置，搜索排序第一页前三的位置被称为"豆腐块"，只要占据了这个位置，一般长期不会掉。另外，由于搜索位置多、第三方导购网站之类的引流渠道也比较多，所以那几年开直通车和钻展的人还不是很多，付费流量相对便宜。

2012年，有个花名叫悦菲的卖家加入了幕思城经理班。他当时做的是情趣内衣，自己做了两年才做到两个钻，一直对淘宝的运营推广一窍不通。后来，我在上的一节课上演示了怎么开直通车，悦菲以前没有开通直通车，他让我帮他查询一下"情趣内衣"的直通车的行业数据怎么样。我一查，市场均价才两毛多钱一个点击，这个市场均价在今天看来很便宜，但是在那之前，很多类目都可以优化到几分钱一个点击。于是，我让他赶紧把直通车开起来。他开了一段时间之后，被结果震惊了。直通车开下来才一毛多钱一个点击，而且投入产出比特别高。尝到甜头之后他就全部发力直通车，没过多久，他就买了一辆30多万元的车。在2014年左右，他就把两个钻的店铺做到了5皇冠，后来他还专程来了一趟成都感谢我。

　　那几年，很多卖家都没有学习的意识，更不会去了解淘宝的发展趋势，他们还在按照2010年之前的方法在做淘宝，不断上架产品，每天做得最多的工作就是上架宝贝，然后再坐在电脑面前苦等流量，但是流量却一直等不来。当淘宝上商品越来越多之后，平台方肯定希望最后平台上的商品能够越来越优质，越来越能满足消费者个性的需求，所以在满足平台对商品的要求之后，只要胆子再大一点，只需要抓住一两个引流的渠道去深耕，有了流量就有了销量和利润。

　　在2010—2014年这个阶段，卖家只要把地摊货式的淘宝店升级到商场专柜一样的店铺，再加上各个渠道合理引流，哪怕是专门做付费流量也很难亏本。

（二）店铺盈利的战略方向：争夺到流量就盈利

> **做淘宝第二阶段的基本规律**：有货源，有流量，就有利润。

　　市场的发展是不以个人意志为转移的。卖方市场因为挣钱太容易，挣钱的门槛太低，会快速吸引大量的卖家加入，也因为卖家加入的数量太多、太快，卖方市场一般不可能维持太久。到了2011年，淘宝里的买卖双方力量对比关系快速发生了根本切换，卖家说了算的时代让位于买家说了算，早期的卖方市场过渡到买方市场。按照市场发展的一般规律，只要卖方市场过渡到买方市场，这个市场一般就不会再回到卖方市场状态。因此，从2011年开始，淘宝里"僧多粥少"、卖家多买家少，将是未来的常态。

　　因为淘宝的发展进入了新的买方市场阶段，很多卖家慢慢发现"有货源就挣钱""找货源就是做淘宝"这一招不灵了，甚至有货源有时候还成了负担，因为找来的货都压在仓库里，几乎耗尽了自己的现金。结果是卖什么仓库里就剩什么，成了大多数卖家的常态。一部分卖家挣的钱不是现金，基本上就是仓库里的存货。因此，2011年以后，在淘宝里有一句很实用的话，即"没有货源，做不了淘宝；但是，当大家都有了货源，可能你就没有了淘宝"！

　　对于任何市场都一样的是，在刚进入买方市场时，一般来说，竞争还没有显得特别剧烈，买方也还没有成熟，因此卖家之间的关键竞争点不是去拼产品和服务，而是直接去拼引流能力。在这一时期，最有效的方式就是通过更高效的引流技术，引的流量越多，销量就越多，利润也越多。

　　在2014年前，做淘宝店的最大悲剧在于：店里的东西琳琅满目，但访客稀稀拉拉。

　　这一时期做淘宝的基本规律：有流量就有稳定利润。如果再加上前一阶段的基本规律，此时做淘宝的基本规律升级为：有货源，有流量，就有利润。

　　这一时期，不清醒的卖家会忽视产品质量，认为只要有流量就能赚钱，最后掉入"流量陷阱"而把店铺做垮。相反，只有货源稳定、产品质量可靠的卖家，在货源基础上补充强化自己的流量能力，最终成功穿过初级竞争阶段，进入淘宝的下一个发展阶段。

　　此时，做淘宝开始变得不再那么简单，卖家在学习找货源的基础上，需要学习各种引流的技术和方法。不过，卖家在这一阶段的学习方法却比较简单，只要能够听听课程，一般就能解决操作中的各种问题。

　　做淘宝的难度上升，导致这个阶段开始出现了专门提供淘宝培训的机构，它们只需要提供直播或者录播课程就能帮助卖家获得流量，并帮助卖家做出效果。幕思城投入淘宝培训相对较早，在2010年就开始提供培训服务了。

　　由于这个阶段卖家听听课就有效果，所以也产生了很多"讲师"，他们大多数靠"能讲"就能俘获大量的卖家。到了现在，能讲的"讲师"已经越来越没有市场了，因为"讲"越来越难以解决卖家的问题。

三、2018年前的店铺盈利方向：在激烈竞争市场要以销量制胜

> **一句经典**：激烈竞争市场缺销量，得到销量就赚钱！

　　大家都有一个直观经验，就是在熙熙攘攘、人流如织的商业区，如果一个餐馆里面人满为患，外面还排着长队，那么会有更多人愿意去排队。但是相反，门口人来人往的隔壁餐馆，如果里面没人吃饭，这个餐馆就会更加冷清。这就是激烈竞争市场的基本状态：销量带来流量，而不是流量带来销量！

　　当淘宝进入竞争激烈阶段的时候，卖家想尽办法往店里拉人就能把店做起来已经越来越难了。因为越来越成熟的买家往往喜欢购买那些销量已经很高的商品，如果店铺只是流量很大而销量不高，来了的人也会空手离开的。相应地，淘宝为了自己的发展，也会通过技术系统把流量尽可能导给销量高的店铺，因为这些店的商品买家喜欢，就这么简单。

（一）2018年前的淘宝趋势：激烈竞争市场

2014年开始，智能手机快速实现了在中国的普及。这个时期，淘宝也提出了无线端战略，要求阿里巴巴整个集团全力以赴向无线端转型。接下来，淘宝开始大力推广手机淘宝。针对消费者，在手机淘宝上买东西可以获得手机专享价，可以在手机淘宝的商品详情页领取手淘淘金币来购物、省钱。针对卖家，设置了手机专享价、手机详情页和手淘淘金币的卖家，优先展示在手机淘宝搜索排序的前面，从而获得更多精准流量。在2014年，双十一当天的成交额571亿元中，无线端占了42%。而2016年，双十一的成交无线端占比已经超过82%。

淘宝的无线端转型成功之后，基本上大部分的商家都设置好了手机详情页及手淘淘金币，先发优势很快就不存在了。这个时候不仅免费流量引流困难，付费流量竞争也越来越激烈。由于手机屏幕小，可以展示的商品数量减少导致付费流量竞争变大，竞价成本提高许多，这个时候不管开直通车还是钻展，能达到盈亏平衡已经是很不错的成绩了。

造成引流困难的原因主要有三个。一是淘宝搜索的位置大大减少，在PC时代一个页面有40个位置，总共100页可以有4000个展示位置，而手机端由于手机屏幕小，消费者能看到的商品数量大大减少。二是淘宝搜索实行"千人千面"的个性化搜索，即便是你的商品排名排到前几名，也只有部分买家看到是在前几名。三是流量被打散，消费者在PC时代大多数人从淘宝搜索和淘宝类目导航进入商品的详情页购物，而手机淘宝APP上流量被手淘首页的"猜你喜欢""必买清单""淘宝直播""有好货""每日好店""微淘"等内容营销渠道抢去了大部分流量。

当免费流量获取困难并且付费推广成本居高不下时，提升销量的其他推广方式开始大行其道。淘宝客就是当时重要的代表之一。例如，在2016年，国内知名的月饼品牌华美在中秋前一个月做了一场淘宝客的活动(见图1-1)，华美集合了全网的淘宝客资源，来帮助推广其在2016年中秋节主打的一款冰皮饼。华美首先向各个淘宝客团队发行了数十万张满55元就可以用的40元的优惠券，淘宝客把这些优惠券推广在自己维护的QQ群、微信群或网站上，让买家先领券再下单，下单时冰皮饼显示的价格是55.9元，使用优惠券之后相当于用15.9元即可买到该月饼礼盒装。活动才开始两分钟，就付款1.9万单了，5分钟3.5万单，10分钟4.6万单，一个多小时后，11万单被抢完。也就意味着，仅用了一个多小时，11万销量的超级大爆款就打造出来了！当然，其他店铺在那个时期用淘宝客快速提升销量的案例比比皆是，如大闸蟹1万多件不到10分钟被抢下架，阿胶膏4000件限量半小时秒光，韩朵口红限量7000件活动当天下午即被抢光下架……

图 1-1

  这一时期也兴起了用淘宝直播直接提升销量的方法。"这款拍下170元，别的家至少两三百元，真的是良心价啊，我发现这个款这么好看就弄来给你们。"薇娅穿着一条黑色蕾丝连衣裙直播说。当时，这条淘宝直播视频有121万观看量。2017年10月10日，当时拥的有156万粉丝的薇娅，在5个多小时的直播里，帮助一个零粉丝的淘宝新店拿下7000万元的销售额，打破了一年前网红张大奕2000万元直播卖货的纪录。在2018年淘宝发布的"淘布斯"榜单中，32岁女主播薇娅以年收入3000万元、推动成交7亿元位列榜首。这就是当时淘宝直播的典型疯狂景象。2016年是淘宝直播开始盛行的元年，直播刚兴起时，一场直播几十万人观看是很正常的事情，一个稍微有点儿粉丝量主播的一场直播，很容易就能帮助一个网店卖几十万元甚至几百万元的货，堪比一些大卖家一个月的销售额。

  这一时期，内容营销也开始兴起。各种图文清单、短视频、微淘内容应运而生，谁在一开始去做了直播，拍了短视频，或者找到比较靠谱的主播，谁就能快速打造爆款，引爆全店。直播和其他内容形式的合作模式也类似于淘宝客，卖家需要先设置好优惠券，让直播间的消费者先领取，然后去下单，这样消费者就能获得优惠。产生成交之后，卖家再给主播分佣金。

  淘宝客和以淘宝直播为代表的内容营销打造爆款的速度让人惊叹。在这个阶段，很多卖家宁愿前期亏本也要冲销量，因为这个阶段主流的方式就是通过各种快速提升销量的渠道来拉升免费流量。当然，也有用直通车钻展结合短期内快速提升销量来达到引爆全店流量的。不管哪种形式，在这个阶段如果还在等免费流量，无视这些快速引爆销量的新内容的卖家，基本上都没赚到钱。在这个销量制胜的阶段，淘宝店盈利的基本规律就是把一个好产品快速地通过有效的渠道引爆销量，从而实现全店爆发，最终实现盈利。

（二）店铺盈利的战略方向：有销量就有盈利

> **做淘宝第三阶段的基本规律：** 有货源，有流量，有销量，就有利润。

2014年之后，淘宝经过4年的飞速发展，加之阿里系通过大规模的并购，为淘宝导入了充足的流量，大大缓解了淘宝的流量问题。这一时期，淘宝的活跃卖家数量、在销商品种类和数量都实现了急剧上升，同时买家的成熟度也明显提高，买家在交易中的力量越来越大，因此买卖双方达成交易的难度显著上升。此时，市场从初步竞争市场发展到了激烈竞争市场阶段。有货源，有产品，有流量，就能卖，就能赚钱的时代基本结束了。

激烈竞争市场阶段，卖家之间的竞争从流量竞争升级到销量竞争，有流量的店铺并不能保证得到利润，只有销量高的店铺才能获得生存和发展。这一时期做淘宝的基本规律：有销量就有稳定的利润。

如果再加上前两个阶段的基本规律，此时做淘宝的基本规律升级为：有货源，有流量，有销量，就有利润。这一时期，销量重于流量，获得流量不一定有销量，但是有了销量就有流量。但是，不清醒的卖家或者找不到出路的卖家，还是会继续迷恋上一阶段的"流量制胜"，甚至学习和使用刷单等违规方法获取虚假流量和虚假销量，导致店铺真实访客和真实销量寥寥无几，甚至最后被淘宝官方判为店铺违规，最严重的被封店。

此时，做淘宝开始变得相对复杂，卖家不仅要找货源，还要学习引流，更需要学习打造爆款的综合技术。相对地，由于卖家遇到的问题更加复杂，学习的过程也开始变得复杂，甚至需要个性化的辅导才能有明显的效果。

这一阶段，卖家遇到的销量提升问题和淘宝学习问题层出不穷，除了课程需要围绕提升销量来系统设计之外，卖家还需要得到专门软件和个性化辅导的支持，才能得到令人满意的效果。

淘宝卖家需求的变化，导致淘宝培训机构"依靠讲课，通过提供课程来解决问题"的模式逐步失效。不能满足卖家要求的淘宝培训机构，本身的运营难度也在与日俱增，一批机构相继退出市场。一部分淘宝培训机构开始放弃提供课程内容，转型为做培训课程的平台，让一批"讲师"录制课程去平台上卖。这种模式的本质是"卖课"，还是难以满足卖家急迫解决店铺发展的需求。另一部分淘宝培训机构找不到出路，转型去提供"黑科技"，教淘宝卖家"刷单"等违规违法方法，最终自己也走上了绝路。

随着淘宝培训机构的纷纷转型，淘宝讲师队伍也出现明显分化。在"讲课"越来越难以解决卖家真实问题的时候，一部分淘宝培训讲师的光环在逐步消散，最终退出了市场。另一部分讲师开始朝着自媒体方向发展，经常发自己"卖萌"的生活照或者摘抄的"鸡汤"来维护粉丝，然后再录制课程来销售挣钱。还有一部分淘宝讲师开始从注重内容转型为注重个人表演，甚至通过个人包装，营造"大咖"形象，不强调对卖家的帮助，而是强调用"气场"镇住卖家，来掩盖自己不能帮助卖家提升销量的无力。目前，少数早期"成功"的淘宝"大咖"讲师转型成了淘宝培训市场里的专业"演员"，讲课也变成了"演戏"。这些"讲师"的套路也逐步走向统一，即"不追求做店铺有效果，只追求现场有感觉"。

与很多淘宝培训机构不一样，幕思城在这一阶段走了一条差异化道路。幕思城认为，卖家根本不喜欢学习，也不想学习，他们参加学习班或者培训班，不是来学习的，而是来解决挣钱中遇到的问题的。他们积极参加学习，实际上是被"不挣钱"逼的。根据卖家的真实需求，我们从2016年开始，设计了帮助卖家提升销量的系统课程，开发了系统的软件"将军令"，同时建立了一对一辅导卖家的成长顾问队伍，还有监督和管理学员学习过程的学习顾问队伍。

四、2019年后的店铺盈利方向：在超竞争市场要以差异化制胜

一句经典：超竞争市场靠特色和差异得利润！

大家喊着淘宝越来越难做的同时，源源不断的新卖家排着队加入淘宝大军，淘宝内的竞争进入了超竞争阶段。京东、拼多多等平台的崛起，进一步加剧了淘宝竞争的激烈程度。在一个"杀红眼"的市场，没有一点儿特色，没有一点儿和别人不一样的东西，店铺和宝贝真的很难进入挑剔买家的法眼。

2019年开始，昔日高手可能功夫尽废！

2019年开始，高利润的店铺各有千秋，没利润的店铺大致相似。

（一）2019年后的淘宝趋势：超竞争市场

"现在直播没以前那么火了，一场直播能有几千人观看已经是很不错的了，而且几千人指的是人次"，一位资深的电商讲师对我说。

确实，淘宝直播刚兴起的一两年，平台集中资源推广扶持，买家觉得新鲜，但是红利期一过，买家很快就回归了理性。淘宝直播现在已经不再无与伦比，一个几十万粉丝的主播帮你直播一次，能够卖几百件已经相当不错了。淘宝客的风光也不再，自从阿里妈妈调整了规则之后，淘宝客大额券推模式被叫停，强制设置大额优惠券推广很容易被判定为违规，并且现在淘宝客累计的销量已经无法获得搜索权重，有可能前期亏了很多钱做了几千笔淘客的销量，最后自然搜索流量一点儿也没有带动起来。

平台的红利逐渐在消失，规则也越来越完善。在2018年电商行业发生的两件大事将改变2019年之后淘宝的盈利规则，需要引起广大卖家的高度重视。

一是天猫店刷单倒闭事件。某天猫卖家向央视举报一家名字叫作"浅图旗舰店"的

天猫店一天刷2000单，随后央视记者暗访，最终在央视的《焦点访谈》节目中曝光(见图1-2)。曝光之后，这家月销65 000销量的天猫店老板跑路，店铺倒闭，留下几百万库存的男装和几十号员工。这件事当时在电商行业里引起了巨大的反响。

图 1-2

二是《中华人民共和国电子商务法》(以下简称《电商法》)生效。2018年8月31日《电商法》出台，并于2019年1月1日起正式生效。《电商法》规定，电子商务经营者应当依法办理市场主体登记并依法履行纳税义务。这意味着，一方面电商经营成本越来越高，另一方面也说明随着法律法规的健全，平台规则的完善，钻平台漏洞的机会越来越少。例如，刷单的卖家不仅在做虚假销量上花了钱，而且未来还将增加补税的巨大风险。

我们经理班有一个几年前就加入幕思城学习的学员叫"团爸"(见图1-3)。他老家是四川的，高中毕业之后去云南当兵，在云南结识了他的妻子。他们两口子2011年在淘宝上开了一家特色鲜明的店，专门卖孕妇月子营养餐及周边配套的产品，如月子油、月子米酒等。他们服务的人群是坐月子的产妇，属于消费急迫并且对价格不敏感的高盈利人群。再加上团爸的老婆是中医世家，懂得如何在月子期间调养身体，并且他们充分利用了云南的原生态自然资源的优势，因此开发出的系列月子营养餐慢慢得到了市场的认可，现在事业进入了高速发展的快车道。2012年，他们一年的销售额只有19万元；到2015年，年销售额达到了600万元；2016年国家开放二胎政策之后，他们的销售额达到了1600万元！除了高速飞涨的业绩以外，团爸团队成员把全部心思都放在产品和顾客身上，店铺产品全部利润率都保持在60%以上，客单价常年保持在500元以上，直通车等付费流量占比不到销售额的5%，而且他们从来不参与价格战，一年下来有几百万的净利润，日子过得很滋润。

图1-3

如果一开始产品定位低端而且消费人群对产品价格敏感，一般这个店铺做起来特别艰难。而如果一开始就做出正确选择，定位准确，利润就可以做得很高。有个重庆卖家叫小娇，她刚做淘宝的时候，发现淘宝上情趣内衣很好卖，但是价格普遍较低；睡衣销量也很高，消费者对普通睡衣的价格特别敏感。左思右想之后，小娇把自己的产品定位为性感睡衣，她认为单纯买睡衣的人普遍都是经济条件一般的老百姓，而买睡衣还要追求性感的人大多是恋爱中的男男女女，或者刚结婚不久的小夫妻，这类人群对价格不敏感，愿意为小资的生活情调花点儿钱。所以，小娇在市场上找到了一些简约时尚的睡衣，专门找身材好的外模拍摄，在店铺营造出一种性感、时尚、高档的感觉。这样的包装和打造，硬是把二三十块成本的性感睡衣卖出了100多的价格。现在她已经开起了淘宝店、天猫店、京东店等，各平台一年的销售额加起来超过2000万元，净利润已经超过1000万元！

高利润的店铺各有千秋，没利润的店铺大致相似。有利润的店铺，不怕《电商法》的出台会提高成本，也不怕每年上涨的直通车价格；不依靠平台的红利，更不靠刷单！只有利润高的店铺，才能玩得起付费推广，才有钱升级产品品质和服务质量，也才有钱给员工涨工资增加福利。而没有利润或者低利润的店铺情况大多相似，要么是一开始产品的利润就不高，所以赚不到钱；要么是本来是有利润的产品，但赚的钱都给了电商平台或刷单公司，或者是产品都屯在了仓库里，浪费在了等待里。

2019年之后，在规范化的平台规则和法律体系下，卖家需要回归商业本质，即回到产品本身、消费者身边和创业的初心，以利润制胜来约束自己未来的电商之路。因为一切商业的起点都是消费者获益，不断向消费者提供优质的产品和服务以赚取利润，这才是正本清源的电商盈利之道。

（二）店铺盈利的战略方向：有意义的产品差异化才能盈利

> 做淘宝最新阶段的基本规律：有利润才能生存。

现在的淘宝，已经从激烈竞争市场发展到了超竞争市场阶段。这一市场阶段的基本特点是：卖家数量多、规模大；产品的数量多且同质化非常严重；而买家经历了十几年的市场教育和消费经历，已经变得非常理性，因此买卖双方更难达成交易。在这个市场中，已经很难发现一个没有产品的市场，也可以说每一个市场都已经被勤奋的卖家耕耘了很多遍，每一个类目几乎都已经出现了规模很大的店铺，并且流量和销量越来越向这些店铺集中。未来，要找到竞争比较小、卖家耕耘不够深透的领域，不借助专用软件工具，已经是一件比登天还难的事情了。如果某位卖家靠运气真的找到了，我只能说他非常幸运。

这一时期做淘宝的基本规律：有利润才能生存。卖家要想在超竞争市场继续获得发展，竞争的关键焦点不再是流量和销量，而是与其他卖家相比的产品特色，有特色才有利润。只有利润丰厚的店铺，才能经得起竞争对手的各种竞争策略，也才能付得起付费引流、产品开发和雇佣专业团队的成本。甚至卖家的一切决策都需要从利润出发，不能带来利润的产品、引流和爆款，都是没有意义的瞎折腾，而只有能够获得利润的做法才是合适的做法。

由于淘宝发展进入全新的超竞争阶段，因此卖家运营店铺遇到的核心问题也全面升级了，不再是前期孤立的货源、产品、流量和销量等单一问题，而是如何产生稳定利润的综合性问题，这需要卖家全面去构思、系统去操作、长期去维护。与此对应，卖家需要形成和提升打造盈利店铺的综合能力，而非专项能力，需要同时得到以盈利为核心的系统课程、软件系统、个性化持续辅导和盈利专著。

淘宝卖家遇到的问题出现了全面升级，这给淘宝培训机构产生了全面、全新的升级和转型压力。未来，没有盈利基础理论研究的支持，缺乏以盈利为核心的系统课程，缺少盈利软件和个性辅导的传统淘宝培训机构，将面临全面淘汰。传统机构的课程模式和平台模式，以及淘宝讲师的"卖萌""演员"模式，已经完全不能解决卖家遇到的盈利问题，预计未来又将有一批传统机构和传统讲师失去市场。

目前，因为理性的卖家越来越不愿意为"课"付费了，导致一大部分难以进一步依靠"讲课"谋发展的淘宝讲师开始了艰难转型。他们依靠自己仅存的光环，在粉丝中发展"个人代运营业务"而不是"卖课"，去帮助那些运营难以为继的店铺做"个人代运营"。我觉得这种模式很难持续，一方面，卖家想要讲师来救命，而能"讲"的讲师却救不了命；另一方面，讲师想要卖家来付钱，但难以为继的店铺哪来的钱？这就像两个在风雨中相依为命却又都寄希望从对方那里占便宜的人凑在了一起，他们只是为了相互给对方信心，但却都给不出对方最想要的东西。

幕思城一直坚信，电商是新东西，但绝不是神奇的东西，电商盈利的本质依然符合人类企业发展史中被检验过的盈利规律。电商如果与传统企业有差异，那么最大的差异是，做生意的场景从线下换到了网上。电商企业和传统企业一样，也需要去思考什么才是最重要的东西？怎么做才能让电商企业长期盈利？这样一来就会发现，其实答案很简单，电商绝不需要刷单，也不是钻平台规则漏洞，更不是追热点赶时髦，而是那些我们天天看到但不曾重视的东西，如优质产品、优质服务、满意顾客等。基于这样的认识，幕思城多年来在经营中始终保持自己的定力，以客户利益至上，克制欲望，不盲目扩张，不断去完善独特的幕思城盈利方法，专注做好帮助电商卖家盈利这件事。

幕思城于2018年开始全面转型为淘宝卖家的盈利服务商，为卖家提供系统的盈利课程、个性化盈利辅导、系统的盈利助手工具、盈利书籍等，帮助他们在淘宝中取得盈利，实现可持续发展。

本节学习心得

请将学习本节内容后的心得记录在下面，以备后期查阅。

第二节 深刻理解店铺核心盈利原理

> 一句经典：不能赚钱的技术，都是巫术！

市场和技术都是永远发展变化的，不同的淘宝发展阶段，需要不同的淘宝运营技术，因此，我们的店铺运营技术必须与时俱进，永葆自己方法不落后，才能立于不败之地。所有真正有效的技术，一定要能为盈利服务；不能服务利润的技术，本质上都是毫无意义的。

不懂盈利原理，我们经常会迷恋某个或者某些热门的技术，甚至迷失发展方向，反而被技术伤害。很多卖家热衷学习的"技术"根本就不是技术，而是"巫术"，得到的不是"效果"而是"幻觉"。例如，我们本来是想盈利的，却迷恋刷单，最后即使刷单技术超级牛，也可能因为封店而颗粒无收，甚至连本钱都搭进去了。

一、理解盈利原理整体

> 一句经典：客人愿意买，永远比你擅长卖更重要！

很多人感觉自己很厉害，觉得什么东西都能卖出去，还可以举出几个案例，以证明自己能够把不好卖的东西也能卖好。不过，既然我们这么擅长卖产品，为什么不去先找到好卖的东西，然后把好卖的东西卖得更好呢？为什么要耗费在无意义的产品或者低效率地瞎折腾上呢？

（一）经典案例

1. 服装设计师开童装店

> 一句经典：不好卖的东西，怎么卖都是错！

阿蓉(见图1-4)是在成都安家的山西人。在成都上了几年班之后，因为要照顾小孩，就毅然放弃工作，全职在家带小孩。孩子开始上幼儿园之后，阿蓉闲得心里发慌，于是想找点儿兼职的事情来做，一方面不耽误照顾孩子，另一方面又可以挣点儿钱，减轻家里面的经济负担，毕竟现在养育小孩的成本越来越高。由于自己懂服装设计，又加上经常给孩子买童装，经过慎重考虑之后，阿蓉决定开一个淘宝店，在淘宝上卖自己设计的童装。阿蓉按照自己的理解设计了童装样式，然后找附近的工厂打版和生产成品。

阿蓉前后花了三四万元，才把设计的童装变成几百件自己非常满意的童装库存。她想的是，先生产几百件出来卖着，后面卖好了再继续投钱让工厂生产。但是，她哪里想得到，这批几百件的库存居然两三年都没有卖完！

图1-4

阿蓉自己租相机，在网上找教程学着拍照，让她四五岁的女儿当模特儿，对这批货进行拍照，然后再花钱找人用这些图片设计主图详情页。阿蓉并不专业，捣鼓几个月后终于把这些图片都上架到自己店铺里了，她满心欢喜地等待着买家来抢购，但是一个月过去了，两个月过去了，一晃半年过去了，不仅没有出现抢购，每个月来咨询的人也只有寥寥十几个。但阿蓉还是不放弃，对每一个来咨询的人都尽心尽力，即使这样，费尽"九牛二虎之力"也才让几个咨询的顾客下了订单。

阿蓉相信"酒香不怕巷子深"，只要自己真心、精心打造产品，一定会有人买的。但是，阿蓉始终想不通，自己精心设计的童装，款式在淘宝上也没有同款，原材料又是经过她亲自把关，质量可靠，为什么就卖不出去呢？

幸亏阿蓉前期投入的成本还不算太多，后来又及时调整方向，才没有造成更大的损失。

2. 厨师的爆款

一句经典：好卖的东西，不一定就是好东西！

有些方向选择错误，后果会很严重，可能要好几年甚至更久才能缓过来，胡润同学就是一个典型的例子。

胡润(见图1-5)做了17年的厨师，在餐饮这个行业干得有点疲惫了。后来，他听说做淘宝能挣钱，就决定去试试。他从自己的厨师经验出发，看上了有成都特色的麻辣零食。他亲自炒料、调味、加工，然后把麻辣零食拿到网上去卖，结果一下子就卖爆了！去年他给我带了几包麻辣掌中宝、香辣鱿鱼须和卤味鸭爪，那个美味我到现在还记得。

图1-5

胡润是2015年开的店铺，不到三年就做到五个皇冠。这个成长速度令许多中小卖家羡慕不已，但胡润并不以此为傲，他反而经常感叹自己的店铺做得差。这主要是因为他选的休闲零食的特点造成的。一是，休闲零食的客单价比较低，一般是一二十块钱。一般来讲，客单低意味着利润就不多。二是，最近几年休闲零食的商家越来越多，竞争也越来越大。卖的人多了，相互竞争就必然激烈，利润就会打折扣。三是，买家对于休闲零食价格比较敏感。价格稍微高一点儿，买家就会到其他店购买。

所以，虽然销量挺好，但是利润却不怎么样。一年辛辛苦苦经营工厂加淘宝店，最多也就三五十万元利润。而我们前面提到的团爸，是胡润在幕思城的同班同学，同样是做食品类目，也同样是五皇冠的店铺信誉，而且店铺销量比胡润的销量要低得多，但是利润差距了将近30倍。

我多次给胡润建议，可以考虑升级一下店铺和产品的重新定位，不然产品虽然销量还可以，但是由于产品利润低、竞争大、消费者对价格敏感等问题，未来可能会越来越艰难。

3. 胖哥的大码女装

比起阿蓉和胡润的经历，吴博(见图1-6左)算是比较幸运的。与其说是幸运，不如说是他比较认真。吴博圆圆的脸蛋，一米七多的身高，目测体重至少有180斤，他女朋友也是微胖界的女生(见图1-6右)，所以他们自然而然地想到了要在淘宝上卖大码女装。他女朋友当模特儿，吴博来拍照，这样可以节省很多拍摄和模特儿的费用。

一句经典：好东西能卖好，才有好生意！

图 1-6

与其他同学不同的是,吴博刚做淘宝的时候就来到了幕思城,所以走的弯路要少一些。吴博店铺里面的大码女装客单价平均在200~500元,利润率基本在70%以上。一开始吴博就不想做低价、低利润的生意,因此他这样的客单价和利润率去投付费广告一般不容易亏本。他综合对比了直通车和钻展的效果后,发现钻展的引流成本更低,投入产出比更高,平均投产比可以做到10以上。所以,钻展是他重点投放的对象,每个月的广告成本控制在销售额的10%左右,大促期间会略比平时多投一些。

2016年,吴博做淘宝的第一年只有几十万元的销售额;但是,2017年销售额增长了近10倍,达到了600多万元;2018年销售额再次翻一番,达到了1500多万元。

不过,这些都还不是最厉害的。在大码女装行业的平均老顾客成交金额占比只有18%左右的数据下,吴博店铺的老顾客成交金额占比却常年保持在80%以上。也就是说,他的店铺的老顾客忠诚度都非常高,基本上是靠老顾客在运营店铺。他在老客户营销方面下了很多功夫,设置了老客户的权益升级方案,即消费不同的金额享受不同的折扣和福利,以及消费满多少钱、消费多少次可以兑换各种有价值的礼品。吴博真正是在把好卖的东西卖好了,同时又让买过的人再回头。这样经营下去,我相信吴博店铺的规模会越来越大,他也会越来越轻松。

(二)淘宝、天猫店铺的核心盈利原理

一句经典:"顾客如何才能把东西自愿买走"才是我们该去思考的问题。

上面的三个案例揭示了一个深刻的道理:最轻松的生意不是我们的东西很好卖,而是顾客愿意买。我们努力想办法把东西卖掉时,为什么不去努力让顾客把东西

买走呢！顾客愿意买，我们就不需要费太多的力气去推广，他们自己会找上门来悄悄把钱付了，然后等着我们发货。因此，做淘宝盈利的关键思维方式是从"销售端"转移到"客户端"，从思考"我如何卖"转移到"顾客如何买"，从挖掘产品"卖点"转移到挖掘顾客"买点"。一万个"卖点"不敌一个"买点"！

从操作上讲，淘宝、天猫店铺获得稳定可持续的盈利，必须按步骤依次解决好三个相互关联的核心问题。这三个问题可以归纳为"好卖""卖好"和"回头"六个字。

1. 解决"好卖"问题

开店铺可悲的事情不是没有访客，而是满店铺都是没人买的烂产品。

好卖的产品，就是店铺的盈利"发动机"。卖家打造盈利店铺的第一要务不是上架产品后想办法努力引流推广，而是要首先确保自己店铺里的每一个产品都是畅销产品。可以说，一个好产品胜过一万个烂产品！没人买的产品，无论我们认为它有多好，这个产品都是烂产品。

一个好卖的产品，往往预示着顾客很愿意买，即使我们不怎么推广，顾客也会主动购买很多。相反，如果产品没人愿意买，无论我们使多大力气推广，花多少钱投入，最后也都没有几个销量。因此，卖家需要掌握确保产品"好卖"的系统淘宝核心盈利技术，确保自己店铺里的都是好卖的产品。

2. 解决"卖好"问题

比满店铺都是烂产品更可悲的是，满店铺好产品却卖不出去，全部砸在了卖家手里。

会卖东西，是店铺的幕后盈利推手。卖家打造盈利店铺的第二要务，是要确保自己店铺里的每一个畅销产品都成为爆款。好卖的东西本来就不缺顾客，如果我们这时候恰好掌握了科学的售卖方法，那么将获得事半功倍的店铺运营快感。但是，如果东西好卖我们却不会卖、卖不好，再好的东西也会"烂"在仓库里。也可以说，卖不出去的产品，都是烂产品。

因此，卖家需要掌握确保产品"卖好"的系统淘宝核心盈利技术，确保店铺里的每一个好卖的产品都不会因为自己的原因卖不出去，砸在手里，成为仓库的死货、烂货。

3. 解决顾客"回头"问题

回头客的利润率远高于第一次成交的顾客。因此，卖家打造盈利店铺的第三要务，是要确保自己的顾客都能成为回头客。如果我们只能把好卖的东西卖好一次，一定能赚一次钱，但是要想长期稳定赚钱就难了。我们要想办法让顾客回头再买，这样才能长期保持盈利。老顾客维护得越好，店铺的运营难度就越低，利润率就越高。

因此，卖家需要掌握确保顾客"回头"的系统淘宝核心盈利技术，确保自己能够尽可能多地获取每一个顾客的终身价值，实现尽可能多的利润。

二、理解产品"好卖"原理

> 一句经典：找到有钱人，为他找产品。

很多卖家一开店就想到要找产品，但是这个逻辑起点可能就不是一个最优的选择。找到我们认为能够赚钱的有钱人，然后再根据他们的需求特点寻找并投放产品，才是最经典的盈利逻辑。我们最终能不能卖出东西，不是取决于手里有什么东西，而是取决于顾客愿不愿意来买。

（一）经典案例

1. 小吴的眼镜店

> 一句经典：好市场才能成就自己。

江苏小吴同学(见图1-7)的老婆的姐姐在丹阳市开了一家生产眼镜的工厂，因此小吴两口做眼镜淘宝就有了货源优势。他们分析淘宝上买近视眼镜的，有没什么收入的大学生，也有少部分相对有钱的消费者，但老花眼镜针对的基本上都是中老年人，而会在淘宝上购物的中老年人一般都居住在市区，这个年龄阶段的人大多都有一定的消费能力，再加上老花镜对中老年人来说必要性很高，所以他们一般不太敢买太便宜的。

图1-7

综合对比之后，小吴他们决定做专门针对中老年人的老花镜。在他们经营一个集市店取得成功之后，稳步扩张，现在已经有两个天猫店加一个集市店了，这些店铺的销售额加起来基本上已经是老花镜类目的第一名了。

2. 宝哥的玩具店

> **一句经典**：好卖不挣钱，就不是好的选择。

义乌的宝哥同学想换类目，因此最近经常找我给他推荐赚钱的类目。我告诉他类目并不是我推荐的他就能做，最好结合一下义乌的优势产业和自己熟悉的行业去找相对更容易赚钱的类目。

宝哥之前在义乌一家网店做打包员，亲眼见证了他工作的这家店从新店上升到每天发几千单的大店，货源就是他们当地的。义乌作为全国小商品批发城，满地都是优质货源。于是宝哥工作了一年多就辞职自己开网店了，卖的是和他以前工作的店铺一模一样的产品——地摊玩具。

网店开了一年多就从零信誉冲到了五皇冠，两年多就到了金冠。因为摆地摊的人喜欢在淘宝上进货，一次性就会购买很多种小玩具，这些玩具客单价都是一两块钱的，所以冲信誉特别快。但是，宝哥的店铺利润却不高，同样的一个儿童飞机模型，宝哥如果涨价2毛钱，基本上就卖不动了，这些批发的摊主就会去其他店铺批发。

宝哥的店铺针对的摊主人群大多消费能力不高，并且他们因为要进货到线下摆地摊赚钱，所以对于批发的价格特别敏感。这些摊主并不在乎你家的玩具质量是否比其他家的好，反正摆地摊时顾客给小孩买了玩具，小孩也玩不了几天玩具就坏掉了。这也是宝哥经常找我推荐类目的原因。

宝哥目前经营的这个店铺虽然高峰期一天可以发上万单，但是由于利润率特别低，成本高昂，所以做了好几年，只略微有点儿盈利，导致这样结果的根本原因就在于产品针对的是没有钱且对价格敏感的人群。

3. 小罐茶的启示

> **一句经典**：好市场才能成就自己。

解决产品好卖的问题，可以看看小罐茶的创始人杜国楹是怎么做的。杜国楹创办过的品牌，如背背佳、好记星、E人E本、8848钛金手机、小罐茶等都先后成为国内家喻户晓的品牌。这五个品牌基本上都有一个共同特点：针对的人群大多是有钱且对价格不敏感的人。例如，买背背佳的基本上都是父母，他们为了能给自己的孩子矫正驼背是舍得花钱的。

我们去杜国楹现在做的小罐茶的天猫旗舰店看一下产品的评价就知道，1000元/盒的小罐茶基本上都是买来送礼的，如送岳父、领导、朋友或客户。送礼的人群对价格不敏感，价格便宜了还送不出手，而送礼本身是一个巨大的市场。茶作为有中国特色的产品，是很多人送礼的首选，但是由于中国茶叶没有一个知名度较广的品牌，茶叶的价格也不统一，所以送礼的人群有一个痛点：花了很多钱买了一盒茶叶送给对方后，对方可能并不知道这个茶叶的价值。所以杜国楹在做小罐茶的时候就做了标准化的处理，即统一的小罐、重量、品级、大师和价格。

在杜国楹没有进入茶叶市场之前，在茶行业流传着一句话："七万茶企不敌一个立顿。"因为中国茶行业前一百名的品牌加起来市场份额都没有10%，极度分散。最大的市场份额天福茗茶是15亿元，而立顿一年有300亿元的销售额。小罐茶2017年1月才上市，第二年就卖了20亿元。

这不得不佩服杜国楹敏锐的商业嗅觉和营销鬼才般的能力，他每一次出招都是找准有钱人，然后找到有钱人最愿意花钱的痛点去开发产品，把利润率做到很高，再猛砸广告，销量和品牌知名度就迅速起来了。

（二）解决"好卖"问题的核心原理

从上面的成功与失败案例中，我们可以发现，要解决"好卖"这个问题，无非就是结合自己的优势或身边的资源，先找到有钱且对价格不敏感的人，然后分析这群有钱人有什么需求和痛点，再针对这些需求和痛点去找到他们愿意买单并且我们能够赚钱的产品。这样的方法就是科学、成功的方法。

线下要开实体店，首先需要考虑的是店铺所在位置的人流量是否足够大。线上开网店首先需要考虑的是东西好不好卖，卖了东西有没有钱赚。而要想赚钱，穷人的钱不好赚，有钱但是对钱敏感的人的钱也不好赚，唯有既有钱又对钱不敏感的人的钱相对最好赚。

所以，首先要结合自己的优势和资源，分析一下哪类人既有钱又对钱不敏感，再通过数据分析或者自己的经验判断，看看这群人有什么痛点，他们需要什么产品，再针对性地为这群人找产品，那么这样找出来的产品既是能够精准满足这群人需求的产品，又是能够为我们赚取利润的产品。

要确保产品"好卖"，需要卖家慎重选好目标市场，做好店铺定位和规划(见本书第二章"做好盈利店铺规划")，并做好产品选择和产品规划(见本书第三章"做好盈利产品管理")，明确自己在哪里"有所为"，在哪里"有所不为"。有了好的店铺定位和规划，卖家才能集中资金和精力长期去做好产品，精心维护市场，做出品牌，做出利润。

三、理解产品"卖好"原理

一句经典：引来有钱人，让他们买东西。

很多卖家不能理解什么叫推广，误以为引来流量就叫推广。实际上，来的人不买我们的东西，或者只有很少人会买我们的东西，这对店铺是致命的伤害。对于淘宝系统来说，大规模涌入了人却不下单，只能说明店铺质量非常不好，甚至是很差的，后期流量会越来越少。所以，不是引来流量就是推广，而是要把我们的产品推给能下单并付钱的有钱人，才是真的推广。

（一）经典案例

1. 阿蓉的童装店

阿蓉前几天给我发微信，说她店铺一款主打的童装转化率有3%，加购率也很高，但是一开直通车转化率就会掉，问我怎么回事。

其实阿蓉现在的产品已经没什么问题了。我让她将之前的那批库存先留着，先从淘宝里选销量高利润又能做到50%以上的市场款，而且经过前期的测款，这个转化率和加购率基本上算是数据很好的了，但是阿蓉一直卡在推广这块。

由于她之前没开过直通车，资金方面压力也大，所以现在勉强能够维持每天十几单，这已经算是目前所能达到的最佳状态了。

2. 凌聪的潮鞋店

相比阿蓉的谨慎和带孩子的分身乏术，凌聪的做法显然有点另类。我是过年前才知道凌聪的老家和我老家在一个县，路程不到一个小时。他在微信里说感谢我当年在幕思城教他的那些方法，现在已经做到潮鞋类目第一名了。我听了之后很诧异，有点不敢相信他在我们老家宜宾做男鞋可以做到类目第一名，因为我们四川宜宾老家电商行业并不多，周边除了五粮液白酒就没有在全国很有优势的产业了。后来他说他并不是在宜宾而是和团队在温州做男鞋，因为温州做鞋子的工厂比较多，规模要做大必须靠近产业带，这样才有优势，听他这么一说我就明白了。

后来他说过年要回宜宾，我就约他到幕思城见面交流。

凌聪到了我们公司之后，我们聊了将近两个小时，他给我分享了这几年做电商的一些经历和心得。他说他最开始做的是休闲男鞋，在2017年，一天最好可以做到10万元的销售额。但是由于这个类目竞争大，利润薄，再加上这两年《中国有嘻哈》节目火了以后，淘宝上潮鞋的数据一直在飙升，所以他在2018年年初果断把一天卖10万元的休闲男鞋全部下架，整个团队全力以赴转型潮鞋。他特别补充道，如果当时转型失败，整个团队可能就要喝"西北风"了，风险极高，但是没有时间犹豫。

我和他见面是在2019年1月31号，截止到2018年的最后一天，他的两个天猫店的销售额加起来正好3000万元多一点儿，店铺全部产品的利润率都保持在65%以上，大店在十一二月份，一天就要卖三十几万元。他预计2019年销售额应该会超过6000万元。

我后来邀请凌聪为我们幕思城做一期采访节目，将他如何从零开始做到现在年销售额3000万元的经验和心得给经理班的学员分享一下(可通过扫描下方二维码，观看凌聪的采访视频)。采访中谈到他是如何做产品的，他说他基本上80%的精力都放在了产品上，每天都要看潮鞋类目和同行的数据，以及国外潮鞋的版式、花纹等，然后找来设计师，告诉设计师一款潮鞋要怎么设计鞋底，用什么材料，鞋布上用什么样式的花纹。就这样，他们每个月要上新至少几十款潮鞋，全是凌聪一个人想出来的版式。而且凌聪合作了好几家工厂，并与这些工厂签订了独版协议，不准工厂把版式给其他商家销售，所以凌聪店铺里面的各种款式的潮鞋在整个淘宝上只有他一家在销售。

我问他难道不担心其他卖家去仿你的鞋子的样式吗？他说不担心，因为这种潮鞋的工艺复杂，随便找个厂打个版至少4万元起。如果仿出来卖不掉，这些卖家就要哭了。"因为我店铺里面的款式只有我一家店有，所以买家喜欢这个样式的话，只能在我家店里面才买得到。"凌聪说道。

凌聪接着继续说："你看我现在店铺里面爆款都有好几个了，其实我在刚进入旺季之前就已经有爆款了。"

我越听越觉得有意思，紧接着追问："那你用什么方法来保持这个销量的优势呢？"

凌聪说："比如2019年2月4号过年，很多工厂都放假了，淘宝店也打烊了，但是我们店铺春夏款的潮鞋却都已经上架好可以卖了，而其他店铺的春夏款都还没上架。"

我感到不解，继续追问："那这属于什么优势？"

他补充道："技巧就在这里，我们这个行业大部分的工厂过完年都要等到二十几号才开工上班，所以我就提前屯了1000多双鞋子。我在工厂开工之前都可以正常售卖，从而累计销量，而其他同行要等到工厂开工后才有货可以卖。这样我就比其他同行领先了至少半个月的销量，等他们开始上产品时，我就猛推直通车钻展，在付费流量不亏本的前提下，尽可能多地在前期引入更多流量，从而引爆我的自然搜索和手淘首页等免费流量，这样其他同行几乎不可能超过我。"

这个时候，凌聪一边用他的笔记本电脑登录生意参谋后台，一边指着电脑屏幕对我说："你看，我前两个月用直通车钻展带动的流量效果，一个月光手淘首页流量都有70多万UV，手淘搜索50多万UV，你再看我直通车钻展的投入产出比，我的付费推广还是赚钱的。"

凌聪说完之后我接过他的话总结道："你目前能获得这么快的销售业绩增长的原因，主要是有一堆利润高的好产品，再通过提前布局下一个旺季的产品，抢占销量先机，接着顺势而为，在付费推广不亏本的前提下加大力度投广告，从而再一次引爆销量，形成爆款群效应，这样的速度同行根本追不上。"凌聪频频点头表示赞同。

不过，虽然凌聪的店铺销售额增长很猛，但也不是方方面面都做得很好的。我打开他的天猫店看了一下微淘粉丝数：17万。我猜测他在老顾客营销方面肯定做得不是很好，因此我打开他店铺后台的客户运营平台，看到一组数据：老客户成交金额占比行业的平均值是17%，而他的老客户成交金额占比是14%，这说明他在老客户营销方面的工作连行业平均水平都没达到。紧接着我追问他有没有把成交过后的顾客加到个人微信里，他说加满了两个微信号，但是不知道怎么维护，都变成"死"粉了。

我给他提了一个建议，我说："我看你后台每天1000多单，而且客单价都挺高，这个潮鞋的人群应该是消费能力比较强的，而且这种潮鞋按道理来说一个顾客一年买几双都是很正常的，但是你的微淘才这点儿粉丝，还不如我们一个三皇冠大码女装的学员的粉丝数的一半多，所以这方面你接下来一定要下重功夫。如果你的老客户维护好了，一年三四百万元的广告费节省一百万元都不是什么大问题，而这节省下来的广告费就是净利润！"

说完之后我打开幕思城的官网，把经理班"第五篇：盈利顾客管理"的课程链接发到他微信上，叮嘱道："建议你2019年在保持现有工作计划不变的情况下，增加一项老客户营销方面的计划和任务，把成交的顾客能加到个人微信的尽可能多地加到个人微信。另外，在投钻展时，多用淘积木制作落地页，吸引顾客关注你的微信，设置一些关注有礼的活动，如关注微淘下单减10元或者其他活动，具体方法课程面讲得很详细。"

凌聪听了我的分析之后，非常认同地说："是啊，要是我的广告费可以节省下来，那就太好了！"

（二）解决"卖好"问题的核心原理

一句经典：卖好是盈利加速器。

从上面的案例可以发现，好卖的产品是做出盈利店铺的基础条件，而好的销售方法，确实是加速店铺盈利的重要推动力，会加速店铺的成长和提升店铺的盈利能力。

要卖好产品，需要卖家根据自己的产品特点，协同使用好各种流量工具，重点做好盈利流量管理(见本书第四章"做好盈利流量管理")。另外，卖家还需要根据自己的产品特点和行业特点，规划好爆款产品的生命周期，做好盈利爆款管理(见本书第五章"做好盈利爆款管理")。

四、理解顾客"回头"原理

> 一句经典：我们不是要顾客，我们是要"创造"顾客。

这个世界上本来没有人是我们的顾客，也没有人有义务买我们的东西，我们要做的事情就是尽可能多地让人来买我们的东西。然后因为他们第一次购买之后觉得很好，于是决定以后还来我们这里买东西。从这个意义上讲，世界上本没有顾客，我们要做的就是"创造"顾客。我们经常会以为，来过店铺的人就是自己的顾客，或者买过东西的人就是自己的顾客。实际上，只有那些买过我们的东西，并且以后还会买的人，才真的是我们的顾客。

(一) 经典案例

> 一句经典：顾客感动，才可能成为回头顾客。

有些人的自然搜索优化厉害，但等到了无线端，有了个性化搜索，他就不厉害了。有些人的直通车厉害，但等直通车规则改了，市场均价飙升，他就不厉害了。但是还有些人将产品打造得很厉害，老客户也维护得很好，因此无论推广规则怎么变化，都一直很厉害，高原就是这样一个人。

高原是新疆人，特别擅长老客户营销。他曾开玩笑说："可给幕思城的学员上一堂课，标题就叫作'把老客户营销做到极致，如何让买家跨越4000千米来嫁给淘宝掌柜'。"

实际上，他的老婆真的是他店铺里的买家(高原和他的"买家"妻子见图1-8)。

高原现在的淘宝店是做新疆薰衣草精油的，他之前当过几年运营，在新疆当地一个金冠店上班，后来辞职自己创业做薰衣草精油。他在金冠店上班的时候我们就认识了。

2011年，他那个时候淘宝方面的技术可厉害了，他那里有很多运营技巧。最初收学员时由于师资少，我们还经常请他来给学员做分享，而他每次都爽快地答应，讲完了之后给他课酬他都不要。

他在做新疆薰衣草精油之前还开过一个卖新疆干果的店铺，几个月就做到了三皇冠，基本上没做付费推广。他当时店铺里的老客户回头率是行业平均值的一倍多。

图 1-8

像高原这样的老电商人,已经看透电商的本质了,所以不会沉迷于各种钻淘宝漏洞的"黑科技",更不会沉迷于各种故弄玄虚的奇技淫巧,专注于产品本身,把产品卖好。然后深耕老客户,把老客户营销做到极致,真诚地为他们提供优质的服务,用心创造满意客户。他们满意了,后面就会继续回头买。

无论什么时候开始做老客户营销都不晚。有些电商人盲目扩张,就像"猴子掰玉米"一样,把老客户"掰"一个丢一个,到头来,销售额看起来做得挺高,但是没有客户忠诚度,所以每年需要花费大量的广告费去拉新引流,否则店铺就没有流量、销量、爆款。而过了几年之后等他醒悟了,会发现这些年投了很多广告费,钱大部分都被平台赚走了,这个时候只剩下后悔。

(二)解决"回头"问题的核心原理

一句经典: 回头顾客才是最大的利润池。

好卖的产品,让我们有了盈利的基础。卖好产品,让我们的利润有了加速器。而只有源源不断的回头客,才是店铺持续盈利的根本。回头客不需要我们开直通车、淘宝客、钻展,也不需要开直播,他们会直接越过一切引流方式,甚至越过旺旺咨询,直接进店甚至直接静默付款。有的回头客还会分享宝贝链接,零成本推荐身边好友进店直接付款。也就是说,回头客就是店铺的金矿。

要获得回头客,不仅需要优质的产品,良好的服务,还需要可靠的老客户维护方法和激励制度。因此，卖家要做好盈利店铺，需要掌握科学的客户管理方法(见"第六章：做好盈利顾客管理")。

| 本节学习心得 |

请将学习本节内容后的心得记录在下面，以备后期查阅。

 本 章 课 后 作 业

学习完本章内容之后，请登录幕思城官网的学员个人学习中心，单击"实操作业"完成本章的课后实操作业。

在完成实操作业过程中遇到问题时，请及时联系专属成长顾问和学习顾问解决。

第二章

做好盈利店铺规划

插画：春春

比坚信自己能干什么更重要的，是明确自己坚决不能干什么。

有时候，我们失败不是因为自己能力不强，而是自己经不起诱惑去干了本就不该去干的事情。

本章课前必读

核心内容

（一）卖家应该长期坚守的核心理念

1. 谋定而后动

做盈利的淘宝、天猫店铺，不能靠勇气去错误尝试，关键是要谋定而后动：在盈利原理的指导下，明确自己做淘宝、天猫店铺的使命，找准能够盈利的目标顾客，做好自己的店铺定位，再设计好品牌和盈利模式，完成店铺的总体规划。

2. 聚焦才有前途

卖家自己心中有了清晰的店铺蓝图之后，才能排除杂念、幻想和诱惑，在店铺上聚焦自己的精力和资金，全心全力去服务自己的顾客，最终才能赢得顾客，做出盈利店铺。

（二）卖家应该深刻理解的核心原理

做淘宝、天猫店铺不是注册一个店铺然后上架一批宝贝那么简单，它是一个要投入时间、精力、资金的严肃创业过程，卖家可以去拼搏，但是绝不要去赌博。淘宝、天猫店铺能不能盈利和长期可持续发展，卖家能不能劳而有功、劳有所获，将受到以下两个原理的影响。

1. 做店先立志——没有使命感的人难以成大事

人一辈子能做好一件事就已经是伟大的了。淘宝、天猫卖家一生能服务好一个顾客群体，并做到终身不被这个顾客群体抛弃，就已经很伟大了，店铺盈利只是服务顾客的必然结果。如果卖家不能立志投入一项长期事业，没有终身使命感，就不会有长期的创业激情，也就不会全身心投入为顾客服务中，更不会善待顾客的挑剔和负面意见，最后反而会因为一点儿小困难就抛弃店铺。草率开店，就会轻易关店！

2. 做店先动脑——如果没有一个让自己激动的店铺蓝图，那么店铺就没有希望

淘宝、天猫卖家普遍动手能力很强，也喜欢动手，但是做盈利店铺一定要先动脑，只有想对了才能做对。卖家要想做出盈利的淘宝、天猫店铺，一定要慎之又慎，用一个严密的过程来确保一个优秀的店铺规划：先找准能够盈利的目标顾客，再找准能够感动顾客并击败竞争对手的定位，接下来再做好店铺品牌和盈利模式设计。

> 学习要点

(1) 深刻理解卖家个人志向对于打造盈利店铺的重要意义和关键作用。

(2) 深刻理解店铺规划对于打造盈利店铺的深远意义，仔细梳理店铺规划几个要点对后期店铺运营关键事项的关系和影响。

(3) 深刻理解目标顾客的价值和盈利顾客对店铺的意义，仔细梳理目标顾客对后期店铺运营关键事项的关系和影响，学会借助工具选择具有盈利能力的目标顾客群。

(4) 深刻理解选择类目和确定店铺定位对店铺未来发展的意义，仔细梳理定位对后期店铺运营关键事项的关系和影响，学会借助工具选择盈利能力强的类目和确定对自己有利的店铺定位。

(5) 深刻理解店铺品牌对店铺未来发展的意义，仔细梳理品牌对后期店铺运营关键事项的关系和影响，学会设计店铺品牌的流程与方法。

(6) 深刻理解店铺盈利模式对店铺未来发展的意义，仔细梳理盈利模式对后期店铺运营关键事项的关系和影响，学会设计店铺盈利模式。

> 学习难点

（一）理解"最深刻的务虚就是最落地的务实"

淘宝、天猫卖家一般都很容易陷入繁杂的工作细节和细枝末节的数据中，往往是"头痛医头，脚痛医脚"，很难抽出时间和精力去思考导致店铺盈利难的源头问题，更难以去思考那些远离点击、流量、主图、详情页等事务的运营理念和店铺规划问题。实际上，卖家今天遇到的问题，大部分都是昨天错误决策在今天表现出来的结果。如果不解决最源头的"务虚"问题，卖家根本无法解决长远的"务实"问题。

（二）理解目标顾客的源头作用

在淘宝、天猫卖家的思维和视野里，更多关注的是类目、宝贝、流量、直通车、中差评等这些直观的东西，很难注意到自己的盈利状况实际上最终取决于买东西的人是否有钱、是否愿意下单、是否愿意付出更多钱等根本问题和源头问题。"打蛇打尾巴"，而且还很勤奋，这就是很多卖家的工作常态。

(三)理解店铺规划的重要性

很多淘宝、天猫店铺运营难、盈利难,直接的原因可能是宝贝不好、推广不力、时机不对、对手太强等,但是根本原因可能是卖家一开始就开错了店。在错误的方向上飞奔,跑得越快,错得越多。

学习平台

(一)专门网站

请在幕思城官网上学习经理班盈利店铺规划相关课程和学员关于盈利店铺规划学习帖子。

(二)专用软件

请结合幕思城盈利助手和幕思城将军令实操。

(三)问题咨询

(1) 请联系自己的专属卖家成长顾问,解决学习盈利店铺规划中的认识和实操问题。

(2) 请联系自己的专属卖家学习顾问,参加相关的专题训练营和综合训练营。卖家学习顾问是我们在幕思城的"内部客户代表",其将站在我们的立场推进相关服务的提供,并确保我们得到的服务质量。

(3) 请联系自己的专属卖家发展顾问,明确自己当前的问题及未来的解决方向。

(4) 没有专属顾问的同学,请在幕思城网站上联系幕思城卖家发展顾问。

一句经典:你不知道要做什么,你当然做不出什么!

很多年轻人还没有做好如何抚养和培育孩子的准备,就迷迷糊糊当上了父母。至于孩子如何长大,一方面看父母的心情,另一方面就是看孩子的造化了。要是自家孩子有出息,父母就总是说自己如何劳苦功高,还不忘总结自己的"成功经验",其实可能孩子更多靠的是"自学成才"。要是自家孩子没有让自己增光添彩,往往在孩子成长过程中就时常用"隔壁家小孩"来敲打,甚至辱骂及殴打孩子的"不争气"。

大多数淘宝卖家也是这样,根本没有做好准备,就已经把店开起来了。至于要开什么店、店铺卖什么、店铺为什么要卖这些东西、以后卖的东西需不需要有一个自己的名字等这些开店的基本决策项目，一概没有深入、系统地思考并确定过。自己也觉得开店需要思考一些东西，但是由于根本不知道要思考什么、应该思考什么、问题的思考顺序是什么，于是很多时候都是强装思考的样子，其实脑子里一片空白、一团糨糊。

做店铺是一件花钱、花时间、花精力的事情，不能去试错，也经不起试错！店铺做好了，能够钱生钱，皆大欢喜。做得不好，投入的钱，瞬间就没了，后悔晚矣。做店铺，一定要想清楚再做，想不清楚，宁可不做！

做店铺，先规划！

做店铺，切记瞎比画！

第一节　规划好店铺定位

一句经典：水滴能穿石，泼水难湿地！

"水滴石穿"说的是，虽然石头非常坚硬，但是只要一直往石头上的同一个地方滴水，时间长了就能把石头滴穿。这句话也比喻力量虽小，但只要坚持不懈，就能成功。

大多数淘宝店主却不明白这个简单的道理，也不懂得首先挑选一个自己擅长的且有利可图的人群，然后瞄准这个人群，集中自己的资金和精力长期主攻，直至成为让竞争对手害怕甚至避而远之的专家。相反，他们经常是像泼水一样，在不知不觉中就把辛辛苦苦攒起来的钱轻松地挥洒了出去，一拍脑袋开一个店，甚至开一堆店，看起来轰轰烈烈，结局却是凄凄惨惨，最终只能关一个店或者关一批店。很多卖家回顾自己的开店历程，一般都是开局感动了自己，结局却没有感动顾客，泼出去的钱，连淘宝的"地"也没有打湿，一点痕迹也没有留下。

开店，要先正心，再定位！

一、明确自己生命的意义

一句经典：一生做透一个领域，足矣！

每个人都有自己的喜好和价值观。对于自己觉得有意义的事情，我们会长期坚持去做。在这个长期的过程中，旁人会觉得我们很"辛苦"，会觉得我们在"坚持"，但是我们自己却根本不会觉得"辛苦"，反而是乐趣，也不会觉得是在"坚持"，而是日复一日、年复一年地轻松逼近我们期望的目标。

如果我们选择一个领域，并长期在这个领域里坚持做好一件事，且把这件事做成了"大事"，那么我们这一生就已经很"伟大"了。虽然是我们选择了事情，但最终是事情成就了我们。

（一）试错和执着

1. 梁庆选的试错

有一次学员线下聚会在KTV唱歌时，庆选说我唱的粤语歌发音不标准，然后就给我示范，这时我才知道他是广东人。他的粤语歌虽然唱得很标准，但是那个时候他的淘宝店做得却不怎么样。

庆选做淘宝这四五年，已经换了超过五个类目了。他先后做过女装、3C数码配件、男鞋、芭比娃娃玩具、女鞋，每一个类目经营的时间最多都不超过两年。以至于到现在，他基本上没赚到钱。每一次换类目的原因基本上都是一样的，那就是看到别人在某个类目赚到了钱，他就果断下架了做得不好的类目的产品，然后改做别人赚钱的类目。结果自己换到新类目时，几乎都不能够做得像别人一样好。就这样换来换去，这么多年来还是"颗粒"无收。

2. 肖龙的执着

阿么女鞋的创始人肖龙与梁庆选完全相反。他在2009年读大学期间开始做淘宝，现在已经做成西南第一大网店，各个电商平台的女鞋销售额加起来一年有四五亿元。最近，阿么女鞋还在线下开了很多家实体店。

与肖龙交流时，我印象最深刻的是他那句"为鞋生，为鞋死，为鞋奋斗一辈子"！

他说这辈子都打算献给鞋子事业。从他当年自己骑自行车到成都的荷花池批发市场拿货，到现在仓库1万多平方米，员工队伍近200人，已经10年了，2018年双十一三天发货十几万双鞋子，这样的成长和发展都离不开他对女鞋的坚持。

（二）起底大店的秘密

如果我们再去看一些大店的开店时长和发展历史，无一例外都会发现，这些大店之所以能够成为大店，绝大多数都是在一个领域长期坚持，长达数年服务某一个人群，专注于某一类产品，才有了今天的成绩。

专注于为消费者提供棉麻服饰的茵曼，有12年的历史。成人用品类目的行业翘楚醉清风，有11年的历史。专注于住宅家具的林氏木业，始于2007年。如果再看一些传统品牌的历史，会发现时间跨度更长，有些甚至已经是百年企业。

(三) 一生干一个领域

也许不是每个人都能做成大品牌，但是我们长期坚持做某个领域、为同一个人群提供产品和服务，至少不会像"猴子掰玉米"一样，创业很多年，开了无数个店，最终仍然没有任何沉淀。其实，一旦转行之后，我们在前一个行业积累的人脉、资源、经验几乎全部清空，又要从头再来，这又是何必呢？

现在的电商人普遍比较浮躁，很多人都是抱着什么赚钱就做什么、什么来钱快就做什么的心态，每一次都是奔着赚钱去的，但是结局却恰恰相反，类目换了好几个，库存增加了好几批，资金损耗了好几万元，不仅没有赚到钱，连自信心都快没有了。

当然，也有一些人可能运气比较好，某一年或某一次赚到了钱，但是后续就再也没有如此好的运气了，前期赚的钱反而都变成了后期的库存。

也有一部分电商人比较谦虚，总是说自己能力只有一点儿，能把现在的类目做好已经非常不错，也非常满意了。他们往往也长期坚守在自己所从事的行业，几年甚至几十年如一日地做，最终赚到了大钱，并且一年比一年好。

做电商，就如做很多事情一样，一定要明确自己生命的意义，确定好自己愿意长期去耕耘的类目，并且树立长达十年、数十年甚至一生为其奋斗的目标和愿景。只有人生方向确定了，我们才有了在大海航行中不灭的灯塔，才能抵御各种缥缈的诱惑。

做电商，要知道自己能做什么类目，这很重要。但是比这个更重要、更难下决心的是，确定哪些类目自己绝不能去做，即使别人赚得盆满钵满也绝不会去做。

二、寻找自己的顾客

> 一句经典：没有靶子，你只是在假装瞄准！

狙击手的成功秘诀是，选定目标，然后射击，而不是子弹先射出去，狙击手再来瞄准目标。淘宝开店也是一样的道理，核心是找准顾客，由顾客来决定我们的店铺怎么开、产品怎么选、价格怎么定、推广怎么推，而不是先开店再找顾客。如果不知道顾客是谁、他们为什么买东西、他们喜欢花多少钱买东西，那么我们的运营也只是在"假装瞄准"。

(一) 树立为高价值顾客服务的理念

> 一句经典：不要在没水的地方深挖井！

做淘宝店就像是打井，我们选择的位置决定了能否打出水来，以及打出来的水能够抽多长时间。如果水源好，我们不费力气，水自己就能冒出来，我们也能一年四季享受甘泉。如果水源不好，我们费尽功夫抽出水来，也是苦涩之味。如果没有水，无论挖多深，也无论我们愚公移山般坚持多久，也注定滴水无收。

做淘宝，店铺就是"井"，顾客就是"水源"。选好顾客(水源)，才能造就好店铺(井)。没有好顾客(水源)，绝无好店铺(井)。因此，做淘宝要先选好顾客，再努力打造店铺，否则，顾客选择不对，运营努力白费。

就如前面我说的，胡润和团爸做的同样是食品类目，店铺信誉一样，努力程度相当，但是他们的年利润相差10倍以上。两者的核心区别就在于，他们的食品针对的人群和各自服务的人群不一样。前者服务的是大众青年男女，后者服务的是产后坐月子的妈妈。顾客的差异，决定了努力打造店铺之后可能得到的利润水平。

以我十年来的经验发现，同时具备以下三个条件的顾客基本都是好的店铺所具备的条件，值得淘宝卖家集中资金和精力长期服务。

1. 顾客越多越好

有一个浅显的道理我们都知道，水源的存水量越多，井的出水量也越多。顾客人数越多，可能买我们东西的人就相对越多。如果我们选择的顾客群数量巨大，那么即使转化率稍微低一点儿，成交量也会令人满意。相反，如果我们选择的顾客群数量太小，那么即使转化率很高，成交量也会令人沮丧。

一些政策和时代的进步会让某个群体的人逐渐增多。例如，2016年国家宣布开放二胎政策之后，孕产妇和新生儿会增多。若干年之后，儿童会增多，那么这个人群所涉及的各种周边产品的需求必然会增加。另外，随着改革开放之后，中国的经济飞速发展，人民生活水平逐渐提高，中产阶级数量越来越多，有钱人也越来越多，那么消费升级带来的各种个性追求和精神文明建设等需求就会增加，如破洞牛仔裤的兴起、潮鞋潮服的流行、明星同款、各种礼盒级送礼良品、城市人养宠物的发展等。经济的发展，解决了人们的温饱问题，导致这些需求的产生和发展。

一些政策的实施也会同时产生另外一些社会问题，例如，我们去了解国家为什么会开放二胎政策甚至准备全面开放生育就会知道，现在中国正在加速步入人口老龄化社会，这意味着，老年人的数量会增多。除了这些人群会逐渐增多以外，我们还可以根据这个思考方法想一下，还有没有什么人群在逐步增加？

当然，有些人群会越来越多，也有些人群会越来越少。这些越来越少的人群要避开，如随着共享经济的发展，买自行车的人肯定会减少；随着移动支付的普及，大家出门慢慢开始不带现金、银行卡了，那么购买钱包的群体肯定会减少；手机功能越来越丰富的今天，手机播放视频、音乐的功能越来越强大，购买MP3和MP4的人肯定会逐年减少；无线时代，5G来临，手机越来越智能，很多工作直接在手机上就能完成，大家对计算机的需求肯定会下降,那么购买计算机及计算机周边产品的需求也会随之下降。诸如此类的案例还非常多,如果我们经营的类目面临人群逐年减少的情况,建议尽快想办法转型。

2. 顾客越有钱越好

如果我们服务的人群变化不大或者越来越多,那么这个人群已经足够我们做很长一段时间了。不过,能不能赚钱还要看这个人群有没有钱、愿不愿意花钱。如果顾客人数很多,但是大家都没钱,我们会发现不管怎么努力,也只有降价或者卖便宜货这一条路可以走,运营起来也很艰难,我们可能好不容易把东西卖出去了,结果利润率很低,顾客还很容易给中差评。

如果史玉柱当年把脑白金直接定位为卖给中老年人的产品,那么可能就没有后来史玉柱的传奇故事了。史玉柱正是把脑白金定位为年轻人给长辈送礼的产品,才有了后来巨大的成功。因为年轻人在挣钱,属于有钱人这一类,而且年轻人给父母或其他长辈送礼,对价格不敏感,所以愿意花钱,这正是脑白金成功的基础。

从大概率来看,大城市里的人肯定比乡村的人更有钱;上班的人肯定比上学的人更有钱;企业主肯定比工薪阶层更有钱;等等。在城市里养猫、狗等宠物的不一定全是有钱人,但是他们肯为猫、狗等宠物花钱,各种猫粮、狗粮比人吃的粮食都要贵。

经理班有个女同学是做挂在墙上的挂钟的,她的挂钟上都要镶嵌一圈精美的人工拾取的贝壳,这种挂钟价格一般是在四五千元。有一次一个顾客买了这款挂钟后给了一个差评,然后这位女同学就打电话过去,充分沟通并诚恳道歉之后,请买家帮忙把差评改掉,并承诺改掉之后给对方支付宝打200元钱作为补偿。结果,买家非常爽快地改掉了差评,而且还不要那200元钱的补偿。因为能够花四五千元买一个挂钟的人,根本就不缺钱,也不在乎贵一点儿,更不在乎200元钱的补偿,他们更需要的是得到尊重和重视,得到真诚的答复。这就是和有钱人做生意的好处,因为绝大多数有钱人不差钱,所以不会在小事上与我们斤斤计较。

另外,有一类人群从大概率来看就是属于没有钱或者有钱也不愿意花的,如学生,不管是中学生还是大学生,因为他们还无法经济独立,每个月都需要父母给500元或1000元生活费,这个生活费主要用于吃饭、买生活用品及与学习相关的开支,所以他们额外的可支配的钱就少得可怜,那么他再去淘宝上买东西肯定非常注重性价比,商品稍微有些瑕疵也容易引来退换货或是中差评。

还有我们前面讲到的地摊摊主,这类人群收入一般不高。如果很有钱,谁会去摆地摊呢?当然不排除少部分人开着奔驰、宝马去摆地摊,纯粹为了体验生活的。这类人群也可能收入较高,因为据说有些摆地摊的人一个月可以挣一两万元。但是他们在淘宝上批发玩具的时候肯定不愿意多花钱,能省则省。餐馆的老板在网上购买原材料如花椒、一次性碗筷等，也是同样的心理。

有些家庭主妇不一定没钱，但是她们在某些商品上确实不愿意花钱。我们最近有个新学员，在帮他诊断店铺的时候发现他做的产品销量平平。他的产品是3980元一台的超声波洗菜机，使用方法就是家里面买了蔬菜水果之后泡在水里，然后打开这个超声波洗菜机用超声波清洗5~10分钟。这个产品主打的卖点就是"5分钟去农残"。诊断店铺的时候，我问当时在场的所有成长顾问(指导老师)："你们谁会给自己家里买一台3980元的超声波洗菜机来去除农药残留吗？"他们都异口同声地说没这个打算。其中一位老师还补充说："与其花将近4000元买个看不见效果的超声波洗菜机，还不如花几百块钱买个大品牌的洗碗机，照样有杀菌除农残的功能。"再看一下淘宝上同类产品惨淡的销量就会发现，这个产品根本无法击中消费者的痛点，如果大家不愿意在这类产品上花钱，市场前景当然堪忧。

如果我们的产品对应的人群是有钱人，那么产品如果卖的价格太低，可能会被顾客认为产品有问题，反而不好卖。同样，如果我们的产品对应的人群本来就没钱，有可能涨价一块钱都会大大影响我们的销量。

在这里，我要提醒刚开始做电商的朋友，刚开始的时候一定要把人群选好，这样后面就会少走很多弯路。而如果我们已经做了很长一段时间的淘宝，但是没怎么赚到钱，我们就要思考一下，是否所服务的人群本来就没什么钱。这个时候，我们就需要考虑如何慢慢转型了。

3. 顾客对花钱越不敏感越好

成都有一个做调味品的老薛，他的淘宝店已经有两个金冠了，但是依旧不怎么赚钱。老薛办公的地方在成都郊区的一个破旧民房，十几个人挤在一间狭小的房间里。他的店铺里销量最好的是一斤装的汉源花椒，一般来购买的顾客大多数是餐馆的老板。他们对价格非常敏感，只要花椒价格比其他店贵一块钱甚至一毛钱，就基本卖不动了。因此，老薛不得不把这个爆款花椒的价格维持在刚好保本的一个价格区间，然后再通过关联销售带动店铺里的其他特产来实现盈利。

有些人群对价格特别敏感，所以很难保持一个较高的利润率。这种行业一方面可能存在常年的价格战，导致整个行业的商家都没什么钱可赚，也有可能是产品本身针对的人群就是对价格敏感的人群，所以几乎赚不到钱。所以在选择人群时除了考虑这类人群是否有钱，是否越来越多，还需要考虑这类人群对花钱敏不敏感。也有可能人群数量在不断增加，人群的经济实力普遍也比较强，但是就是对价格敏感，这样的生意也不好做。

情侣之间可能不一定都是有钱人，但是恋爱期间，双方大多都肯为另一半花钱。这就是为什么情人节、七夕节等特定节假日期间，各种鲜花、巧克力、礼品等产品的价格是平时价格的三倍甚至更高，而且还有那么多人购买。因为给另外一半买东西的时候，顾客最关注的是所买的东西能不能实现自己的目的，而价格却退后到了次要甚至是最不关注的位置，表现出来就是人对价格不敏感。

有孩子的人不一定都是有钱人，但是他们肯为孩子花钱，对花钱也不那么敏感。他们宁愿自己辛苦一辈子也绝不会让孩子受苦，这就是为什么各种孩子吃的、玩的、学习的东西比较贵，还能非常畅销的原因。

普通大众中的有钱人可能只有一小部分，但是无论哪类人，他们在某些时刻都愿意花费比平时更多的钱，如：成人礼、生日、结婚、恋爱纪念日、结婚纪念日；妇女节、五一劳动节、六一儿童节、国庆节、春节；等等。

普通大众在某些重要的事情上也愿意花钱，如高考、升职加薪、出国留学、结婚等。无论哪种人，在送礼的时候一般都能够承受更高的价格，如送老师、送领导、送父母、送恋人、送爱人、送长辈、送闺密、送朋友家的孩子等。

还有一些人，即便他经济能力一般，在某些产品上也不得不花费更多的钱，如太胖的人，因为不好买到合身的衣服、鞋子，所以当好不容易找到一件合身的、漂亮的衣服或鞋子时，也愿意多花点儿钱。

4. 小启示

想清楚到底为谁服务很重要，这决定了我们后续做的店铺和产品面对的顾客是什么样的支付能力和支付意愿，最终将决定是否能够盈利及盈利的空间到底有多大。好的选择可以让我们赚钱更轻松，否则，可能会让我们做了几年电商都不赚钱。

三个条件满足得越多越好，即服务的人越来越多，同时他们都是有钱人并且在某些产品上对钱不敏感，这样的选择可以让我们在一开始就走对的路。方向对了，不怕路远。

我们对自己要长期服务的顾客群体精挑细选，才会对未来的坚持有充分的信心，也才能抵御身边其他人做某某类目"发财了"而自己也想换类目的诱惑。卖家有时候轻易换类目，就是因为对自己正在做的类目或者产品没有信心，本质上是当初草率选择服务某个顾客群体的必然结果。

（二）精挑细选目标市场

一句经典：手里是长矛，就不要去挑战大象！

猎人之所以能扛着猎物活着走出森林，不是因为他战无不胜，而是因为他知道只能去找那些能下手的动物下手，他们也只在目标猎物面前展示自己战无不胜的技能。对于战之必败的动物，猎人最明智的做法首先是

"远离"，其次是"逃离"。如果实在不幸碰上了危险动物，也要尽快想办法脱身"逃离"，而不是拼蛮力去战斗。聪明的猎人，即使是饿得快要死了，也绝不会拿着长矛去挑战大象，那不是进攻，而是去送死。

做淘宝也一样，每一个卖家的能力、实力都不一样。卖家都想使自己手里的钱投到店铺中还能赚出钱来，最安全的做法不是看哪里有钱就义无反顾地冲向哪里，而是要先看自己手里拿的是"长矛""弓箭""步枪"还是"导弹"，然后再决定瞄准哪一个目标市场。有时候不瞄大象，不是大象不诱人，而是自己的长矛够不上大象，冲过去就是送死。

所以，我们要先看自己，再看顾客，然后理性选择一个顾客群体作为自己的目标市场，再用自己能调用的资源去为这个顾客群体服务，最后得到自己满意的利润。过高估计自己和过低估计顾客都是不可犯的错误，都会让自己因为冒进而白白损失宝贵的资金。

1. 目标市场

一句经典：目标越清晰，越有可能击中目标！

有人认为，狙击步枪很厉害，因为几乎能做到百发百中。如果你也这样认为，那就大错特错了。事实上，不是狙击步枪厉害，而是狙击手厉害。他们的击发规则就是：首先确定目标，再精心瞄准，然后再击发。如果目标不清晰，无论多好的狙击步枪，也是没有意义的。

做淘宝，如果没有清晰的目标市场，我们的任何努力都无异于对着空气"挥舞长刀"，除了耗费自己的资金、体力和精力之外，没有其他任何意义。如果我们还能有所斩获，只能说是"瞎猫碰上了死耗子"，不是我们水平高，而是运气好，正好被瞎逛的顾客碰上了。

什么是目标市场？

目标市场就是我们瞄准了还能赚钱的市场，也就是我们既能满足他们的需求又能从他们身上赚到钱。如果能满足顾客需求，但是不赚钱，那么这就不是我们的目标市场。如果不能满足顾客的需求，只是看着别人能赚这部分顾客的钱，它也不是我们的目标市场。

假如我们做的是童装，天底下的父母都是我的潜在客户，那么他们就是我要服务的目标市场吗？显然不是。因为天底下的父母，有些人的孩子可能已经长大成人了，有些人的孩子也可能刚出生，我们的产品不可能覆盖每个年龄段，而且还有些父母可能在农村，文化水平低，因此并不会上网购物，这些就不是我们需要服务的人群。

足力健是一个专注于老人鞋的知名品牌，成立于2012年12月，2016年才开第一家店，如今已经有3000多家实体店了，网上一年的销售额超过10亿元，基本上算是老人鞋市场的"龙头"老大。在鞋这个市场上，有男鞋、女鞋、童鞋、运动鞋、高跟鞋等众多分类，在男鞋、女鞋、童鞋等领域都有强势的大品牌，如运动鞋领域的耐克、阿迪达斯、李宁、安踏等,在女鞋领域的百丽、达芙妮等。而足力健切入鞋这个大行业里面老人鞋的细分市场,从老人鞋的众多需求(如防滑、舒适、保暖、透气、安全、轻便等)中提炼出了足力健需要专注的需求,即专业和安全。这两个需求提炼得相当好,专业能涵盖舒适、保暖、透气等需求,安全能覆盖防滑、轻便等需求,并且这两大需求都能提高消费者付钱的意愿。对专业和安全有需求的老人鞋购买者就是足力健的目标市场!足力健就是切入的老人鞋这个细分市场,服务的是想孝敬父母的年轻人,为他们提供专业和安全的老人鞋,而年轻人有钱也愿意为父母花钱。

2. 如何寻找目标市场

> **一句经典**:目标确定前不要留恋,目标确定后不要改变!

狙击手击发狙击步枪的扳机,是用毫秒来计算时间的,但是他们寻找目标的过程却是用小时、天、周甚至月来计算的。他们在一个隐蔽地点潜伏很长时间,就等击发的那一瞬间。他们往往用望远镜不停地搜索前方,不放过每一个疑似目标点。如果一个疑似目标被验证不是真的目标,就立即放弃,接着再往下搜寻下一个疑似目标。但是,一旦发现真正的目标,狙击手就立即锁定目标,一切行动跟随目标而移动,并开始捕捉最佳击发时机,直至击中目标,最后安全退出战场。

淘宝卖家确定目标市场也是一个不断搜寻并验证的过程。淘宝卖家不断搜寻目标市场,就是不断对未来愿意服务的有价值顾客群进行细分,并从中找出自己有能力赚出钱的最清晰的顾客群体。

目标市场需要像切蛋糕一样不断细分一个大的市场。例如,如果我们服务的人群是孕产妇,那么这个还不够细分。孕产妇是比较宽泛的一个人群,并不精准,也不利于卖家寻找到最合适的产品。因为整个孕育过程分为备孕、怀孕、分娩、坐月子、哺乳期、养育期,那我们到底服务的是哪个时期的孕产妇呢?

例如,月子营养餐服务的是坐月子的产妇、待产包服务的是即将分娩的孕妇、溢乳垫服务的是哺乳期的妈妈。这个人群如果还要细分,还有双胞胎、生男、生女、剖腹产、顺产、高龄产妇等细分人群。

有的同学可能会担心,市场如果细分到这种程度,人数会不会没有多少了。其实我们可以放心,中国有14亿人口,市场细分之后该类人群起码也有几百上千万的人数,这个数量估计我们一辈子都服务不完。根据国家统计局网站数据显示: 2018年出生人口为1523万;全国目前共有在校大学生人数为2695.8万;中国共计约有3.3亿成年人超重,其中肥胖人数达5300多万……

目标市场的选择除了要细分人群,还要深度挖掘这个细分人群的需求,其最终的需求才是我们真正的目标市场。例如,买衣服的人,需求不仅是要能保暖,还要能体现出自己的个性、品位等；胖子的需求有宽松、大码、减肥、收腹、潮流等。给父母买雪地靴的年轻人的需求有表达孝心、送礼、保暖、时尚、安全等。

也许我们一开始并不了解所服务的人群，但可以通过市场调查去了解这个人群的需求，也可以通过调研同行商品的"问大家"中买家提的问题了解他们的需求，还可以用淘宝提供的工具查询他们的需求，如图2-1所示。

搜索词	搜索人气	相关搜索词数	词均点击率	点击人气
男	107,550	1,741	96.00%	84,156
蓝	96,539	433	82.00%	66,100
大码	64,150	757	97.00%	49,534
白	57,535	90	92.00%	32,976
红	50,987	107	95.00%	38,784
宽松	42,125	495	91.00%	32,171
加大	35,976	358	95.00%	28,277
女	34,715	408	81.00%	23,654
黄	24,824	52	97.00%	18,783
男士	23,155	331	95.00%	17,926
冬季	20,734	226	92.00%	15,444
潮流	19,255	165	89.00%	14,172

图 2-1

3. 如何选定目标市场

一句经典：拿不定主意时，就挑软柿子吃！

可以想象一个场景：在一个漆黑的夜晚，我们想吃水果，好不容易摸索找到了装柿子的果盘，接下来我们要选哪一个来吃呢？生活常识告诉我们，就挑软柿子吃，一定没错。

这个生活中的小常识对于我们做淘宝也管用。当我们觉得细分出来的市场都很好，不知道选哪个的时候，就选最有信心能够赚到钱的市场作为我们未来为之奋斗的目标市场。很多人都担心没有选中的市场会不会挣的更多，但是真实的商业实战结果是：我们不可能知道自己是否能在放弃的市场中挣得更多？与其幻想未来美好，不如脚踏实地抓住最有把握的机会。"真正挣到"永远都比"假如我做了我会挣到更多"有意义、有价值。

十几亿中国人，一醒来就要消费，一消费就是一笔巨大的支出。那我们到底在细分市场中挑选哪一个市场作为目标市场呢？原则很简单，就挑我们能赚钱，而不是别人能赚钱的市场作为目标市场。由于我们的时间、精力、资金、资源有限，因此，在偌大的市场里，我们只需要服务好其中一小群人就可以了，这足够我们奋斗一辈子。在细分的人群里，他们的需求很多，我们只需要找一个能做且有利可图的需求去服务就可以了。

为了能赚钱，在众多需求的选择上，我们可以选需求量大和消费者更愿意付钱的需求。例如，老人鞋的防滑需求就比减震需求广，防滑是一个老年人必须重点考虑的需求，而减震只是一个更小众的需求。再例如，孕妇坚果的安全放心需求比无糖需求更能让消费者掏钱。

（三）挖掘经营的优势

一句经典：再小的蚊子也是肉！

太阳有太阳的光芒，萤火虫有萤火虫的闪耀。与太阳相比，萤火虫的光微弱又渺小。但是，放在伸手不见五指的晚上，再微小的光也是一个磁场，一群萤火虫也能成为景点，吸引无数的人去欣赏。

大多数淘宝卖家往往会低估自己的优势，甚至对自己的优势视而不见，明明拿着一把好牌，就是打不出好的结果。看不清自己的优势，可能导致我们在现在做的事情上完全没有优势，拼的只是蛮力；也可能在现在做的事情上没有充分发挥优势，甚至让优势处于闲置状态。如果卖家能够客观、深刻地分析自己的优势，完全有可能做出不一样的选择和做法。对于卖家来说，只要对自己的店铺有帮助的加分项，都可能是优势。请牢记：优势不在于"大"，而在于"有"！

创业是一件充满不确定性的事情，在创业过程中会面临各种各样的困难。如果一个人在创业过程中，能够充分利用好自己的优势，将会大大提高自己创业的成功率。

马云能够在美国出差的过程中接触到互联网从而发现互联网创业的机会，是因为他在英语方面有优势，才得以有机会被学校派到美国去考察。赵迎光就是因为有在韩国工作的优势，才有了后来专注韩国风格的韩都衣舍。团爸夫妇就是因为女方是中医世家并且生过两个孩子，又懂孕产知识和孕期调养，才有了年销售额上千万元的母婴店铺。

1. 资源优势

如果我们在做电商的过程中，有资源优势，那么这个资源就可以用来拓展我们在电商方面的事业，这无疑是一件非常好的事情。我们可以根据自身的情况分析一下身边做电商可以利用的资源。

例如，四川的谭志友(见图2-2)同学，由于之前从事过文具和玩具行业，所以在做淘宝的时候,很容易就拿到了一些知名玩具品牌的授权,如芭比娃娃、奥迪双钻等。

图 2-2

还有前面讲到的做老花镜的小吴同学,因为他的姐姐是开眼镜工厂的,所以小吴要做老花镜拿货方便且便宜,而且即便销量高了,也不用囤货,这个优势足以支撑他快速且低成本地扩张,直到做到类目第一。

2. 环境优势

如果我们处在某些知名的产业带附近,那么这也是很重要的优势。

例如,如果在深圳,那华强北及周边的与3C数码相关的产品就是我们的优势产业;如果在广州、东莞、杭州、郑州,则那里的服装产业就是我们的优势产业。再例如,河北白沟的女包;河北邢台的羊绒线、羊绒衫;成都的女鞋、家具;佛山的卫浴、沙发;义乌的小商品;重庆的火锅底料;海宁的皮草;等等。

阿么女鞋能够发展成西部地区最大的电商女鞋品牌,就在于它立足于成都,充分利用了成都女鞋之都的优势。由于历史原因,成都周边集结了众多优质女鞋产业链工厂,这能为阿么女鞋的发展提供源源不断且优质的货源,所以才有了今天的成绩。团爸的月子餐店铺,也是因为云南彩云之南得天独厚的气候和环境优势,以及随处可见的松茸等无污染原材料,才制作出深受宝妈喜爱的营养月子餐。

3. 经验优势

个人的经验往往会被自己忽视。其实,经验也是宝贵的优势,如我们曾做过什么工作或事情、学习过什么内容、到过哪些国家或地方、生过小孩或当过父亲、制作过某种工艺品等,都是宝贵的经验。认真把这种经验挖掘一下,再匹配淘宝上可以卖的产品,或许能找到一条好的出路。

我们的学员小邓邓(见图2-3)同学的女鞋集市店一年能卖1500多万元,她随便上架一个女鞋，不用测款，大多数情况下都能成为爆款。她凭借眼光选的款拿去开直通车，普普通通的创意图点击率居然能达到10%甚至更高，这些不可思议的数据背后是她在女鞋行业丰富的经验所致。

小邓邓曾在线下开过几年实体店，专卖女鞋，经营女鞋的这几年也经常在网上看欧美的女鞋奢侈品，参加各种女鞋发布会，所以她将线下这几年做女鞋的经验复制到了淘宝店中，即便不是很懂运营推广，但由于眼光独到，能一眼识别出受大众欢迎的女鞋款式，因此也能在淘宝上有所建树。

图 2-3

胡润同学做过17年厨师，这是他独特的经验优势，对他做麻辣零食有很大的帮助。三只松鼠的创始人章燎原于2012年创办三只松鼠，从开业到成为坚果类目第一名只用了65天，从创办到销售额突破100亿元只用了4年。为什么章燎原一进入零食行业就能创造如此大的奇迹呢？因为章燎原在创办三只松鼠之前曾在另外一个零食公司当了10年的职业经理人，并且在2010年带领团队为该公司实现销售额近2亿元。

4. 压力优势

如果我们既没有资源优势，也没有环境优势，更没有任何从业经验，那么压力也是一种优势。

古今中外，有很多在逆境中崛起的传奇人物，例如华为的任正非，44岁从单位离职，离婚且负债200万元，在人生最艰难的时刻他创立了华为，今天华为在全球员工总数超18万人，年销售额比阿里巴巴、腾讯和百度加起来都要多。

马云创业之前曾应聘过30份工作，全部被拒绝。想当警察，和5个同学一起去面试，其他4个被录取，就他被淘汰。杭州第一家五星级宾馆开业的时候，他想去应聘服务员，排了两个多小时的队，还是没有被录取。24个人一起应聘杭州肯德基，有23个人被录取，他同样没有被录取。甚至当年创立阿里巴巴时，事业刚刚起步，非常缺乏资金，马云上门去找雷军寻求融资来解决资金困境,但雷军觉得马云讲话一套一套的全是理论,很不靠谱,再加上当时电商这个新行业在中国还不被广大消费者所认知,所以雷军最后还是拒绝了马云。在这样艰难的困境下,马云没有放弃,才有了后来闻名世界的阿里巴巴。

我当年做淘宝的时候也是一穷二白,父母没什么文化,家里也不富裕,我就顶着这样的压力疯狂学习,刻苦钻研,最终走出了农村,不用再像父辈那样当一辈子农民。

"车到山前必有路",只要有突破困境的愿望,改变抱怨的态度,积极去做当下应该做的事情,就一定能突破困难,继续向追求的目标前进。所以压力并不可怕,压力在某种意义上反而是我们奋斗的动力源泉。

三、寻找对手的弱点

一句经典:不要做伟大的小孩!

养育过孩子的人都有一个体会,小朋友有时会对父母或认识的大人发脾气或攻击大人,这时大家一般都会以小孩子不懂事,一笑了之。如果小孩子攻击不认识的大人时,别人就没有那么客气了,除了一部分修养好的人会悄悄走开,大多数人的做法要么是把小孩推开,要么一阵怒吼,要么怒斥家长,说家长缺乏管教。如果小孩子去攻击弱小的动物(如狗、猫),就更会被大家怒斥。

很多淘宝卖家就像这样的小孩子一样,无意中就加入了挑战行业大卖家的行列,无论我们如何挥舞拳头,也不会有什么好的下场。要么大卖家不理你,要么被大卖家一通教训,落得个血本无归。

做淘宝,选对手,要冷静!

(一)明确真正的对手

一句经典:不要长矛战风车!

堂吉诃德是一个小说里的著名人物,他最著名的"事迹"就是骑着胯下瘦马,挺着木制长矛,迎着大风,以大无畏精神,独自一人,勇敢地冲向"敌人"——转动的风车,并与"敌人"搏斗。当然,结局是堂吉诃德被风车的叶片打得鼻青脸肿。不过,堂吉诃德依然不屈不挠,为自己的"骑士精神"所感动,继续寻找下一个想象中的敌人发起冲锋,然后再被打得鼻青脸肿。

做淘宝店铺也是一样的道理,找准自己的竞争对手与找准自己的目标市场一样重要。我们经常犯的错误,不是对手太强大,而是错误地选择了根本不是对手的对手,或者错误地选择了和强大的对手对决。

1. 不要树立假对手

树立假对手，会完全将我们的店铺引导到一个错误的方向。例如，如果我们卖巧克力时，把卖巧克力礼盒的卖家当成竞争对手就完全错了，因为买巧克力的顾客是拿来吃的，买巧克力礼盒的顾客是拿来送礼的，这根本就是两个完全不同的顾客群体。我们如果把巧克力礼盒店铺当成竞争对手，就无异于堂吉诃德大战风车！我们降价，别人无动于衷！我们直通车出价比他高，别人也无动于衷！反正就是，无论我们针对他干什么，他都是无动于衷。我们所有的努力，只是耗费了资金，消耗了自己的自信，没有得到任何东西。

2. 不要招惹强对手

刚开始做淘宝的卖家，一定不要把行业的老大当对手。如果是做零食的卖家，那么竞争对手不应该定位于三只松鼠；如果是做女装的卖家，竞争对手不能是韩都衣舍、优衣库；如果是做家具的卖家，竞争对手也不应该是林氏木业。在选择竞争对手时应该选择与自己店铺规模相当，但是又做得比自己好的店铺。这样的对手销量比自己高，但产品和价格段与自己的店铺差不多，此时双方争夺的是同一批顾客。

如果我们现在充分利用自己的优势，全力以赴去创立一个手机品牌，结果一定会一败涂地。因为现在的手机市场竞争非常激烈且各大品牌横行，普通人根本没有机会站稳脚跟。如果学三只松鼠去卖坚果零食，学足力健去卖老人鞋，结果是可能再怎么努力也只能赚点儿小钱，甚至根本赚不到钱。

足力健当初做老人鞋就是因为运动鞋、男鞋、女鞋竞争太激烈，所以切入了一个竞争并不充分、寡头还没出现的老人鞋市场。因此，我们需要寻找对手的弱点，避其锋芒，针对对手的弱点进行攻击，这样才更容易成功。

对手的弱点可以从以下几个方面寻找：产品方面是否存在缺陷或漏洞、价格是否太贵或太便宜、服务是否好、是否经常换产品和链接。

（二）明确对手的弱点

一句经典：不要在猎枪旁边放箭！

有两个猎人去森林打猎，一个猎人带着猎枪，另一个猎人带着弓箭，当发现一头鹿时，两人都拿起了自己的武器瞄准，射击。只听一声枪响，鹿应声倒下，两个猎人跑过去一看，鹿头正中一个大洞，身上还插着一支箭，但箭伤并不致命，很明显，鹿是被猎枪打死的，因此归带枪猎人所有。

如果带着弓箭打猎，最应该与拿长矛的猎人一起出行。与长矛相比，弓箭可以攻击更远的动物。因此，与弓箭相比，长矛的弱点就在于"距离"。与弱点明显的对手而不是优势显著的对手同路，我们才可能得到更多，因为距离超过长矛攻击范围的猎物，理论上可能都是带着弓箭的人的。

做淘宝也一样，一定要和弱点明显的对手竞争，这时候胜利的天平更容易向有优势的一方倾斜，若和优势明显的对手硬拼，即使能赢，也是两败俱伤。

1. 产品弱点

可以从对方的评价中，尤其是中差评中分析消费者对这家店的产品质量是否满意。如果对手产品质量问题较多，只要能够做出质量更好的产品，超越对手的机会就非常大。反之，如果对手质量没有什么大问题，就很难找到突破口。

从对手店铺的详情页可以大致了解到对手的视频和图片做得如何。如果对手的视频和图片粗制滥造或看起来很普通，那么在视频方面只要拍得比他好或图片设计得更专业就有可能在转化率方面超过对方，从而实现"弯道超车"。但是，如果对方的视频或图片做得还可以，我们只是稍微做得好那么一点儿，或者消费者根本看不出两家详情页在视觉上到底有多大差异，那么这种超越则是无效的。

2. 价格弱点

商家一般都不太喜欢竞争对手的降价行为，价格战会使他们面对两难的境地，跟着降价会导致自己损失利润，不跟进价格战，有可能会让自己销量落后。但是当在某个类目中对手价格较贵时，如果我们有能力把价格降下来并且能盈利，那么我们就有机会通过主动发起价格战或者做更低价位的产品来赢得市场。

例如在前几年的手机领域，苹果几乎霸占了5 000元以上的价格段，所以国产手机一般只能做几百到两三千之间的价格段，在这个低价格区间，苹果暂时不可能也不会去竞争。

再看淘宝上的各种类目，如红糖类目，对手普遍地已经把几块钱的低价红糖市场占领了，如果还要在这个价格上与他们竞争就非常困难了。有一个叫十四行诗的店铺就另辟蹊径，做起了红糖礼盒，直接把价格提升到几十块甚至一百多元的高价位上，不仅销量高，利润也比其他低价卖红糖的对手高了很多。

3. 服务弱点

从对手的中差评里不仅能看出产品质量，还可以看出对手店铺客服的服务态度。从对手的中差评内容及掌柜对评价的解释中分析对手哪些方面做得不好，这个时候，我们就可以在对手欠缺的方面做到比竞争对手好，从对手服务的弱点出发，从而实现超越。

4. 毅力弱点

有些对手比较强的是每年都保持销量增长，一般这种对手自己内部若不出问题，我们就很难超越。不过也有一些对手经常换链接或者更换类目，对于这种意志力不坚定的对手则很容易超越，我们只需要踏踏实实把自己的事情做好即可。

四、选择经营的类目

> 一句经典：不要给和尚卖梳子！

有一篇网文中有一个如何把梳子卖给和尚的经典案例，即一个卖梳子的销售员因为梳子不好卖，就到处闲逛，最后来到了一座庙里，通常和尚没有头发，因此是不会买梳子的，但是这个销售员想，可以让和尚为庙里的盥洗间里买一些梳子，供香客梳头；也可以让和尚买一些梳子以"开光梳子"的名义卖给上香的人……

我想说的是，这篇文章不可信：一是，这是一个无事实根据的事情，在商业世界根本没有发生过，连故事都算不上，就更不是"案例"了，因此也就没有学习、借鉴的意义。二是，该销售员的梳子连有头发的人都卖不出去，又怎么可能轻易地卖给没头发的人。三是，既然梳子不好卖，就不要在不好卖的东西上瞎折腾，应该去卖畅销的东西！

做淘宝，不是要费尽心机地想办法把手里的东西卖掉，而是一开始就要选择对于我们来说好卖的东西去卖，也就是要找到好的类目。

（一）选择优势行业

> 一句经典：是袋鼠，就没必要去练短跑！

袋鼠是动物世界里有名的跳远冠军，大多数成年袋鼠，轻轻一跳，一般就可以跳出四五米远，要是再稍微用点儿力，七八米宽的小河也可一跃而过。另外，袋鼠连续跳跃时，时速可达40～65千米，比普通的汽车还要快。如果动物世界有奥运会，那么在跳远项目上，袋鼠家族任何一个成年袋鼠都能击败其他动物，获得冠军。但是，如果袋鼠不甘心自己只能拿跳远冠军，想通过训练去争取短跑冠军，那是不可能的，因为猎豹才是当之无愧的短跑冠军，其每小时可达110千米或更快，起跑的速度极快，在2秒钟之内可以把速度提到65～70千米/小时。

在一个领域，我们可能天生就是强者，但是当放弃自己的优势领域，进入另一个陌生领域时，我们可能就是天然的弱者。做淘宝也是这样，最好的方法是在自己最有优势的类目开店。

如果还没确定自己要经营什么类目，或者现在经营的类目不是很好转型，那么建议优先考虑自己的优势行业。因为在自己有优势的行业发挥，会比其他竞争对手具有更强的竞争力，从而更容易实现盈利。

1. 做自身有优势的类目

幕思城经理班55期的阳光同学，在线下做了十几年的窗帘生意，当她看到电子商务发展的形势后也想开女装网店,于是她在阿里巴巴上找了女装货源来代销。但是,3个月过去了,几乎没有几个订单。她的专属成长顾问老师为她的店铺诊断时,了解了她的情况,然后建议她的网店还是做窗帘更好,因为她以前没做过女装,也没有这方面的优质货源,而窗帘是她的老本行,样式、尺寸、布料、风格、成本、货源等都非常熟悉并且有优质货源渠道。虽然她已经有点厌烦做了几十年的窗帘行业,想换个行业试一试,但是最终还是听从了老师的建议,把女装全部下架改成了窗帘。结果不到一个月,她店铺里的一款窗帘就卖了100多件,后面几乎每天都有订单。因为她在这个行业有十几年的经验,光凭眼光就能知道什么颜色和款式的窗帘受消费者的喜爱,所以一上架就能卖是自然而然的结果。

在选择自己要经营的类目时,首先要看一看自己是否在某个行业有从业经验,如胡润同学做了10年厨师、小邓邓开过女鞋实体店、阳光同学线下做了10年窗帘等,这些经验都是他们成功的要素。

2. 做有资源优势的类目

在选择自己要经营的类目时,除了要有从业经验外,还要看一下自己所在的城市或者省份是否有产业带,如果周边的产业带不止一个,就需要结合自身的情况,从众多的产品里面选一个更容易盈利的类目来做,例如,在广东那边的产业带非常多,如服装、男女鞋、化妆品、女包、汽车用品等。

幕思城学员婷婷(见图2-4)住在广州市,但是她并没有选择做广州最有优势的女装,而是做的伴娘服。因为婷婷有一个亲戚是开伴娘服工厂的,拿货比较方便,也不用囤货,再加上一般买伴娘服的是新娘或者婚庆公司,一买就是好几件,所以这个购买人群大多属于有钱并且对价格不太敏感的人群。

图 2-4

有些时候亲戚朋友有货源却不一定是好货源，我们要注意甄别。成都做牛轧糖的溜溜妈，就是因为货源没选好，结果做了三四年天猫店，每个月利润最高的时候只有4000多块钱，还不如打工挣得多。因为溜溜妈的一个朋友是开超市的，她想到既然朋友有超市，那她开网店就不用愁货源了，于是她开了一个专营店，把朋友超市里的牛轧糖、合川桃片等零食上架到店铺里，结果卖了三年多都没挣到什么钱，因为利润率太低了，平均毛利润率才10%左右。她当时在选择货源时没考虑那么多，只是觉得朋友有货源就有了优势，其实她不知道，消费者对于能够在超市里买到的东西的价格是特别敏感的，例如，在超市里1.5元一包的抽纸，如果我们在淘宝店卖1.6元就卖不动了，甚至原价卖都不一定有人会买，必须比超市更低的价格才能符合消费者对这类产品的预期，否则还不如在自家楼下的超市买。

对于有工厂的卖家来讲，工厂意味着自己能把控货源质量、生产周期等重要因素，但是也要注意判断产品是否适合在网上销售，如生产猪饲料的卖家，显然不适合在电商平台销售。但是，如果生产的产品是网上热销的，这个时候就需要考虑一个关键问题，即是想生产和销售一起做，还是只做生产提供产品不做销售呢？一般生产和销售都想做的厂家，由于时间、精力和团队人数有限，两头顾不过来，所以生产和销售都没有做好，最后的结果都很不理想。连市值第一名的苹果公司都把工厂外包给富士康，而自己则专注产品开发设计和销售。所以，如果我们是厂家，一方面可以考虑专注于生产，销售部分可以招募分销商帮忙售卖，或者给成熟的网店供货。另一方面也可以把工厂委托给值得信任的伙伴，而我们则抽身出来做网店。

总而言之，首先不管我们是有经验还是有资源，选择经营类目时都要优先考虑身边有什么优势行业。其次，要结合前面讲到的需要自己服务的人群是否越来越多、足够有钱、对钱不敏感。最后，再通过分析竞争对手的弱点来决定到底要经营哪个类目。

（二）选择蓝海行业

一句经典：黄金周要去冷门景点！

黄金周是非常具有中国特色的社会现象。每次黄金周期间，国内的各个著名景点都是人满为患，酒店价格奇高，旅游变成了人看人、人挤人。在这样的旅游过程中，游客的体验大打折扣，甚至有人后悔在黄金周出行去看著名景点。其实，这个时候，如果去一些冷门的景点，或者去一些国外的冷门旅游线路，不仅能够得到好的服务，还能静心地享受美景、美食，留下美好记忆。

做淘宝店也是这个道理，与其费心费力、挤破头皮去做没钱赚的大类目，不如改换思路，去找竞争小、利润高、运营轻松的小类目。

也许我们没有很丰富的从业经验，也没有优质的资源，甚至都不知道自己喜欢或擅长做什么类目，只是想在淘宝上挣钱，至于能挣多久，暂时还没想那么远。这种情况下，我们就可以用“黄金周去冷门景点”的思路，选择做蓝海行业。

什么是蓝海行业？在电商里的蓝海行业指的是，竞争并不充分且数据显示比较容易赚钱的某些细小行业。蓝海行业是自己陌生的但是相对容易获利的类目，由于很容易赚钱，所以即使我们相对陌生也能成功。

1. 以直通车市场均价选蓝海行业

在各个类目里，直通车竞价成本普遍都是一两块钱甚至更高，那么我们还能找到市场均价只要一两毛钱的类目吗？答案是肯定的。摩托车类目就属于市场均价只要一两毛钱的类目，这个类目实际开直通车下来，一般也只要一两毛钱一个点击。那么这样的类目一般开直通车就很容易做到比较高的投产比，如图2-5所示。

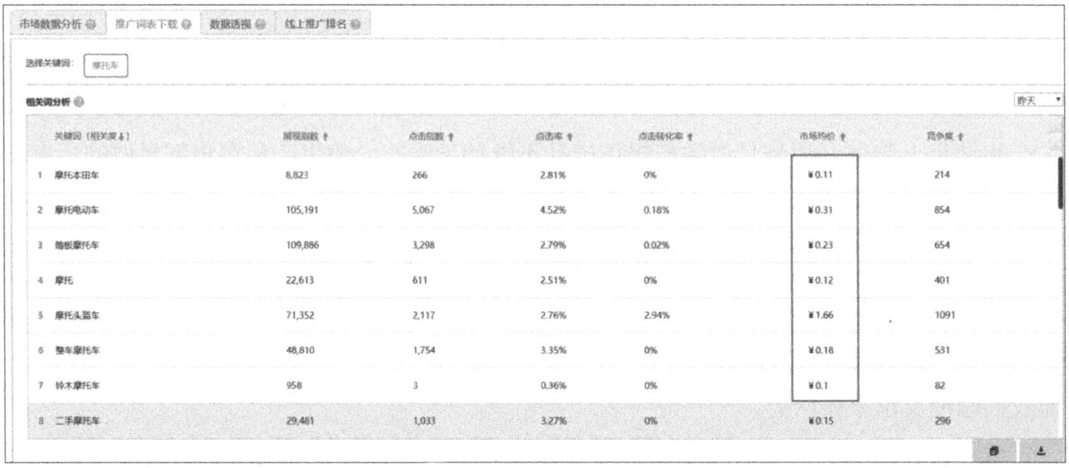

	关键词（相关度）	展现指数	点击指数	点击率	点击转化率	市场均价	竞争度
1	摩托本田车	8,823	266	2.81%	0%	¥0.11	214
2	摩托电动车	105,191	5,067	4.52%	0.18%	¥0.31	854
3	踏板摩托车	109,886	3,298	2.79%	0.02%	¥0.23	654
4	摩托	22,613	611	2.51%	0%	¥0.12	401
5	摩托头盔车	71,352	2,117	2.76%	2.94%	¥1.66	1091
6	整车摩托车	48,810	1,754	3.35%	0%	¥0.18	531
7	铃木摩托车	958	3	0.36%	0%	¥0.1	82
8	二手摩托车	29,481	1,033	3.27%	0%	¥0.15	296

图 2-5

虽然摩托车类目开直通车的商家并不少，但是由于这个类目还没有进入竞争白热化的程度，所以市场均价暂时还没有飙升到恐怖的高度(注意，这并不是建议我们去做摩托车类目)。

直通车本质就是一个竞价工具，谁出的价格高谁排名就靠前，如果大家出的价格都比较高，这个市场均价就被拉高了。所以，一般来说市场均价的高低反映了这个类目竞争的激烈程度。如果我们能找到这种市场均价比较便宜的词，一般就说明这个词对应的产品竞争还不是很激烈。那么，如果我们去做这样的类目，然后再去开直通车就是比较容易赚钱的。

我前面提到的悦菲同学当年就是发现“情趣内衣”这个词只要两三毛钱的市场均价，所以就去做了这个类目，然后猛开直通车，最后赚了很多钱。不过这个类目现在已经不允许开直通车了，这说明红利是有窗口期的，这也是蓝海行业可能存在的缺点，也就是有些蓝海行业可能在今年是蓝海，到了明年就变成红海了。所以一旦发现这种类目就要抓紧布局，能赚多久算多久。

那么到底直通车市场均价多低才算是蓝海行业呢？其实并没有一个严格的定义，这就好比我们要探讨一个人每个月赚多少钱才合适，当然是赚得越多越好，那么直通车的市场均价也是同样的道理，当然是越低越好。我们可以把直通车市场均价低于3毛钱的称为非常好，把3～5毛钱的称为很好，把0.5～1元的称为较好。当然也可以不以这个市场均价刻度来衡量，从找到的众多关键词中选择价格更低的即可。

直通车市场均价低说明竞争小，开直通车非常容易以低成本获得大量的流量，所以容易盈利。

2. 以支付转化率选蓝海行业

用支付转化率指标也可以筛选出蓝海行业。支付转化率特别高的类目一般就是蓝海行业。

例如，龟粮的支付转化率平均可以达到30%，这就意味着100个人进店，至少30个人会下单。支付转化率高代表消费者购买积极性高，购买意愿强烈，这也侧面说明了竞争较小。如果竞争太激烈，各种优质宝贝太多，转化率不可能这么高。当然，即便是某个类目支付转化率特别高，我们也不能只看这一个因素就贸然冲进去做，因为我们说的好卖指的是需求大并且利润好(见图2-6)。

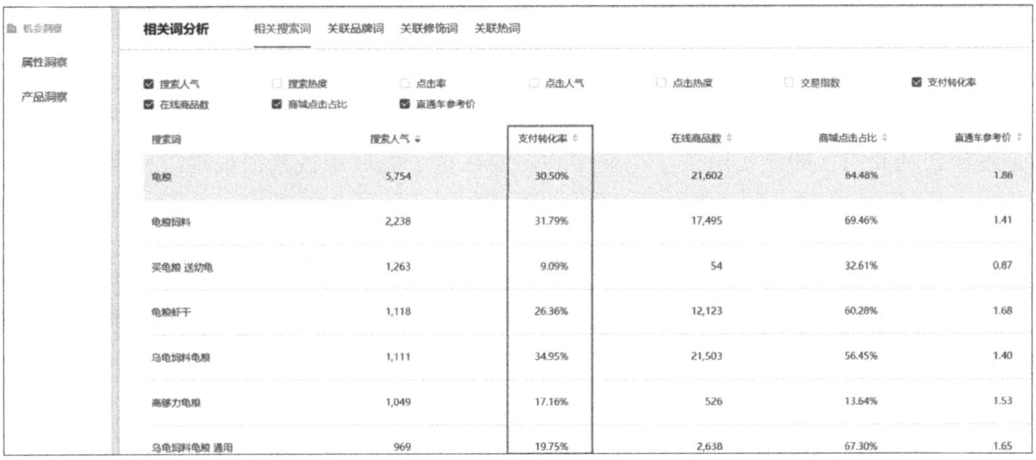

搜索词	搜索人气	支付转化率	在线商品数	商城点击占比	直通车参考价
龟粮	5,754	30.50%	21,602	64.48%	1.86
龟粮饲料	2,238	31.79%	17,495	69.46%	1.41
买龟粮 送幼龟	1,263	9.09%	54	32.61%	0.87
龟粮虾干	1,118	26.36%	12,123	60.28%	1.68
乌龟饲料龟粮	1,111	34.95%	21,503	56.45%	1.40
高够力龟粮	1,049	17.16%	526	13.64%	1.53
乌龟饲料龟粮 通用	969	19.75%	2,638	67.30%	1.65

图2-6

支付转化率同样没有一个具体的指标来表明具体达到多少转化率才叫作蓝海行业，只能说支付转化率越高越可以称作真正的蓝海行业。

一般在像服饰鞋包这种大类目里面是很难找到蓝海行业的，这种大类目的支付转化率一般最高都不超过10%，当然，那种特别低价的商品除外。但是在服饰鞋包的细分市场里也许能找到支付转化率大于10%的，比如鞋这个大类目下面的老人鞋子类目，支付转化率也有大于10%的，所以也可以把支付转化率10%作为判断蓝海行业的基本条件。如果超过10%越多，这样的行业越容易转化客户，就越好卖出产品，从而越容易赚到钱(见图2-7)。

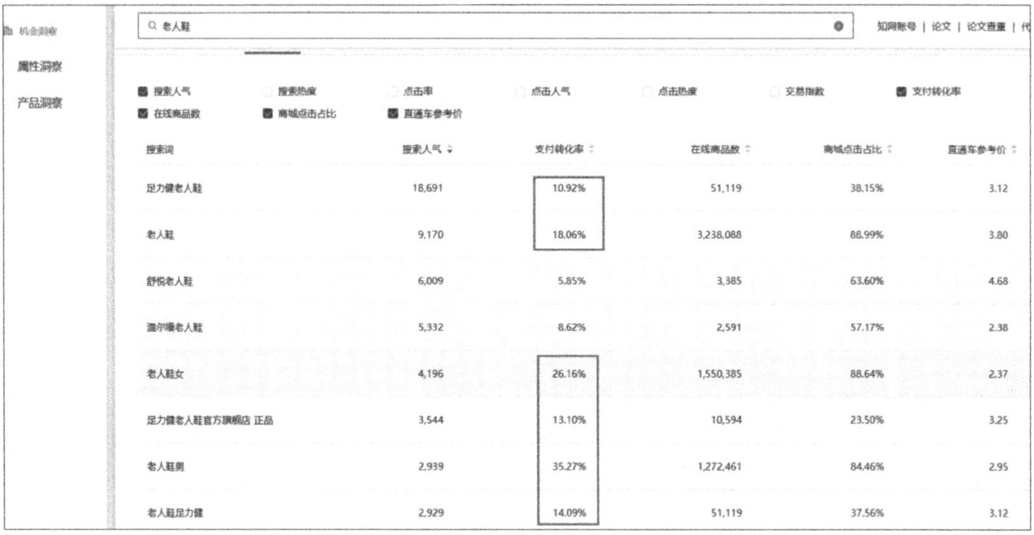

搜索词	搜索人气	支付转化率	在线商品数	商城点击占比	直通车参考价
足力健老人鞋	18,691	10.92%	51,119	38.15%	3.12
老人鞋	9,170	18.06%	3,238,088	88.99%	3.80
舒悦老人鞋	6,009	5.85%	3,385	63.60%	4.68
温尔缦老人鞋	5,332	8.62%	2,591	57.17%	2.38
老人鞋女	4,196	26.16%	1,550,385	88.64%	2.37
足力健老人鞋官方旗舰店 正品	3,544	13.10%	10,594	23.50%	3.25
老人鞋男	2,939	35.27%	1,272,461	84.46%	2.95
老人鞋足力健	2,929	14.09%	51,119	37.56%	3.12

图 2-7

3. 以利润率选蓝海行业

直通车市场均价较低的可以作为蓝海行业，支付转化率高的也可以作为蓝海行业。不过，光看这两项指标就可以了吗？不行！最关键的还是看利润率指标！

例如，我们看抽纸这个类目的数据，转化率也在20%以上，但是这个类目普遍的价格都是没什么利润的，即便卖出去了也是微利，要在这个类目赚钱就很艰难。再看老人鞋数据，支付转化率非常高，但是像足力健这样的品牌已经霸占了200～300元价位的老人鞋市场，温尔缦这样的后起之秀霸占了70～100元价位的老人鞋市场，后来者几乎没有机会了。所以这个类目由于实力雄厚的大卖家垄断了市场，要想在老人鞋这个类目赚取利润就变得异常艰难。

五、确定店铺的定位

（一）找准差异化和定位

一句经典：挠痒痒，就要挠准痒痒肉！

生活中，我们经常会与别人开挠痒痒的玩笑，要想成功，首要的是要挠对地方，其次是要突然，如果挠到的是别人的手背，百分之百是没有痒痒效果的。但是，如果挠到了对方的腋窝，那么对方百分之八九十都会因为痒痒而笑个不停。不过，如果对方已经有所防备，估计就算挠到了对方的腋窝，也不会达到效果。最悲观的是，对方的腋窝被挠了太多次，已经不痒了，那也是百分百的失败。

做淘宝店铺也是这个道理，要想产品好卖，那么我们的产品一定要能够正好击中顾客的"痒痒肉"，也就是我们的产品恰恰对应上顾客的买点。但是，如果有很多竞争对手已经在顾客的这个买点上"挠"了很多遍，"挠"了很久，那么我们的产品估计就不好卖了。因为相对于竞争对手，我们的产品没有明显的差异，顾客对于大致相同的产品已经"审美疲劳"了。

1. 店铺定位

顾客的"痒痒肉"或者"买点"在哪里，店铺的发展方向和发展重心就应该在哪里。我们一般认为顾客会最清楚自己的"痒痒肉"或者"买点"在哪里、是什么，但实际上并不是这样的。卖家需要结合淘宝数据，耐心分析，仔细筛选，最后精心选择要去攻破的顾客的"痒痒肉"或者"买点"，那个"点"就是店铺的核心定位。

没有清晰定位的店铺，就像是浮萍，有叶无根，随着市场漂来荡去，上架的产品没有核心主题，也没有一致的风格，更没有系统的定价策略。相反，有清晰定位的店铺，定位就像圆心，店铺的所有产品和所有的运营活动都围绕这个圆心展开，上架的产品有核心主题，产品之间也有某种关联，主图、详情页、产品包装等也有一致的风格，产品的定价也有统一规划。

2. 差异化定位

定位既要击中顾客"买点"，又要与竞争对手显著不一样，避免在一个"点"上相互同质化争夺。如果在同一个市场上，有几个竞争对手都在针对顾客的同一个"买点"投放产品，那么大家很容易陷入价格战，结局是很快就会把利润降到很低水平，甚至完全没有利润可做。

在市场交易中，卖家和买家是最重要的两个角色。买家花钱买东西或服务，他们希望得到某种符合自己期望的产品或服务，称作顾客价值，而他们所花销的钱则属于顾客成本。几乎每个顾客都希望以最小的顾客成本获取最大的顾客价值。对于卖家而言，顾客所花费的钱属于卖家的收入，顾客可以获得的产品或服务的期望值属于卖家能为买家提供的利益。正常的卖家都希望以符合买家预期的价格为买家提供更多利益，从而让买家满意。

作为卖家，一定要思考清楚产品给予顾客的利益和顾客为得到利益所付出的成本之间，到底是一个什么样的组合关系，即我们是希望顾客花最多的钱获得最好的产品，还是希望顾客花少量的钱获得品质中等的产品？

在市场中，卖家可以在顾客价值和顾客成本之间的多种组合关系中选择一种(如图2-8所示)作为店铺的清晰定位，同时也是作为店铺与其他竞争店铺的显著差异点。顾客价值可以有高价值、中价值和低价值的产品或服务，我们简称为优质、同质和低质；而价格则有高价格、中价格和低价格的产品或服务，我们简称为优价、同价和低价。在利益和价格的组合中，顾客价值和顾客成本可能是优质优价的关系，表示产品品质好、价格高；也可能是优质低价的关系，表示产品品质好、价格低。

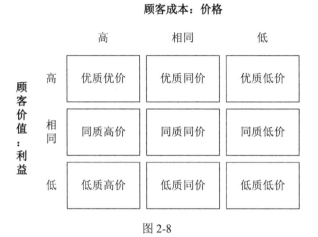

图 2-8

我们为顾客提供的利益大小，同时代表了需要付出的成本大小。而顾客在我们这里花费的钱的多少，则直接影响我们回收成本之后还有多大的利润可以赚取。

如果我们定位为优质优价，这意味着利润率可能很高。与此对应，由于价格较高，销售难度就比较高。如果我们能让优质优价的产品热销，则可以获得丰厚的回报，如苹果、耐克、戴森、小罐茶、roseonly等品牌旗下的产品都是定位为优质优价，它们以高价为消费者提供市面上最好的产品，同时也获得同一个市场上最高的利润率。也有一些优质低价的产品在全国乃至全世界热销，如小米、优衣库、沃尔玛等，都是以优质低价著称，消费者一看到这些品牌名就会联想到物美价廉。

卖家一定要注意，如果定位的是在顾客利益这个维度选择"低质"，那么唯一可能存活的顾客成本定位是"低价"，也就是产品相对于竞争对手比较差，价格相对于竞争对手也是最低的，那么在这个市场中就具有非常强的竞争力。但是，卖家要承受的结果就是利润非常低。

如果卖家在顾客利益维度选择"同质"定位，那么市场地位将决定卖家在顾客成本这一维度的定位选择是否有效。如果卖家是类目的跟随者，那么最有竞争力的顾客成本定位是"低价"，就是以相同的品质，但是更低的价格在竞争中获胜；如果卖家是类目的领导者，对于"高价"这一维度，往往能够保持更高的销售量和利润率。对于"同价"这一定位比较尴尬，如果卖家是领导者，没有必要选择"同价"来放弃利润；如果卖家是跟随者，没有必要选择"同价"在领导者面前完全丧失竞争力。

（二）提出独特价值主张

> 一句经典：刚想睡觉，就有人递上了枕头！

请想象一种场景：我们坐在沙发上，突然很困了，侧身躺下去时，突然有一个软软的枕头悄悄地放在我们脑袋的后方，刚好让我们的脑袋保持一种舒适的状态。这时候，我们会不会很舒服？是不是非常享受？愿意把这个枕头抽出来扔掉吗？

做淘宝店铺，我们就要抢在顾客之前，想顾客所想，做顾客希望我们做的事情，为顾客提前准备好产品和服务。上面说的顾客想睡觉的"想法"就是卖家要高度重视的顾客的"买点"，"枕头"就是卖家要万分重视的"核心价值主张"。核心价值主张是卖家一直要去努力"击中"的买家愿意付费的"痒痒肉"，也可以叫作"痛点"。

精准定位就像我们的家在城市所在的位置一样，只有弄清楚我们的家在城市中的具体方位、小区名称、单元楼号才算真正定位精准。而核心价值主张则像是一句口号，告诉消费者我们家有什么显著特点，如我们家的门与隔壁家门的颜色不一样，别人不问也不会敲错门。在市场中，有了独特价值主张的店铺，消费者一般会奔着这个主张来下决心购买，而不会买到其他家的店铺里。

1. 什么是独特价值主张

不少同学问我什么是价值主张？是不是产品的差异化就是价值主张，比如他卖的洗发水是去屑的，而我卖的洗发水是柔顺的，也就是说，这种独特的差异化卖点是不是就是价值主张？我说，这种独特的卖点，专业术语叫作销售主张，可能是价值主张，也可能不是。

我们的产品可能有一千个卖点，但是顾客可能都不会付钱，因为所有的卖点都没有击中顾客的"痛点"。相反，如果只有一个独特的价值主张，但是它正好就是顾客愿意付钱的买点，那么这个点就解决了所有问题。也就是说，一万个产品卖点都不敌一个顾客买点；一万个销售主张，都不敌一个顾客愿意付费的独特价值主张。卖点往往感动卖家，而买点常常让顾客感动并付费。

消费者为什么愿意花巨资购买一款不是真皮的LV包呢？核心就在于顾客觉得LV包拥有与其他包完全不一样的东西，而且别的包还无法模仿，反正就是"觉得值"。这个"觉得值"就是独特价值。那么到底值什么呢？可能是背起来更符合自己的身份，也可能是背起来更符合自己的气质，或者就是个身份的门槛。而我们提出的值得购买的原因被消费者接受并心甘情愿买单，那个原因就是独特价值主张。

如果说销售主张是由卖家提出来的区别于其他竞争对手的卖点，那么独特价值主张则是消费者内心对产品价值判断的独特买点。所以卖家提出的卖点指的是我想卖什么，而消费者关注的利益点是对我有什么用。

2. 独特价值主张的作用

独特价值主张会帮助顾客意识到自己需要解决的问题，简化顾客的购买决策程序，帮助顾客从意识到"问题"到找到产品之间建立起最短的路径。

roseonly品牌诞生于2013年1月4日，寓意"爱你一生一世"。该品牌提出了"一生只爱一人"的理念和独特价值主张。上线当年即获得腾讯A轮投资，第二年就有月销售额达到上千万元的业绩，随后在全国线上线下开设店铺。短短几年时间，在全国开设了几十家实体店，单店年销售额超过3000万元，单枝玫瑰价格卖到999元甚至更高。

"以顶级矜贵厄瓜多尔玫瑰斗胆定制'一生只爱一人'的离奇规则，落笔为证，无法更改。"这是对roseonly品牌理念的最佳注释。"一生只爱一人"看似不合常理，却能满足女性要求情感专一的心理。用roseonly创始人蒲易的话说："爱情是刚性需求，这不只是一束玫瑰，而是象征'唯一'的承诺。"所以男性购买roseonly不是买的玫瑰，而是买的"一生只爱一人"的承诺，是真情，这个真情才是消费者购买roseonly玫瑰的利益点，也是roseonly的核心价值主张！

如果LV把价值主张定义为产品质量，不是真皮款的LV肯定卖不过真皮款；如果roseonly把价值主张定义为送礼的玫瑰，肯定卖不出999元一枝的高价。我们做产品要想盈利，就需要找出一个消费者最愿意掏钱且竞争对手没有的价值主张，然后大声喊出来，认同这个独特价值主张的消费者就会买单。而且时间久了之后，这个独特价值主张就会占领消费者的心智，一看到品牌名称，就能联想到价值主张，例如，我们说到沃尔沃就会联想到安全；说到奔驰就会联想到尊贵；说到海底捞会想到服务好；说到足力健老人鞋则会想到专业、安全。

3. 挖掘独特价值主张

独特价值主张需要卖家深度理解顾客的购买特点，仔细分析竞争对手的优势、劣势和主张特点，也要客观分析自己的能力和抱负。只是想卖点儿东西挣点儿钱的卖家更迷恋卖点或者销售主张，而不会在意独特价值主张，也不愿意花时间去提炼感动顾客、震惊对手的独特价值主张。

不过，为了能够打造出具有长期盈利能力的店铺，还是强烈建议卖家慎重决策自己店铺的独特价值主张。在此，我为卖家提供一个价值主张提炼方法。其实我们只需要搞清楚以下几个问题，独特价值主张就会变得相对简单。

(1) 目标市场是什么？服务的是哪个细分人群？产品主要想解决买家的什么需求？

(2) 这个目标市场的顾客群最看重的利益点有什么？哪一个利益点买家最愿意掏钱？

(3) 这个市场上其他产品提供了什么样的体验和利益点？

(4) 最终决定用哪一个利益点作为核心价值主张？

以足力健为例，回答上述问题之后，结果如下。

(1) 目标市场是年轻人给父母买老人鞋；服务的是父母还健在的年轻人；产品主要解决年轻人孝敬父母的需求。

(2) 最看重的利益点有鞋子是否舒适、安全、透气、时尚等，安全和舒适是买家最愿意掏钱的。

(3) 这个市场上的其他产品还有防滑的、时尚的、透气的。

(4) 综合安全和舒适，用一个词概括就是专业。把专业老人鞋作为核心价值主张。

(三) 将店铺重新定位

一句经典：实在钓不上鱼，就换位置！

钓过鱼的人都知道，如果在一个地方始终都钓不上来鱼，最好的方法不是傻傻坚守，而是尽快换到另外一个地方重新开始。开淘宝店铺也是一样的道理，如果店铺开起来之后利润不好，十有八九是店铺的定位出了问题，这时就需要重新定位，换个位置再来。

可能我们已经做电商好几年了，定位之前也基本上确定了，也可能之前我们从来没想过定位这件事，误打误撞进入了现在的行业，慢慢形成了现在的定位。如果之前定位的人群和价格各方面都不是很理想，导致我们现在赚钱很少或没赚到钱，那么这时也可以转型，重新来定位。

我在成都有一个朋友叫李严(见图2-9)，他在巧克力礼盒类目连续7年销量第一，目前的年销售额超过一亿元。他的淘宝店在2011年之前是卖牛肉干、泡椒凤爪等零食的，这些产品利润不高，赚的都是辛苦钱。后来他无意中发现巧克力类目中的"巧克力礼盒"这个词搜索的人很多，但是像费列罗、德芙等巧克力大品牌并没有做巧克力的礼盒装，在淘宝上现有的巧克力礼盒的竞争对手数量比较少，并且规模都不是特别大。他发现了这个机会之后果断转型到巧克力礼盒类目，2011年开始入驻天猫做巧克力礼盒，不到一年做到类目第一，并且保持到了现在。

他现在不仅把规模做大了，利润率也比当年卖零食提高了很多倍。巧克力礼盒这样的产品一旦到了情人节、七夕节、圣诞节，价格就像玫瑰花一样会翻几倍，平时男女生也会购买巧克力礼盒作为生日礼物或者表白的礼物赠送给对方，男生购买的比例占70%。一般散装的巧克力是消费者买来自己吃的，而购买巧克力礼盒就几乎都是送礼的。不管散装还是礼盒装，里面还是巧克力，但是这时的购买人群已经发生了巨大的变化，这个人群变得越来越有钱，越来越对钱不敏感。

图 2-9

对店铺的重新定位有以下3种方法。

1. 包装升级

在淘宝上卖红糖的店铺比较多，但是价格普遍都比较低，平均算下来大概不到10元一斤。散装的红糖和散装的巧克力差不多，大都是消费者买来自己吃，但是红糖也可以像巧克力一样买来送人。

淘宝上有一家叫"十四行诗"(见图2-10)的店铺，其另辟蹊径找到了一条利润更高、竞争更小的发展路线。淘宝上主流的包装红糖的做法都是用袋装或者塑料罐装，因为消费者购买红糖大多对价格比较敏感，所以商家无法用更高成本的包装去装红糖。

图 2-10

"十四行诗"一进入这个行业就先重新设计包装,用经过精心设计的纸盒包装,看起来高大上,拿来送礼有面子。相应地,红糖的价格也由原来的不到10元一斤,变成了现在的150元一斤,利润也翻了好几倍!这时购买红糖的消费者也悄悄从女性购买自己吃,变成了绝大多数的男性买来送给女朋友或老婆,也有少部分女性买来送给闺密。

"十四行诗"之所以能够转型成功,主要是更换了目标顾客群体,从女性自购变成了男性购买红糖送女性。操作起来,就是先实现包装升级,让产品看起来更上档次。如果原来的产品利润不高,赚不到钱,也可以考虑是否能从升级包装方面入手,从而提高店铺的利润。

2. 视觉提升

有些时候产品价格太低,一提高价格就卖不动,有可能是视觉看起来太普通,消费者觉得只值这个价,所以一稍微涨价,转化率就会下降很严重。在实体店购物时,消费者可以看、可以闻、可以摸、可以尝、可以试穿,但是在网上购物时,消费者只能看,所以消费者要判断产品的质量、样式,只能通过主图详情页的图片来感受。

例如,我们是卖珠宝首饰的,详情页上的图片如果看起来像地摊上几块钱的首饰,那卖几百、几千块肯定卖不动,这个时候只有找专业摄影师或摄影机构重新拍照,再精心设计详情页,才能把这个珠宝首饰几百、几千块的价值给拍出来。

我经常听一些专业设计师说,产品详情页七分靠摄影,三分靠设计,也就是说,摄影的好坏决定了详情页的好坏,只有图片拍好了,设计出来的详情页的产品才能达到好看又好卖的效果。视觉上的提升会让我们的产品卖出更高的价格,从而赚取更多的利润,但是在有些类目的一些产品上也不一定百分百奏效。

我前几年问阿么女鞋的创始人肖龙(见图2-11),我说:"我看你们女鞋的照片拍得都不是很高端,现在规模都已经这么大了,为什么不请个更专业的摄影师把鞋子的照片拍得更高端一些呢?"肖龙说:"我们卖得好的鞋子都是99元一双,真皮包邮。由于我们主打的是鞋子的性价比,所以价格并不贵,消费者对鞋子的期望值也不会太高。其实我们几年前曾经走过这个弯路,把99元一双的真皮女鞋拍得很高端,结果退款率一下子飙升到了30%以上,而我们平时的退款率是15%左右。后来总结发现,我们的鞋子不管是工艺还是包装都比不上几百块钱一双的女鞋,消费者如果看到我们店铺的图片非常精美,实际拿到货就会失望,所以退款率上升了很多。后来我们就自己搭建摄影棚,大概拍一拍就可以了,这样退款率反而不会那么高。"

听他这么一说我就明白了,不是什么产品都适合去升级视觉的。如果产品因为图片的问题被低估了,可以通过提升视觉感受来达到卖更高价格的目的;但是如果本来就不是高端的产品,就千万不要过分修饰,否则消费者拿到实物之后感觉与图片相差太大,导致心理落差太大,最后容易给中差评或者退换货。

图 2-11

3. 再细分市场

除了可以调整产品对应的人群、升级包装和视觉,也可以考虑进一步把市场做得更细分。

有些类目竞争非常大,如服饰鞋包是淘宝、天猫里卖家最多、商品最多的类目,这和老百姓的衣食住行是分不开的,所以市场大,大家都看到市场大,所以都来做这个类目,竞争也就大了起来。当然,除了服饰鞋包类目还有很多刚需产品的类目竞争也是非常激烈的,如童装、零食、手机壳、化妆品等。因此,作为中小卖家要在竞争这么大的类目中与许多大卖家血拼,几乎是拼不赢的,只能捡漏喝点大卖家剩下的"汤"。

但这个时候我们还有另外一条路可以走,就是再去细分这个市场,即切入一个更加细分、更加专业的市场,例如,做女装做不过大卖家,可以做大码女装;做男鞋做不过大品牌,可以做潮鞋;做聚拢文胸没有优势,可以做缩胸文胸、运动文胸;做女鞋做不过传统品牌,可以做超高跟女鞋……

在零食类目,基本上竞争格局已经形成。以三只松鼠、百草味、良品铺子等巨头为代表的公司基本上已经占据了该类目80%以上的市场份额,如果想在零食类目做与这几个品牌同类型的商品,几乎是死路一条。

如果我们要做坚果,肯定是不可能的,因为三只松鼠、百草味、良品铺子等巨头基本上已经垄断了坚果这个类目。但是在淘宝上有一家叫"孕味食足"的品牌,还真的在这个类目里"杀出了一条血路",不过它并不是直接做坚果的常规零食,而是做的坚果的细分市场——孕妇坚果。该产品只提供给孕妇食用、零防腐剂、零香精、零色素,重750g,定价139元。据经理班做过这类产品的同学透露,产品的成本不加包装不超过40元。就单这一款产品从上线到现在累计的销量已经超过12万份了,相当于平均一个月一万多份,这个销量和利润太牛了!

在食品类目普遍利润较低的情况下,为什么这家店能做出这么高的利润,同时还能有这么好的销量呢?核心的原因在于掌柜抓住了孕妇坚果这个细分市场的机会,不去与大品牌竞争,而是选择更加小众的孕妇人群,该人群每年至少新增2000万人,且对价格不太敏感,痛点非常明确,所以才会一进入这个市场就爆发。

本节学习心得

请将学习本节内容后的心得记录在下面,以备后期查阅。

第二节 规划好店铺品牌

一、给店铺取个好名

(一)取名技巧

市场上有个说法,阿里巴巴这个公司的名字是马云在美国一家餐厅吃饭时突发奇想而来。当时他问餐厅的服务员知不知道阿里巴巴这个名字,服务员说知道,并且告诉马云,阿里巴巴打开宝藏的咒语是"芝麻开门"。马云随后又问了很多人，他们都知道阿里巴巴这个名字，因为《阿里巴巴与四十大盗》是世界著名的民间故事，所以全世界的人都知道阿里巴巴这个名字，于是马云当即敲定公司名字命名为阿里巴巴。

我们再看目前互联网众多大公司的名字会发现，它们的名字都特别简单易记，并且大多数名字和自己公司所经营的业务有一定的关联。例如，阿里巴巴的故事原型就是一个正义的青年发现财富的故事，正好与阿里巴巴的业务有关，阿里巴巴建立的电子商务交易平台就是希望全天下的商人都能够在阿里巴巴上找到财富。"淘宝网"的字面意思可以理解为，来到"淘宝网"就可以"淘"到"宝"，买到更加经济实惠的东西。滴滴这个名字也简单易记，并且与滴滴公司的打车出行业务容易产生联想。百度一词来源于宋代词人辛弃疾的诗句，"众里寻他千百度，蓦然回首，那人却在灯火阑珊处"。所以百度一词已经为众人熟知，并且与百度公司所做的业务息息相关。

再来看电商行业的一些公司和品牌名，如三只松鼠，名字简单易记，大家都知道松鼠爱吃坚果，所以这与三只松鼠旗舰店刚开始经营的坚果产品有很强的关联性，容易让消费者把三只松鼠和坚果联系在一起。

一个好的品牌名称可以让消费者迅速记忆在脑海里，并很难忘记。而不好的品牌名则很难让消费者记住，并且若以后规模做大投放广告时会产生巨大的广告浪费。所以在刚开始起店铺名的时候就要起一个让消费者容易记忆的店铺名字，并等规模到了一定的程度之后注册成商标。当企业规模慢慢做大之后，这个名字也许就是一个知名的品牌名了。一般来说，一个好记的店铺名包含以下几个要点：顾客容易记、便于传播及与产品有关联。

如果还没有想好店铺名或者对自己现在的店铺名不满意，可以参考以下店铺或者商标取名技巧的模板来取一个满意的名字。

(1) 量词+常用词语，如三只松鼠、七匹狼、六个核桃、十四行诗等。

(2) 形容词+常用词语，如夏娃的诱惑、幸运的火星、美丽的港湾等。

(3) 常用词语或家乡话，如鱼摆摆、龙门阵、诗情画意、老实巴交等。

(4) 电影名、歌名或书名，如裂帛、阿么、盗梦空间、西西里等。

(二) 店铺名保护

名字想好之后可以先去淘宝里查一下是否已经被其他店铺占用，或者在中国商标网官网查询一下该名字是否已经被其他人注册。

2011年，一个昵称叫"胡公子"的店主十分走红，他的本名叫胡为。因为中差评对于店铺的发展至关重要,所以店主胡公子亲自回复每个中差评,不料言辞犀利的回复竟引来众多网友的热捧,每日数千名网友直奔小店,只为看胡为尖锐犀利的中差评回应,有的甚至网购后直接给中差评,"只求一骂"。对此,胡公子也不生气,买家骂得越多,他回复得越多,从历史、哲学到网络用语,无所不及。以至于一些"粉丝"为他整理出了"胡公子经典语录",在网上广为传播。胡公子走红之后,他的名字也在各大媒体上出现,并参加了汪涵主持的《越淘越开心》节目及央视举办的网络春晚。胡为意识到成名之后可能会带来巨大的商业价值,所以想起了注册"胡公子"三个字的商标,结果没想到这个商标提前20天被一个同行给抢注了,对方威胁胡公子给其10万元转让费,否则就"打假"。这之后不久,胡公子就下架了自己的商品,从此在网络上销声匿迹了。所以品牌知名度出名之前如果不提前保护,后果可能很严重。

二、设计和注册商标

我们想好一个店铺名之后,需要到国家商标局去注册成商标,把品牌保护起来,这样别人就不能使用我们的品牌名了。但是,注册商标时需要品牌名和logo图形,因此要考虑给品牌名设计一个logo。设计logo不仅是为了注册商标,也是为了给消费者一个辨识的图形。我们可以把logo放在店铺页面里、印在包装上、设计在广告图上等,目的是让潜在的顾客一眼就能看出我们的品牌。

一般,在刚开始时logo的设计不用花太多钱,几百块钱在淘宝上搜索一家专门设计logo的公司即可,未来如果店铺规模做大了,可以花更高的价格请更专业的设计师重新设计logo。logo最好能表达店铺想传达的理念或内涵,而且图形简洁。我们可以研究一下各种大公司的logo,一般来说它们的图形都非常简单,但内涵丰富。

下面以幕思城logo设计为例,给大家讲述logo设计的相关注意事项。

(一) logo 设计的背景

幕思城是中国知名电商服务机构,创办于2012年9月,是中国较早专业从事电商培训的机构。幕思城自创立以来一直坚守"分享、责任、长久"的价值观和"创造满意客户培养客户冠军"的宗旨,在线教育、线下培训和软件工具服务在电商企业(卖家)中拥有很高的知名度和美誉度。幕思城已经培养了超过一万名电商大卖家,在电商学员中形成了良好的口碑。幕思城现有员工32人,其中博士(教授)1人,硕士1人;90后员工占90%以上,平均年龄25岁左右。

为了适应幕思城未来的发展变化，同时与公司"全力帮助电商领域普通人创造不普通事业"使命一致，幕思城于2018年下半年启动了logo全面升级。新的logo(见图2-12)希望能够表现出新的品牌联想：有责任感、有历史厚重感、有科技感、积极向上，同时与原来的logo有一定关联。

图 2-12

(二) logo 设计的流程

logo的设计步骤如下。

1. 选择设计团队

为了更好地表现公司的发展历程和体现公司的战略意图，幕思城最终选择了在电商领域有logo设计经验的中国人民大学设计顶级团队负责新logo的设计。

2. 与设计团队沟通设计要求

幕思城与logo设计团队深度沟通了公司的关键要求：①新logo要体现出幕思城的核心文化要素：使命、愿景、价值观；②希望用"手"这一形式来体现出幕思城"全力帮助电商领域普通人创造不普通事业"这一使命。

具体要求如下。

(1) 愿景：可持续发展50年以上。

幕思城不将短期事业规模作为追求的目标，将可持续发展50年以上作为对事业的最高要求。幕思城将不断学习、创新和进化，保持与电商行业同步发展，同步成长！

(2) 使命：帮助电商领域普通人创造不普通事业。

在不可逆的世界电子商务趋势中，幕思城希望聚集越来越多有使命感的普通人，形成专业的团队，在电商培训行业里"创造满意客户，培养客户冠军"。

(3) 价值观：分享、责任、长久。

分享：幕思城与客户分享最新知识，与员工分享发展成果。

责任：幕思城负责任地对待客户、员工和社会。

长久：幕思城所做的任何事情都考虑对客户、员工、公司、社会的长久影响。

3. 设计团队提出详细的设计创意

logo设计团队在与幕思城多次深入沟通的基础上，提出了双方认可的创意说明，如图2-13和图2-14所示。

4. 设计团队完成标准制图

基于创意说明，logo设计团队完成了标准制图，如图2-15所示。

5. 设计团队完成图案设计

基于标准制图，logo设计团队完成了平面彩稿、立体彩稿和立体墨稿，如图2-16～图2-18所示。

图 2-13

图 2-14

图 2-15

图 2-16

图 2-17

图 2-18

6. 确定设计和色彩规范

最终，基于双方深度沟通，确定了现在的幕思城logo方案和媒体色彩使用规范，如图2-19～图2-21所示。

图 2-19

图 2-20

图 2-21

三、规划好店铺风格

一般一些大的公司的风格和色系都是固定不变的，例如，淘宝网的色系是橙色的，不管是淘宝总部的办公风格还是淘宝网页面的风格色系都是以橙色为主；雅虎是以紫色为主，网站和产品包装也都是紫色。

一些淘宝上的成规模的店铺也有固定的色系和风格，如专注社交女鞋的烫旗舰店(见图2-22)，整个店铺都是以黑白为主，简约又纯粹的设计风格，让整个店铺的产品看起来很有档次。

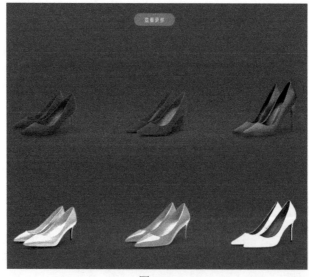

图 2-22

这家店的产品价格也确实比较高端，普遍都是价格在400~800元的女鞋。店主是美国纽约大学时尚管理专业的学生，1994年出生，他创立的女鞋品牌"烫"在天猫上线当月销售额就超过了200万元。该店铺之所以能取得这么好的成绩，得力于店主本人时尚科班出身的优势。从店铺每一款鞋子和包装的设计就可以看出来，店主精心打造了"烫"这个品牌独特的社交女鞋风格，所以受到了消费者的热捧。

因此，如果我们一开始就根据产品的特点及店铺人群的喜好规划好店铺风格，可能会让产品更加热销。规划店铺风格的目的就是让客户觉得我们的店铺值钱。我们首先可以思考一下店铺所对应的人群有什么性格、喜好和特点，再结合做得好的同行都有什么风格，最后规划出一套属于自己店铺的风格定位。如果我们是针对时尚女鞋的人群的产品，店铺风格可能重点需要考虑时尚、漂亮、精美、有档次等；如果是做成年男性的产品的，店铺风格可能重点需要考虑科技感、时尚潮流、理性、专业等；如果是针对女童人群的产品，店铺风格可能重点需要考虑可爱、好玩等。

| 本节学习心得 |

请将学习本节内容后的心得记录在下面，以备后期查阅。

第三节　设计好盈利模式

在淘宝、天猫平台中，有各种各样的商品，如：利润高的、利润低的，受众广的、受众窄的。某些店铺能够长久地在淘宝上生存下去一定有它独特的盈利模式，即便是产品看起来利润并不高的掌柜,也有可能是后端盈利的高手。在如此竞争激烈的电商环境下,我们可以根据自己产品和人群的特点,去选择可以长期盈利的盈利模式,真正实现打造盈利店铺的最终目的。

店铺的盈利模式主要有以下几种。

一、后端盈利型

虽然我们经常说做淘宝一定要做利润较高的产品,但是有些类目非常特殊,因为价格战太激烈或者本来就是标品,导致最终没有太高的利润可言,这就无法把利润率做得很高。例如,抽纸产品,销量很大,但是几乎没有利润,如果涨价,就卖不动,若要单纯靠这个产品赚钱,几乎是不可能的。但是,以这类高销量、低利润产品为前端产品吸引顾客,依靠其他后端高价格、高利润的产品来盈利,却可以成为一个可供实操的后端盈利模式。

史永志(见图2-23)同学是幕思城的老学员,使用的就是后端盈利模式。他独自开了一个3钻的店铺,小店每天访客100个左右,淘宝店一年下来虽然只有200多万元的销售额,但是总销售额却有600多万元。他的店铺主要经营的是幼儿园用品,如幼儿园的床和各种桌椅板凳等。但是这个类目竞争比较激烈,同行的价格普遍都卖得比较便宜,史永志也不例外,价格跟同行差不多,店铺的产品他不打算赚钱,因为都是一些小件。

图 2-23

但是史永志有个做法是同行没有的,他每次都会把在店铺购买了产品的顾客加到一个专门的微信里,这些顾客要么是幼儿园的老师,要么是幼儿园的园长。加到微信里后，史永志几乎每天都会更新朋友圈，发他安排工人给某某幼儿园安装大型户外游乐设备的照片，有些园长或者幼儿园老师看到之后就会联系他，线下谈妥价格之后，史永志就会对接工厂，然后工厂安排人员去幼儿园安装这些游乐设施。一般这种户外的游乐设备一整套安装下来价格为一二十万元到八十多万元，史永志作为中间商一次性可以赚取至少30%的利润，光靠微信朋友圈发动态，史永志一年能有300多万元的销售额。

同样，2017年6月，在幕思城从零开始学淘宝的甘宗孝(见图2-24左一)同学也是类似的做法，他学完之后从2017年11月才开始开淘宝店创业卖白酒，到2018年年末就创造了1800万元的销售额。2019年5月，他来成都和我交流时提到，按照他们现在的业绩情况，2019年预计要做4000万元的业绩，2020年更是计划做一个亿。如果打开他的淘宝店，我们会发现他店铺里的茅台酒卖得最好的是9.9元的产品，这个价格不用说也知道，肯定是没什么利润的。但是甘宗孝盈利的秘诀不是靠淘宝店这9.9元的白酒挣钱，而是先用低价产品快速获取大量的喜欢茅台白酒的买家，成交之后再安排销售人员挨个打电话把这些顾客加到个人微信里。然后朋友圈每天更新动态，发公司和产品相关的内容，偶尔再推出新品或者搞促销，这样一来，淘宝店的客单价虽然只有9.9元，但是微信里的顾客能够达到几百元、几千元甚至一单十几万的客单价。他的做法核心就是前端不赚钱，靠后端顾客重复消费来实现盈利。

图 2-24

史永志的淘宝店虽然不赚钱，但是把客户加到微信之后，通过后续的大型游乐设备赚取了可观利润；甘宗孝9.9元包邮的茅台白酒虽然不赚钱，但是通过微信成交的高单价产品都是高利润，这些就是后端盈利的典型案例，也就是前端不赚钱，我就把客户维护起来，通过再次给他们销售产品赚取利润。

扫描下方二维码，观看甘宗孝的采访视频。

这种模式在我们生活中比比皆是，例如，有些公园不收门票，但是进入公园之后，吃饭要钱，坐观光车要钱，某些观赏项目需要单独购票，这个就是前端低门槛先把客户拉进来，然后靠后端盈利。绝大部分大型商场地下停车场是不收费的，要知道在闹市区路边停车是比较贵的，如果车主离商场比较近，则会选择在商场地下车库停车，某些商场是直接免费，某些商场是凭购物小票可以免停车费，无论哪种方案都是降低车主停车的门槛，吸引他们到商场逛街，从而实现商场的盈利，这也是前端不赚钱，通过后端赚钱的例子。

在淘宝体系下，我们前端把顾客留住之后，不仅可以通过销售其他产品来实现盈利，也可以把自己当成淘宝客来盈利。淘宝客本身就是帮买家推荐商品从而赚取佣金的。如果客户量足够了，自己也可以当淘宝客。

幕思城经理班的兰花同学就是这样做淘宝的。她有三四个加满了的微信群，每个微信群5000人，全是宝妈，她每天就在朋友圈推荐各种宝妈喜欢的商品，每一次的推荐都是在后台获取的淘宝客链接。这样一来，如果有宝妈复制了兰花推荐的商品并且下单购买了，兰花的淘宝联盟APP的账户里就能收到佣金，佣金一般是商品价格的20%～30%，一个月赚几万元不是问题。

二、前端盈利型

如果能好好理解这本书的精髓，并且运用到实处，在选好卖且有利润的产品上面下大功夫，其实也比较容易在前端销售产品时就获得不错的利润。就像前面我们讲到的孕妇坚果、孕妇营养餐、小罐茶、roseonly玫瑰、大码女装、巧克力礼盒等都是利润较高的产品，这些产品在一开始就符合"好卖"这个基本原则，不仅利润高，而且特别受欢迎，所以利润高的同时也能保持很高的销量。

其实整本书介绍的都是前端产品如何直接实现盈利，在此基础上再通过后端盈利模式的设计，让已经购买的顾客再次回头或转介绍，来实现可持续盈利的问题。所以，如果我们能实现前端盈利,就没有必要抛弃前端的利润而故意去追求后端利润。假如某些行业实在没办法直接在前端实现盈利,才需要放弃前端利润,专门在后端去想办法。

当然,如果在前端实现了盈利,销量也还不错,在有时间和精力的前提下,可以开始逐渐考虑是否可以再次挖掘客户价值,在后端设计一些环节或者开发一些产品,然后让顾客再次消费,这样前后端都在盈利,这是最佳的盈利模式。

三、订阅盈利型

也有一些特殊的类目可以参考订阅盈利模式,如鲜花、零食、牛奶、狗粮等,这类产品的特点是购买频次高、易消耗。例如,鲜花,如果商家要等到每年的情人节、七夕节才去卖玫瑰,那么一年四季都很闲,只有七夕、情人节那几天比较忙,这样一来成本比较大,二来风险比较高。所以很多商家开始开发平时送鲜花的需求,如生日、送礼、母亲节等场景,也有的商家开始发现某些家庭或者个别消费者希望家里每个月都有新鲜的花,但是每个月购买又比较麻烦,于是推出了订阅机制,客户一次性可以缴纳一个月、一个季度或一年的费用,商家每个月按时给客户送几束鲜花。这种方式省去了消费者多次购买的烦恼,也让商家一次性把几个月甚至更久的鲜花都提前卖掉了。

本节学习心得

请将学习本节内容后的心得记录在下面,以备后期查阅。

本章课后作业

学习完本章内容之后，请登录幕思城官网的学员个人学习中心，单击"实操作业"完成本章的课后实操作业。

实操作业1：明确服务人群。

实操作业2：分析产品定位。

实操作业3：分析盈利模式。

在完成实操作业过程中遇到问题时，请及时联系专属成长顾问和学习顾问解决。

第三章

做好盈利产品管理

插画：春春

产品不好卖，往往不是产品的问题，而是我们本就不该去卖这个产品。

产品很好卖，往往不是我们会卖东西，而是我们刚好卖了顾客喜欢买的东西。

本章课前必读

> 核心内容

（一）卖家应该长期坚守的核心理念

1. "好卖"重于"卖好"

产品决定了店铺的盈利状况，也决定了店铺的生死。做盈利的淘宝、天猫店铺，关键是先要解决产品"好卖"问题，好卖的产品让店铺腾飞，不好卖的产品让店铺倒闭。只有不好卖的产品，才显示出"卖"的功夫和技术是多么重要！

2. 跟着店铺规划走

犹如大海航行靠灯塔，店铺规划确定的目标顾客和店铺定位就是产品投放的"灯塔"，决定了产品的投放方向。没有清晰的店铺规划，后期将迷失产品选择的方向，也将迷失引流的方向。

3. 投其所好

要让产品"好卖"的关键，不是自娱自乐、闭门造车地"打磨"产品，更不是感动自己地"提升"产品品质，而是根据目标顾客的需求"投其所好"！能投其所好的产品，顾客会想尽一切办法找到它！最理想、成功的产品，不是比竞争对手好，而是能自动带来流量和转化。

（二）卖家应该深刻理解的核心原理

做淘宝、天猫店铺，在产品维度上要慎之又慎，不是有什么就卖什么，更不是上架若干产品让顾客来碰运气，而是要精心规划、挑选、设计产品，最后为店铺准备"好卖"的东西。

1. 为目标顾客找产品——不要让顾客选，而要为顾客选好

很多淘宝、天猫卖家都是中小卖家，资金和实力有限，可以根据目标顾客的需求特点，为他们寻找喜欢且愿意付钱的产品。

2. 为目标顾客做产品——不为顾客找产品，而要为顾客做产品

对于有实力的淘宝、天猫卖家，可以根据目标顾客的需求，自己开发产品，并投放

市场。

3. 为目标顾客做完整产品——完整产品才有吸引力和竞争力

无论是找来的货源或者是自己开发的产品，卖家都要有完整产品意识，全方位打造出对目标顾客有吸引力、对竞争对手有抄袭门槛的产品。

4. 为竞争对手备产品——不为对手抄袭困扰，而让对手在抄袭的路上破产

淘宝、天猫卖家具备完整产品管理能力之后，可以通过产品策略不断让抄款的卖家把资金损失在库存中，最终净化市场。

▶ 学习要点

(1) 深刻理解先解决产品"好卖"问题对于打造盈利店铺的重要意义和关键作用。

(2) 深刻理解规划店铺盈利产品对于打造盈利店铺的深远意义，仔细梳理店铺盈利产品规划对后期店铺运营关键事项的关系和影响，学会借助工具规划盈利产品。

(3) 深刻理解选择好盈利产品对店铺的意义，仔细梳理选择好盈利产品对后期店铺运营关键事项的关系和影响，学会借助工具选择盈利产品。

(4) 深刻理解打造盈利产品对店铺未来发展的意义，仔细梳理完整产品对后期店铺运营关键事项的关系和影响，学会借助工具打造完整产品和优化视觉营销，学会打造基础数据的实操方法。

▶ 学习难点

(一) 理解"盈利产品需要规划"

很多卖家没有规划产品的意识，也不知道自己产品不好卖的根本原因是卖了不好卖的产品，而不是卖产品的方法不正确。规划盈利产品的目的就是，要从根本上解决产品不好卖的问题，确保未来的产品发展方向都在"好卖"领域。

(二) 理解"打造完整产品"

淘宝、天猫卖家习惯了有什么卖什么，拿到什么卖什么，不清楚产品还有一个完整的层次结构，更不清楚与竞争对手的商战实际上是在不同产品层级上展开的。不理解完整产品，不会打造完整产品，卖家就难以实现"好卖"这个关键任务。

（三）实施"打造完整产品"

为解决这个问题，本书提供了理论指导，课外也提供了专属成长顾问的一对一指导，还有专属学习顾问组织的专题训练营给予帮助。另外，还有专用软件盈利助手提供工具帮助。

＞ 学习平台

（一）专门网站

请在幕思城官网上学习经理班盈利产品管理相关课程和学员关于盈利产品管理的学习帖子。

（二）专用软件

请结合幕思城盈利助手和幕思城将军令实操。

（三）问题咨询

(1) 请联系自己的专属卖家成长顾问，解决学习盈利产品管理中的认识和实操问题。

(2) 请联系自己的专属卖家学习顾问，参加相关的专题训练营和综合训练营。卖家学习顾问是我们在幕思城的"内部客户代表"，他将站在我们的立场推进相关服务的提供，并确保我们得到的服务质量。

(3) 请联系自己的专属卖家发展顾问，明确自己当前的问题及未来的解决方向。

(4) 没有专属顾问的同学，请在幕思城网站上联系幕思城卖家发展顾问。

一句经典：捞鱼用网，打猎用枪！

猎人能不能满载而归，关键看他带的捕猎工具是否与这次要打的目标猎物相符，以及捕猎能力是否能驾驭捕猎工具。如果这次是出去捕鱼，那么带渔网是最好的选择；如果这次是出去打兔子，那么最好带上猎枪。要是工具和目标相反会怎么样呢？用渔网去捞兔子，估计比寓言中的守株待兔还难；用猎枪去捕鱼，应该比手里拿烧火棍好不了多少。

因此，有两种猎人能活下来。第一种是猎人家里有几种捕猎工具，出门带什么工具，关键是看最近这段时间什么猎物比较多、比较好捕获，那么他出门之前就只需先选定目标猎物，然后再选定捕猎工具，剩下的就是发挥自己的捕猎能力了。第二种是猎人的捕猎技能高度专业化，家里也只有一种捕猎工具，以不变应万变，有目标猎物就出门，没有目标猎物就在家休息。

做淘宝与此何等相似啊！做一个不恰当的类比，目标顾客就是我们想要获得的"目标猎物"，我们在店铺上架的产品就是想用来"捕获"目标顾客的"捕猎工具"。最后能不能用产品"捕获"尽可能多的目标顾客，还得看我们的"捕猎能力"，也就是推广运营店铺和管理团队等能力。相应地，这种卖家一定能成功：有清晰的目标顾客，并不断为这个特定的目标顾客群体推出好产品和新产品，同时还不断提升自己运营这个目标顾客群体并盈利的能力。

做淘宝、天猫店铺，店铺规划决定方向，产品决定战力，运营能力决定胜负！店铺规划宏伟，如果产品战力柔弱，纵使我们有三头六臂，盈利也是幻想。如果店铺规划虚幻，无目标顾客或者目标顾客不清晰，那么就毫无产品战力可言，再好的产品也会砸在手里，犹如当空挥舞渔网捕兔子，徒劳而已。

第一节　规划好盈利产品

一句经典：临阵磨枪，一定输光！

俗话说"临阵磨枪，不快也光"，意思是事到临头了，突击恶补一下总是好的，总比不突击要好。这句话激励了很多临时抱佛脚的人，同时也使很多平时懒惰的人卸下了心理负担。

淘宝、天猫卖家如果在产品这个事关店铺胜负的事项上也持有这种观念，对产品没有清晰的总体考虑和分步实施计划，那么结果百分之百是"临阵磨枪，一定输光"。在店铺上下架产品这个至关重要的事情上，很多卖家是非常具有"浪漫主义色彩"，很是随意，仿佛上下架产品耗费的是别人的金钱和时间一样，经常是有什么可以卖的产品就上架什么产品，觉得哪个不好卖的就下架，看别人的产品好卖就抄来上架……

这种临阵"磨枪"的行为，与猎人出门顺手抄个东西就出门打猎一样荒唐。如果我们顺手抄了一根烧火棍进入了森林，正好碰上了一只老虎，纵使我们有一身灭虎本领，能活着走出森林的概率有多大？

商场如战场，没有竞争对手会原谅我们的愚蠢，要想在激烈的竞争中"笑"到最后，淘宝、天猫卖家一定要慎之又慎考虑清楚用什么产品体系和产品组合来满足目标顾客，形成可执行的产品规划，并用这个产品规划来指导店铺发展和协调各种资源。

一、规划好产品体系

> **一句经典**：能被抄倒闭的店铺就没有前途！

淘宝、天猫卖家都很怕自己的爆款被抄袭，甚至有的店铺被别人抄袭爆款之后倒闭了。在现在这个信息高度发达、透明的市场里，产品公开摆在那里，不被别人抄袭本身就是一个假命题，产品被抄袭了反而是一种荣幸，说明我们的产品本身好或者产品卖得好。我们真正需要做的不是把重心放在不让别人抄袭，而是要让别人抄不了。有两种方法：一是产品的更新节奏快，别人还没有抄袭出来就已经落后了，结果是每抄袭一次就是一次赔钱的教训，每增加一个抄袭者，就是减少一个竞争对手。二是产品要有特点，又有品牌保护，别人没法抄袭，抄袭一次被处理一次，大家只能眼睁睁看着我们赚钱。

要做到完全不怕抄袭，就需要卖家在大脑里有完全领先于竞争对手的产品体系，而现在正在上市的产品只是整个产品体系中的一个小点，别人永远不知道我们未来到底要做哪些产品。当一个产品即将要做烂的时候，我们已经在准备上新产品了。新产品的上市，表明将淘汰一批跟风竞争对手。当别人抄袭了我们的爆款时，除了直接降价之外，还可以原价升级一个产品新版本，把抄袭者的上一代产品封杀在仓库里。这样的策略会导致市场上每抄一次产品就清理一批竞争对手。经过一段时间之后，这个市场就没有抄袭者了！

因此，能被抄倒闭的店铺，就不是有前途的店铺！

（一）产品体系规划是盈利的关键

虽然我们不是建筑方面的行家，但是也知道修高楼大厦的大致流程。首先，要搞清楚修建这个高楼大厦的目的是什么，也就是修来干什么用。其次，有多大能力办多大事，我们要确定自己能出多少钱，预算是多少。最后，决定修多高、多宽，每层楼的用途是什么等。这一系列的基本问题都提前考虑好了，才能请设计师设计图纸，形成初步方案。初步方案经过反复讨论修改，直至最终形成设计图后，才会开始进入施工环节。

假如一家房地产公司没有预算和设计图纸，也没有初步方案，只有一个模糊的想法，就直接委托施工单位开工建设，会是一种怎样的景象呢？也许刚开始只建了5米深的地基，修到五层楼高的时候发现地基不够，又把楼拆掉重新挖到10米，反反复复，把一个本来2年可以修好的房子修了10年可能也修不好。

这个道理大家都懂，但是做淘宝的时候，还是有很多卖家经常犯这样的错误。他们从来不规划，找到什么产品就卖什么产品，最后发现要么上架的产品都不好卖，要么产品很快卖完了货跟不上。

宝洁公司是美国著名的日用品公司，它为了解决顾客洗头的问题，开发了一系列的洗发产品——洗发膏和洗发水，其中洗发水是消费者使用最频繁的。宝洁采取多品牌战略，开发出了顺滑的"飘柔"、去屑的"海飞丝"及营养的"潘婷"等洗发水品牌。同样的，宝洁在清洁剂、肥皂、牙膏、护肤、剃须等领域都有丰富的产品线。宝洁公司成功的经验被国内很多营销书籍、大学课堂、企业培训现场奉为经典案例，尤其是宝洁公司在产品方面的规划布局和营销能力。

要想企业能够可持续发展，就必须规划长远。团爸也是一位善于规划的卖家，在2011年，他针对产后的妈妈人群，分析她们在生产之后的各种各样的需求，如坐月子期间可能会遇到奶水不足、需要补充营养及产后身材恢复等，团爸根据这些需求规划出了针对月子奶水不足、需要补充营养的营养餐系列产品，也规划好了针对产妇皮肤护理方面的护肤系列品，以及针对产妇身材恢复的代餐类产品等。团爸综合了自身及行业竞争的情况，发现最好切入的是营养餐系列，这既是自己擅长的方向又是竞争较小的行业，而洗护和护肤等相关的关联类目则等到营养餐类目做好了再考虑。

产品体系规划的目的就像修房子需要先做顶层设计一样，先把方案和图纸做好，再按图纸施工。我们前面讲到什么是目标市场，某个细分人群的需求就是我们的目标市场，我们所做的所有努力都是为了满足这个人群的某个需求。所以从顾客的需求出发，我们首先应该规划哪些产品能满足顾客的这个需求，然后细分到有哪些产品种类，再细分到有哪些产品类型和具体的产品规格。

这就好比一个男的要找女朋友，他的第一大标准是找个女的，接着再把这个大标准具体到要找个国内的、单身的女人。但是到这里还不够具体，一层层细化下来，发现他找女朋友的具体标准是：和自己在同一个省、年龄和自己相差不超过3岁、单身、念过大学、家庭条件和自身相当、兴趣爱好相似、性格温柔、长相不要太丑即可。如果这个男的已经想好了找女朋友的标准了，那么他可能暂时就不会考虑去外省找女朋友，也不会找年龄和自己相差太大的，更不会找家庭条件和自己悬殊太大的。

（二）产品体系规划的内容与步骤

去规划产品体系不是我们将来一定会做这么多产品，而是根据自身及行业的竞争情况从中优选产品来做，接着再根据自身企业发展的规模和实力有计划、有步骤地逐渐上新产品。这个规划好了的产品体系会确保我们产品的开发和上市不会偏离轨道，杜绝资源的盲目投放。产品体系规划的重点是规划好产品层级，具体包括产品家族、产品种类、产品线、产品类型和产品规格等内容，如表3-1所示。

表3-1　产品层级规划

顾客需求	产品层级规划				
顾客需求1	产品家族	产品种类	产品线	产品类型	产品规格
顾客需求2	产品家族	产品种类	产品线	产品类型	产品规格

产品体系规划的步骤如下。

1. 规划顾客需求

规划产品层级的第一步也是最重要的一步，是要明确我们具体要去满足的顾客需求是什么，它将决定后面的整个产品投放走向和资源投放走向。在店铺规划中，我们实际上已经明确了要为哪一个目标顾客群的什么需求类别服务，在产品规划里我们需要进一步明确可以为哪一个具体的需求点设计并投放产品。

例如，如果我们规划将"儿童安全"作为目标市场，那么可以进一步分析出妈妈最关心的儿童安全需求有很多，具体包括预防丢失、预防烧烫伤、预防触电、预防高空坠落、预防摔伤……深入分析，会分离出若干的顾客需求。考虑到自己的能力和淘宝市场上的真实购买意愿，假定我们只将预防丢失和预防摔伤作为拟满足的顾客需求，可以得到表3-2。

表3-2　儿童安全产品层级规划

顾客需求	产品层级规划				
预防丢失	产品家族	产品种类	产品线	产品类型	产品规格
预防摔伤	产品家族	产品种类	产品线	产品类型	产品规格

2. 规划产品家族

规划产品层级的第二步，是确定满足顾客特定需求的产品家族，也就是为了更好地满足特定需求，我们将规划投放在相互具有巨大差别的大类产品上。

以预防儿童丢失为例，我们需要开始思考预防儿童丢失的产品。通过问题导向的思考可以发现，预防儿童丢失有事发现场和事后追踪两个关键点可以开发产品解决。第一类是解决事发现场控制的及时提醒类产品,构成一个产品家族,实现儿童短距离离开监护人即可提醒当事人。第二类是解决事后追踪的信息类产品,构成另一个产品家族,实现儿童走丢后向当事人提供儿童的实时定位和轨迹信息,帮助当事人和警察追踪并找回儿童。

我们将上面的分析做成表格后,如表3-3所示。

表3-3　儿童安全产品层级规划

顾客需求	产品层级规划				
预防丢失	及时提醒产品家族	产品种类	产品线	产品类型	产品规格
	实时追踪产品家族	产品种类	产品线	产品类型	产品规格

3. 规划产品种类

规划产品层级的第三步,是确定我们满足顾客特定需求的每一个产品家族内部可以投放的产品种类。每一个产品家族中,实际上还有很多种类的产品是可以用不同的方式来解决顾客特定需求的。

以实时追踪产品家族为例,我们还需要思考和研究能实时追踪功能的产品类别。为了能够实时追踪丢失的儿童,有三种基本方案可以实现。一是儿童身上有能够实现实时定位和传输定位信息的器材,实现通过信息技术来自动实时追踪儿童的位置。二是儿童身上有关键记号,能够记录家人的关键联系信息,有助于社会爱心人士实时报告儿童的位置,实现实时追踪。三是儿童随身带着可以及时联系家人的通信工具,能够实现实时追踪。

我们将上面的分析放入表格,就形成了表3-4。

表3-4　儿童安全产品层级规划

顾客需求	产品层级规划				
预防丢失	实时追踪产品家族	定位产品	产品线	产品类型	产品规格
		记号产品			
		通信产品	产品线	产品类型	产品规格

4. 规划产品线

规划产品层级的第四步,是确定满足顾客特定需求的每一个产品种类内部可以投放的产品种类。每一个产品种类中,还有很多的产品可以解决顾客特定需求。

以记号产品为例,我们还需要思考和研究在儿童身上留下关键记号信息的产品线。为了在儿童身上留下关键的家人信息,有两种基本方案可以实现。一是在儿童皮肤上留下关键的家人信息,以帮助社会爱心人士发现走丢的儿童之后,及时向儿童家人报告位置,实现实时追踪。二是在儿童衣物上留下关键的家人信息,以帮助社会爱心人士发现走丢的儿童之后,及时向儿童家人报告位置,实现实时追踪。

我们将上面的分析放入表格,就形成了表3-5。

表3-5 儿童安全产品层级规划

顾客需求	产品层级规划				
预防丢失	实时追踪产品家族	记号产品	皮肤记号产品线	产品类型	产品规格
			衣物记号产品线	产品类型	产品规格

5. 规划产品类型

规划产品层级的第五步,是确定满足顾客特定需求的每一个产品线内部可以投放的产品种类。每一个产品线中,还有很多的产品可以解决顾客特定需求。

以衣物记号产品线为例,我们还需要思考和研究在儿童衣物上留下关键记号信息的产品线。为了在儿童衣物上留下关键的家人信息,有三种基本方案可以实现。一是在儿童衣物上印上关键的家人信息,以帮助社会爱心人士发现走丢的儿童之后,及时向儿童家人报告位置,实现实时追踪。二是在儿童衣物上绣刻关键的家人信息,以帮助社会爱心人士发现走丢的儿童之后,及时向儿童家人报告位置,实现实时追踪。三是在儿童身上佩戴有家人信息的饰物,以帮助社会爱心人士发现走丢的儿童之后,及时向儿童家人报告位置,实现实时追踪。

我们将上面的分析放入表格,就形成了表3-6。

表3-6 儿童安全产品层级规划

顾客需求	产品层级规划				
预防丢失	实时追踪产品家族	记号产品	衣物记号产品线	印记产品	产品规格
				绣刻产品	产品规格
				佩戴产品	产品规格

6. 规划产品规格

规划产品层级的第六步，是确定满足顾客特定需求的每一个产品类型内部可以投放的产品规格。每一个产品类别中，还有很多的产品规格可以解决顾客特定需求。

以衣物印刻记号产品线为例，我们还需要思考和研究在儿童衣物上留下关键印刻记号信息的产品规格。为了在儿童衣物上印刻关键的家人信息，还有一些非常细节的问题需要考虑，如印刻的大小、形状、颜色、保留期等。

我们将上面的分析放入表格，就形成了表3-7。

表3-7 儿童安全产品层级规划

顾客需求	产品层级规划				
预防丢失	实时追踪产品家族	记号产品	衣物记号产品线	印记产品	大小规格
					形状规格
					颜色规格
					保留期规格

二、规划好产品组合

房地产公司按照图纸施工，把房子修好了以后，购房的人慢慢就可以住进去了，这个时候业主就要考虑房子的装修风格、每个房间的用途、家具的摆设等具体问题。如果把产品体系规划比喻为修房子，那么产品组合的规划就像交房以后对自己购买的住宅的装修设计、房间用途考虑和家具摆设等具体问题。

一个淘宝店一般不会只上传一个商品，也很少有人上传几万个商品，店铺产品线过短不利于市场竞争，但产品线过长、过宽也会出现问题。因此，一个合理适度的产品线长度、宽度及深度的规划，需在尽可能地提高市场竞争力的前提下实现成本投入和利润产出最优化。

产品组合需要规划产品线的宽度、长度和深度。宝洁公司的产品线的宽度就是产品囊括洗发水、牙膏及各种个人清洁卫生的产品；产品线的长度，如洗发水包括飘柔、海飞丝、沙宣、潘婷等；产品线的深度，如飘柔包括滋养、焗油、去屑、修复等。

李润是做男装的，产品以T恤、衬衣、休闲外套为主，在考虑产品线的宽度的时候，她重点考虑长袖和短袖的正装衬衣，产品线的长度很丰富，有标准领、暗扣领、敞角领、纽扣领、长尖领等，但是考虑到前期资金有限，所以李润决定暂时只上标准领和长尖领，后期根据客户需求再上其他领型的衬衣。在产品线深度方面，虽然行业里各种颜色和尺码的衬衣非常多，但是李润综合考虑自身的资金承受能力、库存数量等问题，前期决定只上白色、蓝色和灰色的衬衣，尺码也尽量控制在常规尺码的范围内，其他尺码在客户需求量增多的情况下适时以上新款的方式发布。最终经过市场验证，李润发现白色常规尺码的长袖尖领正装衬衣最受欢迎，所以衬衣重点关注的是长袖和尖领及白色常规尺码的产品的组合，如图3-1所示。

产品线宽度	 产品线1 长袖正装衬衣	 产品线2 短袖正装衬衣
产品线宽度	标准领 暗扣领 敞角领 纽扣领 长尖领	标准领 暗扣领 敞角领 纽扣领 长尖领
产品线宽度	白、蓝、灰 尺码	白、蓝、灰 尺码

图 3-1

产品线规划出来之后，可以结合淘宝里市场销售的情况、竞争对手的优劣势，看一下哪种类型的产品最热销，哪种产品竞争没那么激烈，综合判断到底先做哪一种，其他的产品再根据后期发展的情况及客户需求的变化选择性地上产品。有了这样的规划以后，在选款和测款时，目的也更加明确，在规划的范围内选款也不会走偏了。

可以想象得到，一个有规划的运营或掌柜，在一个产品的生命周期结束之前，会立刻知道下一个产品该上什么类型、什么时间上，真正对产品做到胸有成竹。因此，真正的电商运营高手都是策划高手。

> **本节学习心得**

请将学习本节内容后的心得记录在下面,以备后期查阅。

第二节　选择好盈利产品

一句经典：能被抄死的店铺就没有前途!

对于很多卖家来说,非常害怕的一件事情就是自己好不容易能卖好的产品被人抄袭。如果抄袭方还把价格压得很低,那么很可能就判了"原件"的"死刑"。

常在河边走,哪有不湿鞋!出来开店,哪有不被抄!如果害怕被抄款,说明我们不够强大。如果我们有一个盈利的备选产品系列,当有产品被抄之后,立即低价出清该产品,把市场价格拉到成本线,反而能把对手的资金封死在仓库里,抄款反而能变成"清理门户"!

一、多渠道寻找备选产品

明确自己要做的行业、店铺的定位,以及规划好产品体系和产品组合之后,就要开始带着"施工图纸"找材料,请工人来动工了。我们首先要做的第一步是选产品,其实要选什么类型的产品我们已了然于胸,所以我们就来看一看到底有哪些方式去选择产品。

(一)确定备选产品的来源

我们要明确的是,现在是一个产能过剩的时代,有大量产品卖不出去,中国已经不是几十年前物资短缺的中国了,所以我们根本不用担心找不到产品。一般来说,对于做电商的人,常见的选产品的途径有从本店选、从批发市场选和从淘宝搜索里选。

1. 从本店找备选产品

从本店找备选产品指的是本身店铺已经有几十或上百个产品时,可不用去市场上选,先从现有产品中挑选优质产品,如果现有的已经上架的产品中有不错的产品,我们马上就可以开始下一步的操作。反之,如果店铺的现有的产品品质不行,则需要到市场中去选。

2. 从批发市场找备选产品

从批发市场找备选产品和从淘宝搜索里选,本质区别是在线下找产品和在线上找产品。与在线上找产品不同,线下的货源一般集中在工厂密集地及批发市场。一般直接从批发市场找产品是最为方便的,因为批发市场的产品是成品,可以直接拿来销售。在全国很多城市都有批发市场,如成都的国际商贸城、杭州的四季青、广州的十三行、虎门的黄河时装城等。

我考察过全国各地的优势产业,发现很多电商较为发达城市的批发市场都有专门的网批市场,也就是专门批发给电商卖家的。而我在逛这些批发市场的时候,发现它们一般一整层楼都是一种类型的产品,如二楼是童装、三楼是女装等,而且很多档口都有提示提供数据包,数据包里包含已经制作好的主图、详情页和标题等,卖家拿到之后直接用淘宝助理一键上传到自己店铺后台的仓库中即可。

在条件允许的情况下,如果我们可以从批发市场选产品,应该尽可能多地拿到想做的产品的数据包,例如想做童装,应把附近批发市场的档口的数据包尽可能拿到手,便于后期从中筛选潜力爆款,数据足够多就能让我们筛选出更多的潜力爆款。

3. 从淘宝搜索里找备选产品

从淘宝搜索里找备选产品,本质其实就是在线上选热销款,选别人已经卖得很好的产品,从中找出利润高又好卖的款,再反过来去找货源,然后上架到自己的店铺去销售(见图3-2)。

如果我们自己设计一个产品或者去找一个没有任何同款的产品去卖,对于实力还不够强大的中小卖家来讲,风险太高,因为没有人卖这个产品,不知道到底好不好卖,所以我们一开始就选别人已经卖成爆款的产品,至少别人已经帮我们验证过这个产品能够卖并且好卖。当然，我们不管怎么选，都是带着标准去选，而不是看到别人产品销量高就选做自己要卖的款。

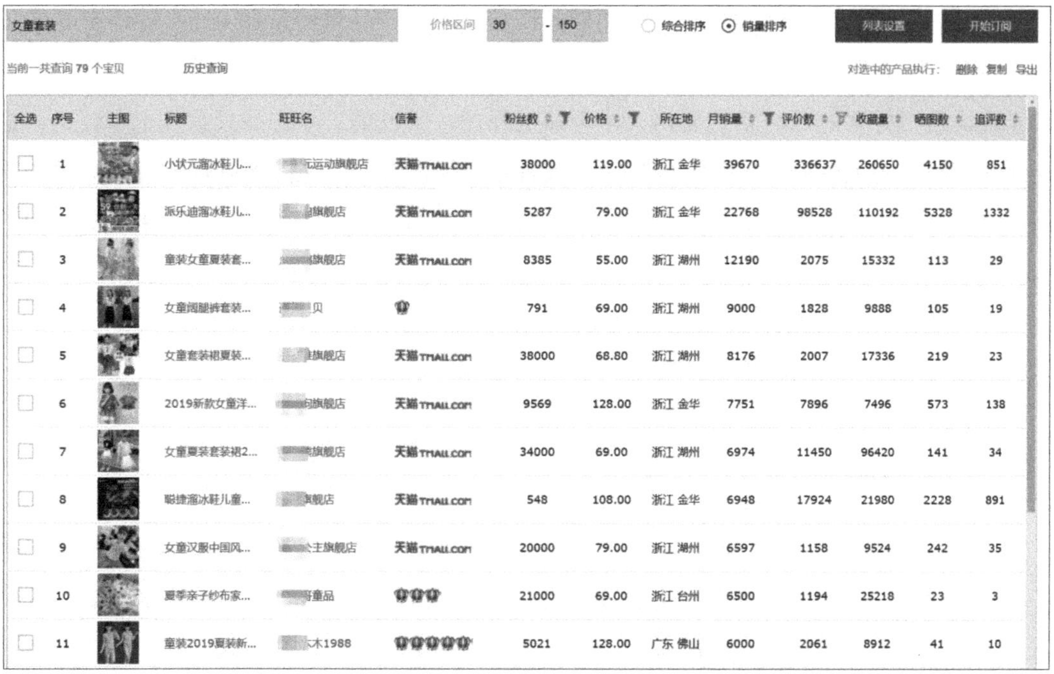

女童套装　价格区间 30 - 150　综合排序　销量排序　列表设置　开始订阅

当前一共查询 79 个宝贝　历史查询　对选中的产品执行：删除 复制 导出

全选	序号	主图	标题	旺旺名	信誉	粉丝数	价格	所在地	月销量	评价数	收藏量	晒图数	追评数
	1		小状元溜冰鞋儿…	元运动旗舰店	天猫 TMALL.COM	38000	119.00	浙江 金华	39670	336637	260650	4150	851
	2		派乐迪溜冰鞋儿…	旗舰店	天猫 TMALL.COM	5287	79.00	浙江 金华	22768	98528	110192	5328	1332
	3		童装女童夏装套…	旗舰店	天猫 TMALL.COM	8385	55.00	浙江 湖州	12190	2075	15332	113	29
	4		女童阔腿裤套装…	贝		791	69.00	浙江 湖州	9000	1828	9888	105	19
	5		女童套装裙夏装…	旗舰店	天猫 TMALL.COM	38000	68.80	浙江 湖州	8176	2007	17336	219	23
	6		2019新款女童洋…	旗舰店	天猫 TMALL.COM	9569	128.00	浙江 金华	7751	7896	7496	573	138
	7		女童夏装套装裙2…	旗舰店	天猫 TMALL.COM	34000	69.00	浙江 湖州	6974	11450	96420	141	34
	8		聪捷溜冰鞋儿童…	旗舰店	天猫 TMALL.COM	548	108.00	浙江 金华	6948	17924	21980	2228	891
	9		女童汉服中国风…	公主旗舰店	天猫 TMALL.COM	20000	79.00	浙江 湖州	6597	1158	9524	242	35
	10		夏季亲子纱布家…	哥童品		21000	69.00	浙江 台州	6500	1194	25218	23	3
	11		童装2019夏装新…	木1988		5021	128.00	广东 佛山	6000	2061	8912	41	10

图 3-2

（二）确定备选产品的入围标准

1. 核心决策标准

综合来看，我们寻找备选产品需要重点考虑以下三个关键指标。

1) 利润足够高

我们做淘宝肯定是希望能够持续赚大钱，所以利润是首先要考虑的。利润方面可以通过价格来筛选和判断。例如，同样是女童套装，一二十元的价位和六七十元的价位，肯定后者利润高的可能性更大。

2) 竞争足够小

由于竞争太大也会影响盈利，所以在产品的选择方面也要充分考虑规避竞争。而竞争方面可以排除掉同款多的产品，也可以排除粉丝数量多、信誉高的店铺的产品。

3) 产品足够好卖

我们都知道，产品只有卖掉才能赚钱。因此，产品有利润并且竞争小，但是不好卖也不行。所以，我们一定要考虑产品能够现在就好卖而且长期也能够好卖。产品要好卖，可以保留近期销量高、付费流量占比不高的产品。

2. 辅助决策条件

在上述三个条件都尽可能多地满足的情况下，我们可以重点看一个产品的月销量和评语数量的占比关系。例如，有两个类似的产品，一个产品月销量10 000，评语有4000多个；一个产品月销量5000，评语只有几十个，那么毫无疑问，第二个产品更有潜力。因为买家确认收货好评之后，系统要15天才会默认好评，所以第二个产品只有几十个评语，是这5000销量里绝大部分买家还没确认收货或者系统还没到15天默认好评的时间。这说明后面这个产品很有可能是最近一个月之内才爆发起来的，这种刚爆发起来还未被其他对手跟款、抄款的产品竞争最小。

二、从备选产品中优选产品

（一）优选产品的好处

经过了第一步的海量选产品后，我们可能已经有几十上百甚至上千个备选产品了。毫无疑问，对于大部分卖家来说，根本没有那么多时间、精力去维护上百个产品，就像小公司养不活上百人的团队是一样的道理。所以这个时候我们就要精挑细选，尽可能留下自己最有把握能够运营出高利润又好卖的优质产品。

从备选产品中筛选更好产品的目的，就是尽可能地淘汰不太可能盈利的产品，从而留下最有可能让我们尽快盈利的产品。所以从这个角度出发，那些看起来利润并不高的产品肯定要淘汰，不应季的产品暂时也不要做。

（二）优选产品的方法

1. 根据关键指标进行产品分类

综合来看，利润率和销量增速是我们要同时考虑的两个重要因素。利润率的重要性很容易理解，因为这个指标反映了我们每卖出一个产品能够得到的利润情况。销量增速指的就是销量的增长速度，代表了我们新卖出一个产品的可能性，增速越高，表明新卖出一个产品越容易，反之越难。

利润率和销量增速都可以分为高和低两种情况，根据备选产品在利润率和销售增速方面的情况，可以把备选产品分为四类，如图3-3所示。

1）明星产品

备选产品中利润率高且销量增速也高的产品，是未来最好的产品，是产品中的未来希望，我们称这种产品为"明星产品"。

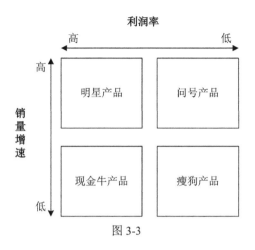

图 3-3

2) 现金牛产品

备选产品中利润率高但是销量增速低的产品，是现在很好但是未来没有发展前途的产品。这些产品的销量已经不怎么增长了，但是利润率依然较高，就像是默默无闻的奶牛，只能为大家贡献牛奶，没有其他用处了，我们称这种产品为"现金牛产品"。

3) 问号产品

备选产品中利润率低但是销量增速高的产品，是有诱惑的产品。高的销售增速表明这个产品未来的发展空间很大，但是现在利润不太高，导致我们对是否选择发展该产品难以下定决心。不过，只要我们解决了利润率问题，就是好产品，反之就是坏产品，因此我们称这类产品为"问号产品"。

4) 瘦狗产品

备选产品中利润率低并且销量增速也低的产品，是完全无利可图的产品，就像一条骨瘦如柴的狗一样，因此我们称这类产品为"瘦狗产品"。

2. 产品的分类处理

1) 尽快榨取现金牛产品价值

现金牛产品最大的好处是马上就能获得高利润，最大的问题是未来没有太大的希望，因此我们不要在此类产品上新增大的投入，而是要加快从这个产品上回收资金。现金牛产品就像是我们养的一头奶牛，吃的是草，挤出来的是奶。但是把挤出来的奶再喂给这头牛就没有意义了。由于现金牛产品未来已经没有太大成长性，因此回收的资金不要再过多投入回去，投入的资金只要能维持现金牛产品的正常运转就行了，就像每天只需要给奶牛喂好草不要饿着就行了。

2) 优先发展明星产品

由于明星产品利润率高且销量增速高，那么在此类产品上新增的投入会得到远远超过投入的产出。因此，明星产品就像是在快速成长中的青年奶牛一样，虽然现在挤不出太多奶，但是只要我们草料充足，营养品丰富，未来百分之百是奶源充足的优质奶牛。因此，我们可以将明星产品列为优先发展的产品，将从现金牛产品上回收的资金，大部分投放到明星产品上去，加快明星产品的成长。经过一段时间的培育，明星产品就将成为利润稳定的现金牛产品。

3) 谨慎培育问号产品

问号产品的市场销售增长虽然比较快，但是由于销量还不大，利润率也比较低，因此现在还看不清其未来的发展，也无法做出取舍。如果能解决利润率问题，问号产品可能发展为明星产品；如果不能解决利润率问题，问号产品也可能沦为瘦狗产品。

对于问号产品的决策比较难。我们一般可以从现金牛产品中分配一部分资金，来培育一段时间问号产品。经过市场的检验，其中好的问号产品就会发展为明星产品，值得我们继续加大投入，而不好的问号产品就会沦为瘦狗产品，我们要果断放弃。

4) 果断放弃瘦狗产品

瘦狗产品是最没有争议的产品，当我们发现这类产品时，只需要果断放弃就行了。

3. 搭建可持续发展的产品结构

1) 设置现金牛产品占比

一个好的店铺，必须拥有足够多数量的现金牛产品，这是支持店铺长期发展的现金流基础。缺乏现金牛产品的现金支持，无论我们的未来规划有多么宏大，多么激动人心，都可能因为活不过今天而面临倒闭。

因此，我们需要根据自己的类目和店铺现状，为店铺产品结构中设置一个合适的现金牛产品比例，确保自己的现状比较优秀。一般可以为店铺设置1/3的现金牛产品。

2) 设置明星产品占比

因为今天的明星产品就是明天的现金牛产品，因此一个好的店铺，还必须与现金牛产品同步拥有一批明星产品，这是店铺明天还能够拥有稳定现金流的保证。只有现金牛产品而没有明星产品，或者明星产品太少，当现金牛产品老化或者倒下的时候，将会导致我们未来没有发展后劲甚至店铺倒闭。因此，缺乏明星产品的支持，无论我们现在活得多么激动人心，店铺都可能活不过明天。

因此，我们也需要根据自己的类目和店铺现状，为店铺产品结构中设置一个合适的明星产品比例，确保自己的未来前景比较优秀。一般可以为店铺设置1/3的明星产品。

3) 设置问号产品占比

问号产品中会产生明星产品，因此一个好的店铺，无论如何都必须与现金牛产品和明星产品同步布局问号产品，这是店铺后天还能够拥有稳定现金流的保证。我们养着问号产品的目的不是希望每一个问号产品都能够成长为明星产品,而是希望其中能够持续产生明星产品。也可以说,我们是在用问号产品赌明天!

因此,我们也需要根据自己的类目和店铺现状,为店铺产品结构中设置一个合适的问号产品比例,确保自己的将来一直比较优秀。一般可以为店铺设置1/3的问号产品。

4) 将瘦狗产品占比清零

瘦狗产品是店铺利润的敌人,要一个不留!瘦狗产品一般都是从现金牛产品转化过来的,因此,要时刻监控现金牛产品的发展变化,一旦发现利润大幅下滑,就要果断降价清理库存,绝不要心存幻想,以为等一等可能就会出现奇迹。

(三) 典型案例

1. 勤奋开店的小兰

小兰是我们第30期的学员。我在2015年去广东出差的时候,她和另外一位做女装的同学一起来机场接我。我们在吃饭的过程中,聊到她们各自的淘宝店经营的情况。

小兰说,她是和她姐姐一起合伙开的淘宝店,主要做的是女装,在批发市场拿的货。她们定价的模式简单粗暴,不管是外套还是衬衫,直接在成本价的基础上加价2~8元就是她们产品的卖价。上架之后,不用开直通车也不做其他任何付费推广,销量一下就上来了。但是,当我用手机淘宝打开她的店铺时,看到的是一个四皇冠的店铺三项动态评分已经全部飘绿了,就4.4分的样子。

小兰补充道:"这个是我们今年换的第三个淘宝店了,前面有一个三皇冠和一个两皇冠的店铺,动态分飘绿后就卖不动了,我们就换新店做了,你现在看到的这个四皇冠店铺,我们可能也做不了多久就又要换新店了。"

我有些诧异,但是细想之后,也明白了为什么她们要频繁地换店铺来做。因为这种低价低利润的生意,招来的都是一些对价格比较敏感的消费者。这些消费者大都要求比较苛刻,再加上这点利润率也无法让小兰她们提供多好的服务和产品,所以很容易招惹中差评或打低分的买家。如果好评率和动态评分低到一定的程度,淘宝就不会再给免费流量了,这个店铺基本上就"死"掉了。

小兰的产品属于增速很大,但是利润率极低的产品,如果按图3-5所示的矩阵图来分析,则其满店都是问号产品甚至是瘦狗产品。问号产品如果能够提高利润率并且保持销量增速较高,则有可能成为明星产品。反之,如果利润率提高不起来,每天的销量反而越来越低了,则会成为瘦狗产品。瘦狗产品一般是做不长久的,甚至会消耗掉店铺的利润。

小兰的店铺之所以做不长久,就是因为一直以来利润率都很低,刚上架产品时销量增速尚可,但是随着中差评增多,动态评分飘绿,销量也就逐渐降低,最后当所有产品都沦为瘦狗产品时，店铺就倒闭了。

2. 案例的小启示

做淘宝若要盈利，一定要始终保持店铺里的产品处于盈利状态。基于这个原则，我们就需要让店铺里尽可能多地保持更多的明星产品，而现金牛产品还没有变成瘦狗产品之前也可以继续保留，但是不用花太多功夫在上面。问号产品则需要优化利润空间，想办法提高利润率使其成为明星产品，如果利润率提高不起来销量增速又比较低，则会沦为瘦狗产品，店铺里的瘦狗产品需要下架或删除。

三、为优质产品解决货源

我们从选产品到筛选产品的过程中，就已经淘汰了一批不好的产品，只留下了未来可以发展的优质产品。这个时候我们再去找产品，又将淘汰一部分找不到货源的产品。例如，我们选产品时选出了200个款，在第二步筛选的时候只留下了50款，现在我们拿着这50款的图片去找货源，发现只有20款能够找到货源，它们才是真正能够赚到钱的产品。这就是为什么要在选产品阶段多选一些产品的原因，不然到最后剩下的款就不多了。

（一）基本原则与要求

1. 基本原则

毫无疑问，对于资金实力并不雄厚的中小卖家而言，前期以最低的成本启动事业是最好的，囤货和自建工厂都是成本极高、风险极大的事情。因此，中小卖家刚起步时在货源方面需要遵循两个基本原则：①不囤货；②不垫钱。

2. 基本要求

无论是在线上还是线下找货源，都要坚持以下四个基本要求。

(1) 根据前面筛选出来的产品找货源，而不是逛到什么卖什么，看着什么合适卖什么。

(2) 货源质量要好。质量差的肯定不要，因为无论利润多高，都是做不长久的，牺牲了消费者的利益来换取自己的盈利也是为人所不齿的。

(3) 利润率要相对较高。货源的成本太高，可能导致我们不能盈利，所以在综合对比的情况下选择拿货价相对较为便宜的供应商较好。

(4) 库存。如果一个产品拿货价便宜，质量也很好，但是库存量不多，可能卖几十件就没货了，这就不适合在淘宝上销售了。爆款还没打造出来就无法卖了，这是一件让人很痛苦的事情。

3. 典型案例

秋子同学听了我讲的一次公开课之后加了我的微信，让我帮他分析一下店铺情况。于是我让他给我开了一个子账号，并且把店铺的基本情况给我说一下。

他说他们这个一钻的童装店开店四个月已经亏了31万元了。我听完后不敢相信，心想一个一钻的小店四个月怎么能亏这么多钱！详细了解原因之后我大概摸清了他们做淘宝的做法。

秋子是这个淘宝店的运营工作人员，每个月的工资一万元左右。这个店铺是一个年纪较大的老板投资的，他之前炒房赚了钱，但是这两年不好炒房了，就来做电商。由于这个老板不懂互联网更不懂电商，所以找到了刚刚从电子商务专业毕业的秋子来运营这个店铺。

这个老板打算投入200万元来做网店卖童装。他们租了写字楼、停车位，买了打印机、办公桌等办公设备，还在一开始就招了5个全职员工。对于产品，全部童装都是自己花钱找设计师设计，然后找工厂打版再生产。紧接着，把店铺里面的63个童装款式找摄影机构拍照、修图，设计详情页。

这些都做好之后，终于可以开始正常营业了。但是全公司没有一个人懂运营的，他们自己捣鼓了半天，发现根本没有人买，客服也没事儿做，盲目开直通车后花9 000元广告费却只成交900元。后来，他们又花了几万元去网上找了一家代运营公司，运营了两个月，还是没有一点儿效果。这个时候他们回过头来算了一下账，已经花了31万元，而店铺却一点儿起色都没有。

(二) 找产品的途径

卖家找货源有很多种途径，如在网上找一件代发的货源、线下批发市场拿货、阿里巴巴上进货或线下进货、囤货在家、找工厂贴牌生产、自建工厂招工人生产等。下面介绍两种主要货源途径。

1. 线上代销货源

线上代销货源最丰富的当属阿里巴巴网站，其次是一些与产业带专门配套的货源网站。在阿里巴巴网站上可以找到各种类目的货源，有工厂一手货源，也有品牌授权的货源，绝大部分阿里巴巴的供应商都能提供一件代发的服务，并且不用缴纳任何代理费。

阿里巴巴为了扶持广大中小卖家还推出了很多非常贴心的功能，如可以帮助卖家找到一手货源和品牌货源的实力商家服务，还有自动分账功能可以让卖家代销货源不用垫付一分钱货款，买家在店铺买了东西确认收货之后，阿里巴巴自动把商品的进货价转给供应商。

2. 线下找货源

线下找货源也比较方便，有很多沿海及较为发达的城市一般都有专门的批发市场。在电商比较发达的江浙沪粤等地，各个产业带也非常发达，一个城市甚至就有好几个大型批发市场，专供电商的网批市场也数不胜数。

在线下的批发市场很容易拿到现成的商品数据包，主图、详情页、标题都已经制作好了，我们只需要通过淘宝助理把数据包一键上传到淘宝店的仓库里即可。但是由于线下环境复杂，不懂行的卖家到了批发市场可能很迷茫，根本不知道哪里的货才是质量最好、价格最优的，所以要逛批发市场最好能找一个对批发市场比较熟悉的朋友一起去。

四、测试产品的市场数据

（一）真正的好产品要经得起测试

企业在招人的时候一般需要先筛选简历，发现简历比较好的就会通知应聘者来面试，有些公司的面试甚至要经过好几轮。面试通过之后还暂时不是正式员工，一般都要试用1～3个月，合格之后才会正式录用。

《中国好声音》在选拔歌手的时候也会有几个流程。先是全国各地的歌唱爱好者报名参加当地的海选，海选通过之后就能参加复赛，在激烈的复赛比赛中胜出的，就可以参加全国播出的《中国好声音》的现场节目，在节目中与来自全国各地的优秀歌唱能手进行冠军角逐，最后评选出冠亚季军。拿到名次的歌手就会有唱片公司与其签约，接下来唱片公司会对签约的歌手进行包装，然后开始接各种商演和出专辑。

只有这样的精细化的筛选流程，企业才能确保招到适合自己企业的人才；只有这样的层层筛选的流程，才能让《中国好声音》挑选出真正的好歌手。同样，做淘宝、天猫店的卖家也只有这样的筛选流程，才能最终挑选出能够实现盈利的潜力爆款。

假如通过前面的选产品到筛选产品再到找货源，已经把200个商品精简到最终的20个，那么这剩下的20个商品在店铺里到底能不能好卖，还需要引流测试一下，就像通过面试的人还要试用一段时间，通过歌唱比赛决赛的人也要放到市场中测试一下看能不能火。

（二）测试产品的方法

1. 要关注的关键数据

测试产品本质就是给最终筛选出来的这些种子商品曝光的机会，然后再看这些商品的加购率和下单转化率数据。加购率代表的是买家对这个商品的喜欢程度，下单转化率代表的是买家愿意为这个商品买单的意愿高低。如果测款之后，有的产品加购率高且下单转化率也高，那么这个商品十有八九都能成为销量很高的爆款。

测试产品需要给这些待测的产品一定的流量。可以先将这些商品上架到店铺里，过一段时间这些商品就有了自然的流量，也可以去报活动或者开直通车钻展将这些商品引流到商品详情页。

2. 测试方法

1) 关键注意事项

无论如何，都需要注意两个方面的问题。一是引的流量要精准。千万不要去引一些没有任何转化的垃圾流量，例如，把商品链接发到一些QQ群，这些QQ群的人可能根本没有任何购买意向，那么这个流量测试出来的数据就不具有参考性。二是要保证每个需要分析的产品有足够的流量。例如，一个商品总共带来了两个访客，有一个加入了购物车，另一个卖出去了，如果说这个商品加购率有50%，下单转化率也有50%，肯定能成为爆款，那么这个说法就是不严谨、不准确的。一般来说，流量基数越大，加购率和下单转化率就会越准确。但是测产品的过程中一般没有那么多时间和推广费用去支撑到足够大的流量，所以一般一个商品累计有一两百个访客时，就可以分析这个商品是否具有潜力。

2) 根据数据选择产品

给产品引流之后，每个产品就能算出加购率和下单转化率。这些商品一定存在数据的差异，有些加购率好，有些加购率差，有些商品下单转化率高，而有些商品转化率低。我们只需要在其中选出加购率和下单转化率相对最好的一些商品作为后期重点打造的对象即可，就好比歌唱比赛选出了评分最高的歌手去包装打造是一样的道理。

本节学习心得

请将学习本节内容后的心得记录在下面，以备后期查阅。

第三节 打造好盈利产品

一、打造完整产品

(一) 理解差异化来自完整产品

1. 差异化才是产品的生命力

按道理来说,我们主图详情做好了,基础数据也都有了,已经是万事俱备,只欠东风,就差流量了。如果仅仅只是做好了这些,那么只能说刚好及格。如果我们看到过一个产品的诞生再到衰退的过程,就会发现,在淘宝、天猫这个竞争如此激烈的平台上,当我们有一款好卖利润又高的产品上架不久销量就爆了之后,要不了多久,各种同款或仿款就出现了,而且绝大部分同款商品价格比我们的低,甚至有些商品的售价比我们的成本价还低!毫无疑问,这个时候我们会面临激烈的价格战!

因此,从长远考虑,要想让我们的商品持续热销的时间更长,需要提前考虑如何从未来的价格战中突围。我们可能也发现了一个现象,就是有些产品不同的品牌价格差异很大,有些甚至卖得很贵,但是即便是低价品牌很多,高价品牌的销量也依然很火爆。例如,苹果手机比一般的安卓手机要贵好几倍,但是苹果手机依旧是销量最高的品牌之一;1 000元一盒的小罐茶销量比绝大部分茶叶销量都高;299元一双的足力健老人鞋月销上万件。如果这些产品和低价产品没有任何区别,那么消费者肯定更倾向于性价比更高的产品,就好比两家销售同一型号的格力空调的实体店,产品一模一样,售后服务也是一模一样,一家卖3 000元,一家卖2 800元,消费者肯定更倾向于买2 800元的产品。所以能够让高价产品不怕价格战,甚至比低价产品销量更高的原因就在于它们之间的不同,而这个不同就叫作差异化!

产品之间的不同之处有很多,例如,同行用普通快递,而我发顺丰;同行的产品没有赠品,而我有;同行的服务态度很差,而我家店的服务态度很好;同行的产品支持7天无理由退换,而我家的产品支持60天无理由退款……无论是产品本身的不同还是服务方面的不同都属于差异化。

但是这个差异化的挖掘和打造不是靠拍脑袋来决定的,有一套完整的方法和步骤。

2. 打造完整产品才有差异化

当我问你什么是产品时,我相信绝大部分人理解的产品是:苹果手机的产品就是手机，卖女鞋的产品就是一双鞋子，做培训的产品就是一套课程。这样的理解是比较片面的，没有真正理解产品的完整内涵。

1) 产品的含义

产品的定义是：解决目标客户问题的历史与全部努力。按照这样的理解，苹果手机的产品不仅是手机，还包括苹果的手机系统、售后服务、设计理念、包装、赠品、全体苹果公司员工等，以及苹果公司提供的iPhone的历史。同样的道理，卖真皮沙发的卖家，其产品不仅是一张沙发，还包括这个家具卖家的快递、产品包装、赠品、安装服务、服务态度、售后政策、公司员工、沙发的历史版本等，这些都属于这个卖家的产品。

2) 完整产品

完整产品一般分为五个层次，即核心利益、基本产品、期望产品、附加产品、潜在产品，如图3-4所示。如果我们要打造一个真正完整的产品，就需要在上述五个方面系统中规划，然后再小心实施。

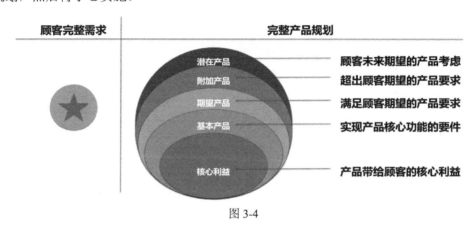

图 3-4

(二) 规划完整产品

1. 规划核心利益

产品的第一层次是提供给顾客的核心利益。从根本上说，每一种产品实质上都是为了解决顾客的特定问题。产品的核心利益是顾客购买产品并使用产品之后真正想得到的利益，该利益就是自己的某种问题得到了解决。

营销学中有一句著名的话："你卖的不是一个钻头，而是一个洞。"因为消费者买钻头是为了要一个洞。——你卖的不是一个产品，而是一个结果。

○ 买儿童玩具不是买塑料，而是为了让孩子快乐、健康地成长。
○ 买性感睡衣不是买布料，而是买的显身材、在老公面前的诱惑力或者对自己身材的自信等。

- 买童装不是为了买布料,而是为了买舒适,穿起来时尚,也有可能买的是让孩子在别人面前显得有个性。
- 买老花镜不是买玻璃,是买的对父母的孝心、生活便利等。

卖家要慎之又慎地为每一个产品规划好该产品应该具备的核心利益。很多卖家有一个误区,认为只要产品能够提供很多核心利益,顾客的什么需求都满足,那么产品销量就应该很高。其实,核心利益不是越多越好,而是越精准越好。如果卖家为一个产品赋予了太多的核心利益,那么实际上该产品已经没有了核心,而是一个没有显著特色的"大杂烩",这也难以打动顾客的购买欲望。

卖家需要清晰界定每一个产品要解决的顾客问题到底是什么,相对应地赋予该产品解决顾客该问题可以得到的核心利益。从操作上讲,卖家可以借助生意参谋,查询并找出顾客搜索量大、支付转化率高的需求,然后确定该需求为产品要去满足的顾客的核心需求,与该需求对应的就是产品承载的顾客消费该产品应该得到的核心利益。

例如,我们去生意参谋里查询数据,发现老人群体普遍喜欢重量轻且舒服的鞋,并且愿意为这个需求付费。如果下决心要去做满足这个需求的产品,那么就可以给店铺里所有的鞋规划统一的核心利益"轻盈的、舒适的",后面在产品上的一切努力都是为了实现"轻盈的、舒适的"。

2. 规划基本产品

产品的第二层次是基本产品。基本产品是为了顾客核心利益得以实现,产品必须具备的基本形式,主要包括实现功能的产品结构、材料与材质、品质、式样、特征、商标及包装。

确定核心需求之后,卖家需要仔细规划实现产品核心利益的基本结构、材料、材质、包装等要素。严格意义上讲,只有能够实现核心利益的产品构造要素是必需的,不能实现核心利益的任何设计都要删去、任何功能冗余都要去除。

很多卖家容易犯的错误是,用头脑风暴方式开发产品,用开放式思考方式去做基本产品的规划,无主题地增加或者删减功能、升级或者降级结构、提升或者下降材质等,结果是功能冗余或者残缺,成本过高导致品质太高或者成本过低导致品质低劣,结果是顾客不买单。

接着上面的"轻盈的、舒适的"鞋,我们就需要为实现这个核心利益去解决一个又一个的问题,如鞋型、材质、样式等,最终实现重量轻、上脚合适、走路舒适等利益。

3. 规划期望产品

产品的第三层次是期望产品。期望产品是顾客在购买产品时期望得到的与产品密切相关的一整套属性和条件。例如，住酒店得到干净、整洁、舒适、安全等住宿环境，就是期望得到的结果。如果得到的结果是床上用品不干净、床垫不舒服、房间空调噪声大等，顾客就会觉得这次购买服务是失败的，也就可能在网上发布各种负面评价。如果顾客住宿期间还丢了东西或者晚上有人偷窥，那更是不可接受的，因为这远远低于顾客的安全预期。

卖家规划产品的时候，一定要仔细想清楚顾客对于我们产品的总体预期是什么，有哪些基本预期点，有哪些核心预期点，有哪些不可饶恕的失误点。然后根据规划的预期，逐个想办法解决在顾客端实现预期时可能会遇到的问题。预期规划得越好，解决的问题越具体，顾客最后的感受就越好。

例如，若要与"轻盈的、舒适的"核心利益一致，我们就要预期到顾客收到鞋的时候总体预期是舒适的，那么就不要在鞋里面塞硬纸来撑鞋，这样做的结果就是鞋一拿出来就是硬硬的，根本就没有舒适的感觉。相反，如果是用特别软的泡沫或者充气包来撑鞋，鞋子从鞋盒里拿出来的第一感觉就是软软的，很舒适，就容易符合顾客的总体预期。另外，每一双鞋在寄出去之前，甚至可能需要先模拟试穿一下，把鞋撑一撑。这样，顾客拿到鞋之后，上脚会很容易，走起来也很舒服，就很容易达到买鞋的预期。

4. 规划附加产品

产品的第四层次是附加产品。附加产品是顾客购买产品时附带获得的各种利益的总和，包括说明书、保证、安装、维修、送货、技术培训等。例如，我们买了一部华为手机，如果手机盒里没有说明书，我们会觉得很奇怪，甚至很生气。

例如，我们如果还想为"轻盈的、舒适的"鞋做点什么，以帮助消费者得到更大的利益，可以在鞋标签上印上二维码，扫描加入微信公众号或微信号。我们可以在微信公众号或微信号里提供预先录制好的健身视频，并定期发布健身类的图文内容，帮助老年人提高身体健康状况。当然，那些关注了公众号或微信号的人，有一些人可能除了购买这双鞋之外还会购买下一双鞋，或者会推荐其他人来购买。

5. 规划潜在产品

产品的第五层次是潜在产品，就是现有产品未来可能的演变趋势和前景。如果我们的现有产品未来还可能发展成为某种对消费者更有价值的产品，并能够帮助消费者得到更大的利益，那么我们的现有产品也将更有价值。

我们还可以为"轻盈的、舒适的"鞋做点什么，就能在不对前面的规划做任何改变的条件下，给消费者增加新价值从而提高成交的可能性呢？如果为"轻盈的、舒适的"鞋增加一个考虑"寄回旧鞋，购买新鞋可以八五折"，我们的鞋会不会更有吸引力呢？顾客会不会增加回头的可能性呢？

理解完整产品的含义及递进关系之后,大家需要做的就是按照这个整体产品逻辑,把未来准备主推的产品规划好五个层次。后期就可以按照这个规划一步一步根据同行的竞争情况来实现产品的某些功能或者提升服务档次,以便于我们可以应对随时可能爆发的价格战。

(三) 规划产品的竞争力布局

1. 按照完整产品的层次逐步展开竞争

我们把单个产品的完整产品规划出来以后,接下来就需要把每个产品对应的竞争对手的产品找出来,然后规划我们的每个产品和对手的产品在每一个产品层次上的差异化。完整产品竞争层次如图3-5所示。

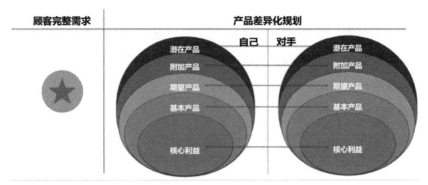

图 3-5

需要注意的是,我们要根据自己的竞争地位和竞争对手的产品层次现状,来布局和实施自己的产品层次。

如果我们是类目的领导者,则可以在产品层次上每次领先一点点,而不是把所有规划的产品层次一次彻底做完。因为一次做完后,要是竞争对手发起新的攻击,我们除了价格之外将没有其他应对之策。

如果我们是类目的跟随者,则可以在领导者已经做得很好的产品层次之上,在更高的一个产品层次上推出新产品,更容易形成差异化优势。

2. 典型案例

小刚(见图3-6)同学的天猫店是卖汽车用品的。有一款四季通用的汽车座套在全网销量很不错。但是小刚的这款产品卖起来很吃力,流量很少,转化率也比较低,每月只有几十个销量。而同行有一家天猫店的这款产品的销量已经快接近2000件了,并且价格并不便宜,售价是298元,而这款产品的成本只有170元左右。

图 3-6

小刚想了一个办法,他直接把自己的产品价格改为210元,再设置30元无门槛优惠券,消费者相当于只需要180元就可以买到这款在其他店铺要298元的产品。小刚满心欢喜地以为自己价格降了销量就好了,但是过了一个多星期后,小刚发现这个产品的转化率反而更低了,流量也没什么变化。

小刚百思不得其解,就来找我。我详细了解了小刚的情况及他的对手店铺的情况之后说:"你这样的做法是在作死啊!"小刚自己没有实力,还主动发起价格战,没有打击到对手,反而让自己亏损了。

我之后给小刚提了以下几个建议。

(1) 把价格调整为298元,与对手的价格一模一样。

(2) 取消优惠券,与同行一致,不提供任何价格优惠。

(3) 把普通快递包邮改成顺丰包邮,并且突出在主图上。

(4) 在直通车不亏本的情况下加大力度烧直通车,提高销量。

小刚按照我的建议去执行,不到一个月他就给我发来消息说他的那款产品销量已经突破1000了。小刚说产品涨价之后,因为有顺丰包邮这个差异化的卖点,转化率比之前高了很多,再加上利润率足够,直通车也不亏,所以就加大了直通车的力度,销量就上来了。

小刚最后一次给我发消息的时候,这款产品的月销量已经达到2500多件了。他的产品后期销量能够暴涨的核心原因:一是在与对手价格和服务一致的情况下增加了一个顺丰包邮,使得消费者更愿意选择他的产品。二是涨价之后有足够的利润空间支撑他去做付费推广,在不亏本的前期下就可以大力推广来快速提升销量。

二、打造视觉营销

(一) 理解视觉营销的含义

提及视觉营销，肯定有一部分人想到是高端的设计效果，但真实的电商视觉营销真的是这样的吗？

1. 小薛的教训

小薛是经理班第46期的学员，因为自己有做过线下实体的经验，所以最近转战线上开始做起了淘宝，当然，做淘宝的方式方法，他也有自己的一套"独特见解"。

在没有加入经理班之前，小薛一开始就把自己出售的产品上架，然后理所当然地开始对淘宝店铺进行如火如荼的视觉装修设计。店铺的首页装修、活动页装修、店招、分类……同时采购各类模板，设计各类布局，各项效果，忙得不亦乐乎。其间也找了很多设计师给他出谋划策。辛辛苦苦搞了大概一个月，一个非常高品质的首页效果终于装修好了。

当他骄傲地给他网上的朋友展示后，大家无不拍手称赞。

"效果真的太棒了！一看就是一个大品牌。"

"如果我是顾客，看到这个视觉营销的效果，一定会毫不犹豫地下单购买！"

"真有牌面，装修得这么好，商品质量一定很好！"

……

但实际情况呢？

实际上这一个月，小薛店铺从上线开始，新顾客为零，店铺的整体销量中，只有零星几个现实中的朋友来捧场……其中的几单，还是小薛主动推销给朋友，让人家硬着头皮来买的。

2. 视觉营销不是豪华装修

为什么会这样？难道做淘宝，通过视觉营销来提升自己的店铺是错误的？

为什么自己做实体店，店铺装修好了，产品很容易就卖起来，淘宝店铺却行不通？

一堆又一堆的疑问不断从小薛的内心深处涌现出来，当时的他彻底犯迷糊了。

视觉营销≠装修一个豪华的店铺！

这是所有做淘宝的店主必须懂得的一个基本理念。在电商这片虚拟的商业战场上，我们做的每一件事情，都必须紧密地围绕一个东西来进行，那就是产品。可能这个时候，有人会说："我也知道产品很重要，但店铺的装修，整体的视觉风格的设计，也同样重要啊，这个直接影响了买家的购物感受和购物体验！"

先不说哪个重要，我们先来模拟一下一个正常的买家，通过淘宝购物的真实路径。

首先打开手机淘宝APP，一般情况下会在搜索框里输入自己想要购买的产品，如"连衣裙"，然后点击后面的搜索按钮，淘宝网根据自己的算法和逻辑，进行连衣裙产品分批展示。买家针对展示的结果，进行预览和挑选，然后点击几个认为符合自己需求的产品……注意，这个时候买家点击产品的主图，是直接进入了产品的详情页面，也就是包含了这个产品的主图、价格、标题、产品基础信息，以及产品的详细介绍。

这个时候的买家是看不到我们店铺关于装修上面的任何有用信息，也不会在意店铺装修上的各项亮点，他们只会关注产品的各项介绍！

所以，视觉营销≠装修一个豪华的店铺！以我们的传统认知，自己认为的"独特见解"，在淘宝上已经完全失效了。

3. 视觉营销是匹配买点

那么，在电商领域，真正的视觉营销到底是指什么呢？我们先把这个词语分别拆解为"视觉"和"营销"。

视觉，就是人可以看到的信息，通过字面意思很容易理解。那么营销呢？营销这个词听上去就感觉很高端，经常会在一些"电商大咖""电商大神"的嘴里脱口而出。很多时候他们给我们传达的概念是，营销就是把产品的各项卖点进行包装展示，通过产品的各项卖点打动买家，最终进行下单。所以，做营销就是找产品卖点，卖点找得好，产品就一定能卖得出去！

这样的定义和分析正确吗？当然不对，或者说不准确。首先，我们先看一看专业的管理学领域里对营销所做的定义：营销工作不是卖东西，而是通过一系列的精心设计让买家把商品买走，最终让销售变得多余。

也就是说，单纯地找产品的卖点来包装、设计、推销是销售的工作。而营销的工作，更多是关注买家的需求，通过匹配需求，加以各类精心的设计，让买家能够主动把商品买走，这才是营销！

再简单地讲，做营销不是找产品卖点，而是找买家的买点，最终让销售的工作变得多余。

我们最终来总结一下什么是视觉营销。视觉营销是通过视觉层面的优化设计来精准匹配买家的需求和问题，通过产品的这套方案来完美解决买家的需求或遇到的问题，最终完成成交。

那么接下来的几节，我将分别以主图和详情这两个维度，依次展开给大家分享一下具体的一些营销的方法和心得。

(二) 做好主图视觉营销 1

我们经常听到这样一句话:电商卖的不是产品而是图片。图片的好坏直接关系到顾客对产品的直观判断和感受。

事实的确如此,在淘宝乃至整个电商行业,大家对产品的直观判断,都是依托大量的图片,可谓"无图片,不电商"。一张清晰度高,看上去美观大方的图片已经是做电商的标准配置。

1. 主图视觉营销要提升点击率

我们做产品的主图设计,不仅要把图片的清晰度做好、做美观,更重要的还有一个目的——提升点击率。

点击率是什么?点击率就是别人看到了我们的图片后,愿意点击图片,而且愿意进一步了解我们的产品,并作为考虑购买的对象。如果我们有一个非常优质的产品,不管是性价比、质量等各个方面,都做得非常拔尖,但没人点击,也没有人愿意过来了解,就不会产生购买,当然就不能给店铺带来任何盈利的可能性。

如果图片不能引起消费者的点击,那么图片清晰度再好、再漂亮,又有什么用处呢?因此,再次重复上面章节提出的观点:"做电商,好看不能创造任何价值,好用才是根本。"

2. 主图视觉营销要抓住顾客买点

如何才能让我们的主图好用起来呢?这里就要遵循一个关键——抓住产品的核心买点!

如果是卖大码连衣裙的掌柜,则不需要在主图上阐述面料的品质、质量、服务等,因为这些都不是核心买点,只需要坚定地抓住一个点——我的连衣裙,只适合胖妹妹,它会让胖妹妹更漂亮,更有魅力!

如果是卖空气净化器的卖家,你的产品一定有十大核心功能,如噪声低、耗电小、外观漂亮、可以无线Wi-Fi、支持手机远程遥控、能自动启动、可以定时开关机等,但这些在主图的维度都不重要,因为这些东西太多,太影响买家做决策了。你只需要坚定地抓住一个点——我的空气净化器能快速净化空气!

这个时候肯定会有同学说:道理懂了,但如何才能找到我的核心买点呢?也就是,我们如何才能判断这个点是不是买点?

要回答这个问题,那就要复习一下前面章节的知识。

(1) 买点:是买家希望通过购买产品来解决自己的问题或需求的点。

(2) 卖点：是产品的各项特性，各项标新立异、行业突出的功能和特点。

结合这两点，我们再从刚才的例子来展开分析。

如果有一个胖姑娘，最近夏天到了，她的闺密约她一起去逛街买条新的连衣裙，她会怎么考虑？

她会考虑面料是天山蚕丝还是北海棉绒？考虑穿10年不会破一个洞，还是产品可以任意地机洗或手洗？不！这些都是她在考虑购买我们的产品以后，帮助她快速下单做决策的信息，它属于锦上添花的内容。

而这些产品维度的点，不能用在前期主导她判断是否把我们的产品纳入备选项(是否点击)的关键信息。

那么关键信息是什么？关键信息一定是一个她最核心的需求——胖姑娘穿这个会不会显胖！只有满足了这个需求，解决了这个问题，买家才有可能把我们的产品纳入自己的备选项目里。否则，哪个胖姑娘会穿着一件臃肿显胖的连衣裙，天天和自己的闺密一起逛街？

因此，卖点负责的是有购物意向的顾客，进行促进转化，相当于是在做销售，是在推销自己的产品。卖点不能主导买家对我们的第一印象、第一判断。如果我们的主图只是一味地推销产品，而没有站在消费者立场试着解决他们的核心问题，那么，这些都不是核心的买点！

我们要进行主图的视觉营销，就必须依靠买点，只有找到用户的精准买点，并坚定地把它展示在主图上，才有可能获得更多精准的、愿意付费的用户点击。最终才能实现店铺的整体盈利！

我们在明白主图营销中买点和卖点的区别后，下一小节我会详细地给大家从视觉层面介绍一下优化的知识点。

(三) 做好主图视觉营销2

下面，我们将进入非常落地的主图视觉优化，带领大家系统全面地了解主图设计过程中的思路和方法。

1. 主图详情化

主图设计不能只做第一张图片。在移动购物时代，主图的第一印象会影响消费者的购物决策。默认淘宝给出的5张主图(个别类目支持6张及以上)，建议直接按一个迷你版的详情页来进行设计。每张图片都安排不同的任务，可以参考以下任务来进行布局。

第一张主图：主要功能是负责提升顾客的点击率。

第二张主图：主要功能是负责凸显顾客的买点。

第三张主图：主要功能是负责凸显产品的促销吸引力。

第四张主图：主要功能是负责展示产品外观、功能等。

第五张主图：主要功能是负责增强顾客对产品的信任。

当然，根据自己的产品和行业的不同，我们在对产品的主图进行布局的时候，可以多结合消费者关注的实际情况进行调整。但是核心目的一定要突出，就是要让买家在浏览完5张主图后，就对产品有了初步的了解和购物意向。

2. 切勿追求另类

很多新手掌柜在初期接触主图优化设计的时候，经常喜欢用一些搞怪、另类的图片来吸引顾客的目光，希望以这样的另类、搞怪来吸引点击。但实际上，这样的行为是非常不明智的。因为这类主图吸引过来的买家，并不是真正想要购买产品，而是单纯地为了看热闹或者消磨自己的好奇心等，即使最终点击进入了店铺，十有八九都是看看就走了。这种没有购物意向的顾客产生的流量，在营销领域称为"垃圾流量"。这些垃圾流量不但对店铺没有好处，还会拉低店铺整体的转化率，影响店铺产品的搜索排序，可谓百害而无一利。

3. 不用极限词

在新《中华人民共和国广告法》(以下简称《广告法》)实施以来，各类"行业第一、全球首创、卖得最好、全网最佳"等极限类说辞已经明令禁止使用。我们在主图设计中，同样要遵守这样的规则要求，不能在主图上面展示任何违反《广告法》的极限用词。

当然，若我们的产品本身没有被授权，即使是无意的，也不能直接放其他品牌的各种商标信息，否则也会存在被投诉侵权的风险！我们的学员中就有一个非常典型的案例，这个同学在优化主图时，自己全程拍摄产品外观照片，但拍摄图片的角落里，无意间展示了其他品牌的包装袋子，因为这个包装袋有其他品牌的logo，而且没有正规授权，最后被投诉判罚了侵权，受到了严重的处罚。

4. 明确产品类型

根据产品的类型不同，针对性的设计思路和优化方向也有所不同。大体上，我们可以把商品分为三种类型：一是以卖外观为主的产品；二是以卖功能为主的产品；三是外观与功能并重的产品。

1) 以卖外观为主的产品

这类产品的主图主要体现产品的款式、外观、风格、使用氛围等，常见的产品如服饰、鞋包、装饰等。一般购买这类产品的买家，往往只有模糊的挑选标准、需求，他们不需要太多的文字介绍和产品功能说明。因而我们只需要提供一套清晰的、没有变形的、有氛围的产品外观图片即可。当然，如果我们能增加一些增强判断信息的细节图片、场景使用图片、材质说明图片，会让产品介绍更加饱满，也更能促进买家做下单的决策。

因此，针对这类产品的主图设计，我们要花的心思是在摄影图片的质量上，多考虑和一些优秀的摄影公司合作，通过专业的单反相机、摄影设备来拍摄高品质图片，最终完成优质主图的设计任务。

2) 以卖功能为主的产品

这类产品的主图主要体现产品的功能，可以非常明确地解决一类需求、问题、麻烦等，常见的产品有各类3C产品、家电产品、工具类等。一般购买这类产品的买家都有精准的挑选标准，他们在选择产品时，会优先判断产品是否能精准地解决自己的需求。

遇到这类情况，我们不但要提供完整的产品外观图片，还需要配合一定的文案，短时间内匹配买家的需求，最终引导点击进行购买。

因此，针对这类产品的主图设计，我们要花的心思，不仅有图片质量，更多还要考虑买家的需求，以及如何精准与自己的产品进行无缝关联。例如，卖蓝牙耳机的卖家要考虑买家购买蓝牙耳机具体解决的是什么问题，这个问题自己的产品应该通过什么样的表述形式、文案来进行展示说明，从而用最短的时间帮助买家做出购买的决策。

3) 外观与功能并重的产品

当然，还有一类产品是既要考虑外观，又要考虑功能，如食品类产品，它不但要求图片质量要吸引人，要有食欲，也需要自己思考比较抓心的文案，让买家产生购买的激情。

遇到这样的产品，就需要从底层逻辑出发——买家的需求是否精准来判断自己的发力点。例如，办公室零食，可能更偏向外观，因为买家只有模糊的需求，这个时候更多建议是配合精美的图片，少量的文案。如果是火锅底料，则可能更偏重功能，需要详细介绍这个火锅底料可以解决买家生活中各种的不方便，使用了火锅底料后，一切问题就迎刃而解了。

5. 从差异出发优化点击

优化主图点击有很多方式方法，不同的类目、产品，对应的不同人群，都有不同的优化策略。但是，接下来我更愿意从优化的底层思维出发，带领大家详细了解主图产品产生点击的本质——差异化！

1) 主图差异化

我们前面花了大量的篇幅介绍了营销的基础知识，明白了做营销要从买点出发，那么优化点击只需要把买点找到就万事大吉了吗？这个做差异化，不是多此一举吗？

我们会发现，在淘宝平台上，用户根据自己的需求输入一个关键词后，会出现成千上万个产品。这些产品都是针对这个需求提供的解决方案。大部分商品介绍都是从产品自身卖点出发，需要买家单独"翻译"成他的买点，但也有一部分优秀的同行，会考虑从买点入手，通过商品要解决的问题来尝试匹配买家的需求。

因此，单纯地把产品的买点挂上去，还是不足以在海量的商品里脱颖而出，我们还需要有一些策略，让买家看到主图后，就会产生精准的点击，而这个策略就是主图的差异化优化。

为什么差异化能引起买家的点击欲望？

我们回答这个问题之前，先来想象或者模拟以下场景：你打算买一件修身的连衣裙，在公司年终会议的时候做主持人穿。当你输入关键词"连衣裙 主持人"后，点击搜索，这个时候所有的连衣裙都是相同的款式、配色，以及相同的一个主持人穿着这件连衣裙在酒店主持年会。

你的第一感觉是什么？是不是感觉毫无点击欲望？这些结果是不是与自己理想中的还有点距离？

但是，突然在某一个角落，还是相同的一件连衣裙、相同的一个主持人，但改变的是，这个主持人是在公司的环境里，给大家开会讲解PPT内容。你脑海中是不是马上有强烈点击查阅的欲望？

为什么？因为这个主图，针对购买的使用场景，做了差异化，这个差异化导致买家有一种非常强烈的亲切感和归属感，让买家感觉到自己的需求被认可并得到了完美的解决。

当然，场景的差异化营销，只是主图优化点击的其中一个点，那么后面我会系统地给大家讲一讲另外一些实用且得到广泛验证的差异优化点。

2) 设计独特利益点

在主图上展示自己的店铺活动信息，已经被验证非常有利于点击，因为直接把买家购物的利益点展示出来，可以方便买家判断其是否能占到更多的"便宜"。但做这样的活动时，切勿跟风同行！例如，别人送5元优惠券，自己也送5元优惠券；别人送袜子礼品，自己也送袜子礼品。这样毫无差异的利益点很难获得较好的点击，尤其是同款、同类型的产品，务必要避免这样的活动宣传思路。

3) 设计明确的标签

针对自己用户的需求和特征，在主图上做精准的人群匹配，如"想要质量好的来""小清新风格""不买便宜货的来""45岁以上的妈妈装"等。这样比较明确的标签可能会导致产品的流量下滑，但只要是愿意点击进来观看的顾客，都具有较高的购物意向！他们最终成交转化的可能性也极大。而这也是我们优化主图的点击最终目标——我们要的不只是点击，要的是点击进来的顾客最终能下单购买我们的商品。

4) 设计视觉的差异

通过美工的密切配合，挖掘同行主图主流使用的配色和结构，然后完全区别于这些配色和结构的主图设计方式。这个点对卖功能类产品尤为适用，因为这类产品的后期可单独加工设计的可能性比较大，配合差异化的视觉效果，更容易引起消费者关注。而一般卖外观的产品因为不适合抠图，而且二次加工设计可能性较少，所以更多时候是依靠拍摄来做视觉差异。那么这个时候找一个有很多"歪点子"、喜欢不走寻常路的摄影师就尤为重要了。最直接的一个例子，很多服饰类产品的模特，就直接拍产品和模特，但一个摄影师很有创意，在模特头上加了一个马头的头套，给人非常强烈的喜感，当相同类型的产品在一起展示时，一个有头套的模特和没有头套很普通的模特，你更愿意点击哪个？

5) 设计信任的标签

通过主图上增加让人产生信任的元素，帮助买家在筛选产品的时候快速做"最保险"的决策，如直接放店长真人照片，产品设计、采摘、生产素材，各项检查报告，等等。这类信任类元素，在很多食品类目有比较成功的案例。因为食材的选择，很大一部分需要极强的信任感，如果有真人出境，甚至手持身份证做信任担保，在买家做选择的时候，会有非常不错的引导效果。

(四) 做好主图视频设计

主图视频是目前除了主图以外，另一个非常重要的营销方式，它区别于冰冷的图片，采用生动的形式来对产品进行展示或讲解，用最短的时间让买家对这个产品有初步的判断和认知，从而有效地解决原本需要观看很多图片的焦虑，是提升产品转化的一种利器。

1. 主图视频的重要性

大家可以回顾一下自己打算购买一个陌生产品时的情景。当自己搜索一个关键词，点击一个产品后，面对一堆的产品介绍图片，是不是有种很茫然的感觉？是不是感觉要花很长的时间才能了解里面的信息，从而判断是否要进行购买？

自己花很长时间去了解和学习的焦虑，其实是非常影响购物体验的。网络购物不像实体店，进入一个店铺就有营业员热情地过来主动介绍产品，然后自己只需要被动地接受信息，最终做出决策。网络购物不行时，我们必须主动地去看、去了解，最后还要多方面评估，才好做决策。

因此，生动的产品介绍视频就孕育而生了。这个也就是为什么说，一个宝贝做视频和不做视频，有非常大的转化区别。

2. 主图视频的制作思路

首先，我们要明白，不管是图片设计，还是视觉设计，我们均建议找专业的人来做专业的事。如果掌柜本身有一定的"视频拍摄+剪辑+后期"能力，那么可以通过自己的专业能力来完成主图视频的制作。

但实际的情况是，很多掌柜不但不了解拍摄的基本概念，更对专业的视频剪辑软件、后期修改软件一窍不通，甚至只通过手机等业余的设备来进行拍摄。虽然前期可以应急，但从长期来看，肯定也不建议采用这样很业余的模式来进行。所以，主图视频的制作，我们依然建议没有条件和基础的掌柜，采用外包的方式来完成整个设计制作任务。

1）如何找外包

我们推荐直接在淘宝网上找主图视频的服务商，但是要根据销量、评价、主动聊天的态度和积极性等多个维度来判断优质的服务商，谈好对应的价格后，进行合作。

2）如何配合外包

在确定合作后，一般情况下只需要提供自己的产品，并提炼出主图视频中需要重点表达的内容、文案和注意事项，这些信息需要掌柜整理好后，统一交给这些专业的视频制作团队，即可完成对应的所有工作。

3）如何看待外包费用

找外包帮自己做主图视频，虽然会支付一定的费用，产生一定的成本，但是与自己去学习所消耗的时间成本相比，可以说是非常划算的一项决策。作为一个掌柜，不建议在自己不擅长且时间成本很高的事情上花费太多时间。主图优化、主图视频制作均是锦上添花的事情，能用最少的成本换来最好的效果，最终带来最佳的收益，是非常值得去做的事情。

（五）做好详情页视觉营销

1. 常见错误

一说到详情页的视觉营销，很多同学脑子里一片空白，本身自己去优化主图已经是绞尽脑汁了，没想到下面还有一个庞大的详情页等着自己。所以很多同学都是采用一些非常"粗暴"的方式来"优化"自己的详情页。

简单总结起来，有以下几条常见的详情页"优化"错误。

1）不按产品类型胡乱优化

从前面章节我们已经了解到，淘宝里的产品一般分为三种类型：卖外观款式、卖功能效果，以及外观款式和功能并重。不同类型的产品，优化的方式也自然不一样。

很多同学分不清这样的概念，把一些卖外观的产品，如鞋包，简简单单地拍摄了几张图片，然后就开始加入大量的文案说明，密密麻麻填满了详情页。而一些卖功能的产品，如电饭煲，详情页放了一堆产品的外观图片，却基本没有任何介绍和说明性的文字。针对这样的详情页，买家看得云里雾里，想进一步了解外观的，却没有更多产品外观图片供自己参考；想进一步了解功能特性的，却没有文字供自己阅读。这样的整体体验非常糟糕，最终下单购买的意愿自然也就非常低了。

2) 放违规信息容易被投诉

产品的详情页是不能完全以"自定义"的方式来创作的，有一些规矩需要我们来遵守，总结起来大概有以下几个维度。

(1) 忌用官方明令禁止的信息，如直接放置微信、QQ等一些第三方的联系方式。在淘宝平台上卖东西，肯定不能让我们放其他平台的联系方式。

还有就是明确违反《广告法》的内容，如全球首创、行业第一、秒杀同行等各种极限词、虚假夸大描述词等。这样的信息不但违反官方的禁令，更违反了《广告法》的相关规定，很容易受到一些职业打假人的"光顾"，最终被罚款扣钱。这些点在主图章节有讲解，这里就不展开重复说明了。

(2) 忌用违反价格体系的介绍。这是很多新手掌柜容易犯的错误，就是在详情页里想要突出产品的价格优势，往往直接加了一个"原价"是×××元，现在折扣价只需要×××元。注意，原价是非常有争议性的一个说辞，往往一些职业的投诉师，会以这个点来投诉我们违反价格体系，最终导致自己去处理这样的投诉而深陷泥潭，耗时耗力最终还不一定能有好的结果。所以大家在制作详情页的时候，务必不要出现"原价"的说辞。建议以"售价""价格"来表述原来的价格，以优惠价、折扣价、促销价等来表述现在的购买价格。

(3) 忌用违反评价体系的介绍。好评返现在前几年是非常火热的一种促销方式，它承诺买家在购买之后给予额外的奖励，可能会引导买家违心地书写一些"优质"好评来获得报酬。对应这样虚假的评价，淘宝平台已经明令禁止了。所以，对于还想通过额外的奖励来引导好评的，都不建议各位同学去操作了。详情页里也绝对不能出现相关的信息。我们的经验是，多做好自己的产品和服务，好的评价自然而然就会慢慢多起来。

(4) 忌违反知识产权。近年来知识产权的概念越来越被国家重视，而对于相关的要求，店铺掌柜也必须了解，目前主要涉及违规的知识产权有三类：未授权字体、未授权图片和未授权品牌信息。

① 未授权字体。卖家在字体侵权使用方面尤为突出。很多掌柜看到一些好看的字体，就去百度搜索下载字体文件，然后直接在做图片的时候使用了这些字体。但网络上的大部分字体，都是有版权的，若直接用于产品介绍使用，属于商业行为，所以必须提前购买对应的授权才可以正当使用这些字体，否则字体的开发商会以违反知识产品的方式进行投诉！一旦被投诉，可能就需要承担一笔非常庞大的侵权费用。所以，强烈建议大家去购

买或者使用一些开源的字体。

常见的开源字体如"思源"系列字体、"站酷"系列字体和阿里巴巴的"普惠"字体。大家可以直接搜索这些字体系列的名称，然后找到下载链接就可以下载安装使用。这些字体目前均可以放心使用。

大家也可以使用阿里付费购买版权的字体，如华康45款字体(仅限掌柜在淘宝平台使用)。这套字体默认是不开源的，但淘宝考虑到大家对于字体的需求增加，主动购买了这一批字体，供掌柜们免费地在淘宝平台使用。

② 未授权图片。未授权图片主要是指非授权的摄影类素材图片。详情页有的时候不仅要放自己的产品外观图片，很多时候为了展示产品的各种特点，还需要借助一些素材图片来进行介绍。这些素材类图片如果是通过照相机拍摄出来的，就需要考虑是否拥有对应的版权。

我有一个卖服饰的同学，在详情页中用了一个品质感非常好的棉花图片，但这个棉花图片是他随意搜索找到的，当时没有考虑任何版权相关的事项。最终因为这个棉花图片被人投诉侵犯了知识产权，被淘宝官方判罚删除对应宝贝等。

因此，我们在使用任何摄影类素材时，务必要到正规的素材网站付费购买对应的素材，而不能随意地百度搜索来路不明的图片。

例如，在摄图网这种国内相对较大且较为全面的摄影图片素材网站，就可以付费得到相关图片的版权。

③ 未授权品牌信息。一般的掌柜应该都知道不能使用未授权品牌。如果没有品牌方的授权，自己是不能发布和售卖对应品牌的商品，否则直接按假货来进行判罚，这个是淘宝里对应处罚最严重的一项。

我这里需要提醒的是，即使我们的产品都是经过正规渠道获得，并取得了授权和对应代销的资格，但不管在详情还是主图中，还是一定要仔细检查自己的图片，不要出现了其他品牌的名称或者logo信息。就如前面主图章节的案例，拍摄场地不小心出现了另外一个品牌的包装袋，最后都受到了处罚。因此，我们在做详情页的时候，一定要注意这个点。

2. 详情页的结构化布局

通过上面的总结，各位同学应该明白了，详情页不能靠一些"粗暴"优化的方式来制作。那具体有没有更系统、更落地的方式来制作和优化详情页呢？答案肯定是有的。

1) 详情页的总体布局

一个庞大的详情页给人的第一印象可能是——复杂！但一个复杂的东西其实也是由一个又一个简单的模块和元素构成。所以，针对详情页，不是直接从复杂开始入手，而是要从一个又一个简单的模块开始了解和布局。

大体上,一个合格的详情页,我们要分为以下三大核心模块。

(1) 匹配买家需求的区域。

(2) 解决问题的方案区域。

(3) 促进买家下单的区域。

针对这三大板块,我们还可以再细拆分为以下几个板块。

(1) 匹配买家需求的可以拆分为买点吸引区、外观氛围区。

(2) 解决问题的方案可以拆分为买家问题区、产品方案区。

(3) 促进买家下单的可以拆分为营销活动区、反馈对比区。

2) 详情页的板块布局

针对这六大区域,我们可以根据实际情况进行针对性的布局。例如,我们目前要设计一款大码连衣裙的详情页,我是这个店铺的掌柜,虽然我不懂设计和美工,但我对自己的用户比较了解,对自己的产品也比较清楚,这个时候,我就可以先通过这些板块布局的区域,先设计一个详情页的"骨架",然后再交给美工来进行设计。

具体板块布局可以按以下方式来做参考。

第一板块——营销活动区:放置一些店铺正在做的活动,如优惠券活动、满减活动。

第二板块——买家问题区:放置一些连衣裙比较臃肿、不显瘦的问题图片,引起买家的关注。

第三板块——买家吸引区:放置自己的产品大图外观,并用修身显瘦的产品图片进行吸引。

第四板块——产品方案区:进一步展示自己产品的外观、特性和不同的SKU样式。

第五板块——反馈对比区:可以放置一些买家秀,或者穿之前和穿之后的效果对比图。

第六板块——外观氛围区:进一步展示产品的细节、穿搭效果等,增加买家对产品的了解。

第七板块——营销活动区:放置一些搭配促销的活动,重复放置店铺满减的活动等。

需要大家注意的是,上述举例是给大家以"模块化"思路来布局详情,而不是说所有的产品都必须按这个模块来进行布局。产品不同,布局的要求也不同,甚至详情页中还有可能多次使用某一个模块,或者某一个模块完全不用。只有掌柜多次进行布局,完全了解了这些板块的用法,才能真正地布局出一个优质的详情页出来。

还要提醒大家一点的是,详情页在整个营销工作中是属于收尾的部分。我们希望顾客下单,其实更需要在主图、定价、视频这些维度重点发力,这些地方做得好,可以让顾客有80%的概率决定是否购买。而详情,更多时候是让顾客产生进一步信任、进一步决策的是否购买的点。它对下单转化属于锦上添花,但绝对不是雪中送炭。我们为了提升产品转化,不能不管主图、定价和视频,单靠将一个详情页做得非常完美,就幻想能一下提升转化率,这样肯定是不现实的。

针对详情页的视觉营销,我们就先介绍到这里,接下来的章节,我会从产品的其他内功优化方面给大家讲解。

三、打造基础数据

我们自己在购物的时候也许像其他绝大部分的买后评价买家一样,点击进入商品详情页之后,会看一看销量怎么样,再打开评价看一下其他买家的买后评价,甚至会专门看一看中差评和追加评价。如果有"买家秀",我们会点开图片看一下用户拍的照片,也可能会看一看"问大家"里是否有我们想问的问题,看一下其他已经买过的买家是怎么回答我们关心的问题的。虽然我们购物的时候不一定每一样数据都会看,但是绝大部分买家多多少少都会关注其中的一部分指标,如评价内容、问大家等。

如果我们精心选好的一个产品,测款之后发现数据很不错,这个时候如果没有任何基础销量,更没有评语,就去大力推广直通车,很有可能我们的直通车会亏得很惨。如果我们在没有做任何基础数据的情况下就去引流推广,那么我们的转化率只能做到1%。但若把这些基础数据做好了再去推广,我们的转化率也许能达到2%甚至更高,因为基础数据能够解决买家信任的问题。这里说的基础数据就是商品在推广之前,详情页的一些数据,如基础销量、评语、买家秀、追加评价、问大家等。

(一)做好基础销量

基础销量,是最重要的基础数据指标之一。在推广之前产品最好要有几十个销量再去做推广引流,这样才能留得住引来的顾客。当然,基础销量肯定是数量越大,效果越好。同样的商品,10个销量的时候去推广肯定没有1000个销量的时候去推广效果好。

我们可以报活动做基础销量,也可以找淘宝客帮我们推广,还可以低价促销让老客户来购买,更有甚者前期直接亏本开直通车"甩卖"。等有一些基础销量了再原价销售,这也是一种能够快速见效的方式。

我有个做巧克力的朋友,他的新品原价50多元的商品前100件都只卖9.9元,上线之后直接在朋友圈或者微信群里发一下小广告,一般一天就有100多个销量了。他说直接亏点钱做基础销量比刷单划算，既不用那么累，也没有风险，成本其实跟刷单差不多。当然，客单价比较高的商品没有办法卖太低的价格，最低是成本价或略低于成本价卖，如家具，可能一套都是一两千元甚至更贵，这种产品可以先从熟人生意开始，以成本价卖给他们，让他们在淘宝店下单，这也是一种做基础销量的方式。

（二）做好攻心评价

一般做基础销量的时候就可以顺便把攻心评语一并做好。攻心评价就是评语内容比较长，能勾起后面的买家下单欲望的文字。

例如下面这段保温杯的评语：

"真的是没让我失望，比我在超市买的200元的还要好一些，很赞，还送了杯刷和杯套，真的要给一个大大的赞。黑色超级大气还耐脏，适合我这种粗线条的，保温24小时是可以的。杯子是不锈钢的，包装也很好。特别好看而且容量也大，店家送的赠品也非常实用，杯套可以手拎，杯刷方便日常清洗杯子用。不要错过哦！以后有需要还会回购的。"

这个评语文字比较长，而且还有几张买家秀的配图。这样的评语把产品具体的细节和功能描述得很细致，一般能大大提高后面买家下单的欲望。如果只是简单一句"杯子不错，下次还会再来"这样的评价，对于买家来说没有任何感觉。

或者是这样的评价：

"这个保温杯真的太好了，非常非常好，效果杠杠的，我太喜欢了，卖家真的太用心，太周到了，我以后一定会推荐我的朋友来买的！"

这个评语一直在说好，但是并没有说具体好在哪里，给人的感觉有点假。

另外，引导买家评价的时候我们可以截图一些同行商品中比较好的评价给对方参考，或者告诉他我们希望他重点写哪些方面。

（三）做好问大家

问大家这个部分我们事先不用提前去做，只需要经常关注一下我们的详情页是否有新增的买家提问。出现之后，我们作为掌柜如果有回复权限，可以首先去回复；如果没有权限，就引导已经购买过该商品的买家，看一下他们是否有回复权限，然后再引导有权限回复的已购买的买家帮我们正面回答一下即可。

不管是基础销量、攻心评价还是问大家，我们在加大力度推广之前都需要提前布局好，不打无准备的"仗"。

| 本节学习心得 |

请将学习本节内容后的心得记录在下面,以备后期查阅。

 本 章 课 后 作 业

学习完本章内容之后,请登录幕思城官网的学员个人学习中心,单击"实操作业"完成本章的课后实操作业。

实操作业4:寻找蓝海行业

实操作业5:选出潜力爆款

实操作业6:基础数据打造

实操作业7:分析产品类型

实操作业8:分析产品详情

在完成实操作业过程中遇到问题时,请及时联系专属成长顾问和学习顾问解决。

第四章

做好盈利流量管理

插画：春春

如果想尽办法找流量结果还没有流量，只能说明我们不值得流量关注。

好产品最显著的特点是不仅不缺流量，还能自动获得流量关注，实现流量"自流"。

本章课前必读

> 核心内容

(一) 卖家应该长期坚守的核心理念

1. 溯源

流量是做盈利的淘宝、天猫店铺的生命线，但是店铺规划和产品规划就已经提前决定了最终的流量数量和质量。因此，要有稳定高质量的流量保障，需要卖家从源头做起，通过清晰的店铺定位和优质的产品结构，自动获得淘宝、天猫官方流量支持。如果发现流量出现问题，一定要从源头开始寻找原因，否则将可能因为在细枝末节的问题上下大功夫，而耽误大事，结果是事倍功半，甚至事倍无功。

2. 自流

对于任何生意来说，最好的流量都是自然流量，即流量自来。淘宝、天猫店铺运营的最高境界不是把引流水平做到最高，而是在不使用任何流量技术的情况下，仍然流量充足，也可以说流量能"自流"。因此，卖家要相信优质产品会自动带来流量。

3. 流量变存量

来来往往的访客不是店铺的优质流量，只有那些能够长期驻留在店铺的顾客才是优质的流量，最低层次是收藏宝贝，较高层次是收藏店铺，最高层次是收藏在大脑里。所以，真正的流量运营，是把访客最后运营成店铺的忠诚顾客。

(二) 卖家应该深刻理解的核心原理

1. 淘宝、天猫只会将流量稳定配置给优质店铺和优质产品——淘宝、天猫不愿意好店铺死亡

淘宝、天猫作为一个电商平台，希望买卖双方都能各取所需，健康发展。淘宝、天猫的流量配置机制，一定是优先向那些为优质顾客提供优质产品和服务的店铺配置流量。只有这样，相对于其他电商平台，淘宝、天猫才能留住优质顾客，才能培育出优质店铺，最终才有竞争力。因此，做淘宝、天猫店铺的过程中，获取流量的关键技术能解决40%左右的流量问题，而另外60%左右的流量问题则是店铺和产品先天带来的。店铺定位好、产品结构好，就能比较轻松获得充足的流量支持。

2. 顾客会想办法寻找优质店铺和优质产品——顾客不愿意花冤枉钱

对于任何一个顾客来说，花钱都是慎重的，他们都希望自己花同样的钱，买到更好的东西。因此，顾客会想尽一切办法寻找到自己最满意的产品，结果就是好产品会自动带来流量。

3. 流量技术是好产品成为爆款的"加速器"而不是主"发动机"——好产品而非好技术成就了爆款

很多卖家不是去通过提升店铺定位和产品品质来扭转店铺状况，而是沉醉于希望用流量技术拯救自己的店铺，这就像是工程师希望依靠辅助推进器而不是主推进器来发射火箭一样，最终都是徒劳的。即使通过技术方式增加了流量，如果产品接不住流量，那么涌入的流量反而会加速店铺的死亡。

4. 运营流量的目的在于把流量变成店铺的顾客存量——顾客不愿意在选择中面对更多不确定风险

淘宝、天猫卖家热衷于引入新流量，但是在不经意间把引入的流量转变成了长期驻留在店铺的存量，结果流量都是一次性的，流量永远都是流量。只有那些能够把流量转化为付费顾客，把付费顾客转化为忠诚顾客，并且顾客最终愿意把店铺而不是某一个产品作为收藏，才能说店铺已经成功了。其实，顾客在市场上买东西就是一个试错过程，如果找到自己信得过的产品和店铺，就会收藏或关注店铺，并把自己主动驻留在该店铺中。

> **学习要点**

(1) 深刻理解解决产品"卖好"对于打造盈利店铺的重要意义和关键作用。

(2) 深刻理解店铺流量规划对于打造盈利店铺的深远意义，仔细梳理店铺流量规划对后期店铺运营关键事项的关系和影响，学会借助工具规划流量。

(3) 深刻理解免费流量对店铺的意义，仔细梳理免费流量对后期店铺运营关键事项的关系和影响，学会借助工具布局和优化免费流量。

(4) 深刻理解付费流量对店铺未来发展的意义，仔细梳理付费流量对后期店铺运营关键事项的关系和影响，学会借助工具优化付费流量。

(5) 深刻理解私域流量对店铺未来发展的意义，仔细梳理私域流量对后期店铺运营关键事项的关系和影响，学会借助工具优化付费流量。

> 学习难点

(一)理解"好产品自带流量"

很多卖家只相信流量来自好的流量技术,而忽视了店铺定位和产品对于流量的关键关系。因此,在遇到流量困难的时候,往往总是在技术上想办法,而不会从源头去审视自己的店铺或者产品是否有问题。

(二)理解"流量变存量"

很多卖家都把流量的中心工作看成"引流",仿佛把流量引进店铺就是成功。比这个理解层面高一点的,是认识到要尽可能实现流量的转化。其实,流量管理的最高境界,不只是转化,而是要让尽可能多的顾客驻留在店铺,成为店铺的顾客存量。为了把流量变成存量,卖家需要从源头开始,彻底而系统地去升级自己的店铺,最终把店铺打造成为一个流量"海绵",不断将流量吸到店铺存起来,确保自己拥有可持续发展的能力。

(三)权衡"免费和付费"

卖家一般对付费流量充满了向往,但是在行动上往往持抵制态度,甚至对付费流量充满了恐惧。他们总觉得付费流量花费大,是一件风险极大的事情。卖家要理解,为流量付费实际上是一个"用白银换黄金的过程",甚至是一个"面粉换黄金的过程",只要投入产出划算,风险可控,为什么不可以尝试呢?

> 学习平台

(一)专门网站

请在幕思城官网上学习经理班盈利流量管理相关课程和学员关于盈利流量管理的学习帖子。

(二)专用软件

请结合幕思城盈利助手和幕思城将军令实操。

(三)问题咨询

(1) 请联系自己的专属卖家成长顾问,解决学习盈利流量管理中的认识和实操问题。

(2) 请联系自己的专属卖家学习顾问，参加相关的专题训练营和综合训练营。卖家学习顾问是我们在幕思城的"内部客户代表"，其将站在我们的立场推进相关服务的提供，并确保我们得到的服务质量。

(3) 请联系自己的专属卖家发展顾问，明确自己当前的问题及未来的解决方向。

(4) 没有专属顾问的同学，请在幕思城网站上联系幕思城卖家发展顾问。

海水多好还是淡水多好？

可能很多人不假思索地认为，淡水多好。对于我们人来说，淡水可能好于海水。但是，对于海洋生物来说，淡水可能不是好的环境，过多的淡水或者含盐度过低的水甚至会成为一个灾难。

在做店铺的时候，我们总是觉得流量越多越好。其实，我们的店铺不是需要更多的流量，就像人不需要更多的海水，海洋生物不需要更多的淡水一样，我们的店铺只需要与店铺规划有一致的或更多的精准流量即可。就像适合人生长的淡水越充足，人活得越好一样，这种精准的流量越多，店铺会发展得越好。

基于这样的运营逻辑，我们需要熟练掌握运营精准流量的技术，不断提升流量中精准流量的占比。

第一节 做好店铺流量规划

在行业和产品确定以后，我们就可以开始准备推广引流了。很多卖家都以为流量越大越好，其实这种想法是错误的。如果我们的供应链跟不上，顾客下单后发不出货，那么店铺反而会非常危险。

为了保险起见，我们需要事先做一个流量规划，核算清楚我们到底需要多少流量，到底需要在引流上花多少钱，预计能够带来多少成交量。有了预算，我们才能心里不慌，正所谓"凡事预则立，不预则废"。

一、制定好销售目标

流量和销量是一一匹配的，在转化率一定的条件下，销量目标决定了流量目标。也就是说，我们想卖多少产品，就应该大致知道需要多少的流量来支持。因此，预算店铺的流量，需要先制定店铺的销量目标。一般来说，我们可以根据店铺所处的阶段优先设立一个月度销售额目标，然后根据销售额目标来倒推我们需要的流量。

有些卖家喜欢做年度规划，比如今年做了300万元的销售额，在年底就拍脑袋说明年要做1000万元的销售额。这1000万元的销售额怎么来？怎么实现？他一概不知。电商行业各种节庆日活动比较多，如三八女王节、六一八年中大促、双十一大促、双十二大促、年货节等，再加上有些类目有明显的淡旺季，所以各种因素混在一起，充满了不确定性。在店铺没有足够的数据累积做支撑的时候，年度目标一般都只是一个拍脑袋决定的数字，并没有太大的参考意义，而月度目标则更显得靠谱一些。

我们经理班有个学员叫海涛，是做美容仪的。他在12月份的时候说今年做了8000万元的业绩，明年目标要做1.5亿元，这个目标我信，因为他们团队有几十个人，能够全力以赴去实现目标。但是一个只有几个人的小团队，要从300万元的目标跨越到1000万元，不是那么容易的事情。

对于规模尚小的团队而言，规划目标最好以月为单位，最长可一次规划一个季度的目标。例如，本月规划下个月目标，下个月再规划再下一个月的目标，依次类推，这样可以根据当月目标实现情况来调整下一个月的目标。

二、测算好目标流量

有了月销售额的目标之后，就可以分解出更细致的目标，便于我们清楚地知道要完成这个目标的销售额需要的流量、转化率和客单价。

销售额的公式：

$$销售额 = 流量 \times 转化率 \times 客单价$$

流量的预算公式：

$$流量目标 = \frac{目标销售额}{转化率 \times 客单价}$$

根据上述公式，我们需要知道店铺的平均转化率和客单价，然后才能算出需要的流量。

如果店铺已经有了一定的数据累积，则可以直接从生意参谋首页(见图4-1)大致预测出店铺的转化率和客单价。如果是一个新店，还没有多少数据，则可以先推广一段时间，等有了一定的数据量之后再制定目标。

图 4-1

例如，基于图4-1的数据，我们可以大致了解到店铺的月度平均转化率为2%，客单价为145元，如果我们接下来想要做20万元的销售额，假设下个月行业数据未发生太大的变化，则公式为：

$$月流量目标=\frac{200\,000}{2\%\times145}=68\,966$$

我们算出的流量为68 966，这是一个月需要的流量总数。如果一个月按30天来算，每天需要的流量=68 966/30，结果是2299。也就是说，如果店铺每天能带来2299个精准的流量，那么实现一个月20万元的目标就并不难。另外，需注意的是，这个流量指的是访客数。

三、做好引流渠道预算

根据前期设置的销售额目标，分解出了每天需要的流量，那么接下来我们应该怎么样去引入这么多流量呢？

(一) 付费流量和免费流量预算

如果我们的店铺已经有了一定的数据累积，那么即可大致计算出店铺付费流量和免费流量的占比关系。例如，图4-1中付费流量占全店流量比例计算出来的结果是37%，那么如果一天要引入2299个流量，付费流量则需要引入2299×37%=850.63，这就意味着每天大约需要850个付费流量。相对的，免费流量预估为2299×63%=1448.37，即每天大约需要1448个免费流量。

付费流量占比37%也许在本月是合理的，但是在下个月我们真正按照这个目标去引流的时候，有可能发现付费流量占比远高于37%，也有可能远低于37%。所以，付费流量和免费流量的占比关系需要动态调整。我们可以以一周为单位来分析调整，例如，在计划实施当月的第一周先看一下流量目标是否达标，付费流量占比是否与我们预先估计的吻合，然后再根据第一周的情况调整第二周的计划，这样到月底目标才相对比较容易按照最初的目标来实现销售额的目标。流量来源构成如图4-2所示。

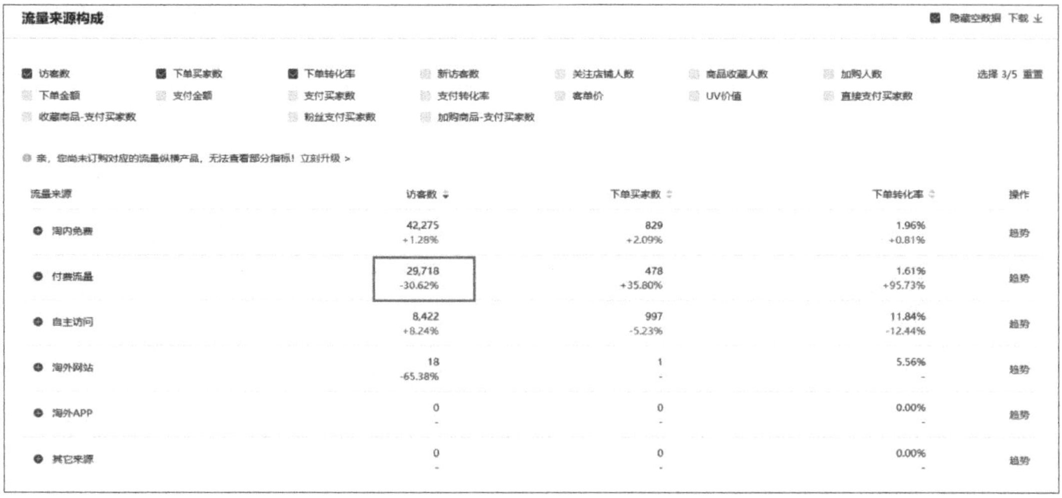

流量来源	访客数	下单买家数	下单转化率	操作
淘内免费	42,275 +1.28%	829 +2.09%	1.96% +0.81%	趋势
付费流量	29,718 -30.62%	478 +35.80%	1.61% +95.73%	趋势
自主访问	8,422 +8.24%	997 -5.23%	11.84% -12.44%	趋势
淘外网站	18 -65.38%	1 -	5.56% -	趋势
淘外APP	0 -	0 -	0.00% -	趋势
其它来源	0 -	0 -	0.00% -	趋势

图 4-2

（二）成本与利润预算

1. 付费流量成本预算

如果我们类目的付费推广平均点击单价是0.8元，每天引入850个流量，则需要850×0.8=680元。如果一个月按30天来算，则需要680元×30=20 400元。这就是一个月要完成20万元销售额目标所需要的付费推广成本。

2. 利润预算

有了每天需要多少访客，大概要花多少钱投广告，那么基本上可以大致算出来每个月的利润到底有多少。我们也清楚如果要提高利润，可以从哪些方面入手去优化。

> **本节学习心得**
>
> 请将学习本节内容后的心得记录在下面,以备后期查阅。

第二节 做好盈利免费流量管理

一、做好手淘搜索

(一)手淘搜索优化内容

1. 手淘搜索的概念

淘宝卖家经常讲的自然搜索,其实就是淘宝搜索。由于现在主要的淘宝搜索流量集中在无线端,所以我们也称之为手淘搜索。手淘搜索几乎是每个卖家都非常想要争夺的流量"洼地",因为手淘搜索的流量精准度非常高,买家都是通过搜索一些意向性很明确的关键词来访问产品页面的,而且这个渠道的流量是不花钱就可以获得的。手淘搜索的流量和直通车流量本质是一样的,只不过直通车是需要花钱才能获得搜索结果页的排名,从而获得手淘搜索页面的流量。

2. 淘宝搜索的使命

由于我们希望淘宝系统能帮我们更多地展示商品,并且希望系统能让更多潜在的买家看到我们的商品并且产生点击,那么就必须搞清楚淘宝的搜索系统是按照什么规则来对商品进行排序和展示的。

淘宝搜索的使命是什么？无论淘宝搜索的算法怎么变，都是根据淘宝搜索的使命来变化的，淘宝搜索的使命一直都是：①方便交易，帮助买家快捷方便地找到满意的商品；②维护市场的公平性。

1）方便达成交易

淘宝搜索逐渐实行了"千人千面"，即不同的消费者搜索出来的结果不一样，消费者各自看到的商品都是最有可能符合自己购买需求和喜好的产品。淘宝搜索为什么要变成"千人千面"的模式？淘宝搜索就是在践行它方便达成交易的使命。

这就是为什么有些卖家把店铺做成杂货铺，各种跨类目的商品五花八门，价格悬殊巨大，风格迥异，到头来做得越来越差。而有些卖家专注于某个细分领域，把店铺打造成主题清晰、风格明确的小而美店铺之后，手淘搜索流量却源源不断。

淘宝的发言人经常说淘宝对于刷单是零容忍，我一直很好奇为什么淘宝不直接把刷单的店铺给予最严厉的处罚——直接封店。但是看到这几年淘宝对于刷单规则的优化和改变之后，我明白了，淘宝不是要把刷单的店铺全部封完，而是逐渐提高刷单的门槛和成本，让刷单变得无效，这样卖家就自然而然会摒弃刷单，从而走正道。

淘宝搜索的"千人千面"实施之后，被卖家讨论得最多的就是"人群标签"。当一个店铺经营了一段时间之后，这个店铺的人群标签就逐渐成型了，淘宝系统就会记录该店产品的价位区间、风格、买家类型等指标，那么淘宝的搜索就会匹配符合这个人群标签的买家进行展示。

因此，刷单会越来越没有效果，因为刷单的账号大都是平时也在帮别的卖家刷单的账号，这些刷手号经常购买不同类目、价位、品质的商品，而且大多数是低价商品，所以当这些刷手号再次去另一家店刷单时，这家店的人群标签原本是正常的，就会被打乱，从而导致淘宝搜索给这家店匹配的搜索流量不精准，导致转化率很低。转化率一旦下降了，淘宝搜索系统就认为这家店流量浪费比较严重，就不会再给更多搜索流量了，这家店也就会进入越刷搜索流量越低的死循环。

2）维护市场公平

淘宝搜索的第二条使命是维护市场公平性，本质就是要给每个卖家的商品展示的机会，同时也要严厉打击刷单，这样才能保障真正的公平。淘宝的搜索系统就像一个面试官，它给每个商品一个面试的机会。如果这个商品数据好、表现好，就给它正式上岗，经常在搜索结果页展示的机会。反之，如果一个商品没有做好准备，各方面数据表现都很差，那么这个商品后期就很难再次得到展示机会，也就不会有搜索流量了。

所以我们前面讲盈利产品管理的时候，为什么需要花这么多心思去选产品、打造产品，就是为了在淘宝搜索"面试"我们商品的时候，能够获得淘宝搜索的青睐，从而持续获得免费的搜索流量。

3. 优化手淘搜索的内容

从另一个角度来看，我们优化手淘搜索，无外乎是想获得更多的搜索流量，从而让每天的订单更多，销量更高。如果从公式的角度去理解，也许能让我们更加明白提高手淘搜索需要做哪些方面的工作。

1) 基本销量公式

基础公式：

$$销量 = 流量 \times 转化率$$
$$销量 = 曝光量 \times 点击率$$

由此得出销量公式：

$$销量 = 曝光量 \times 点击率 \times 转化率$$

由此推出，如果我们想获得更高的销量，则需要不断提高商品的曝光量，不断优化提升主图点击率，不断优化提升买家的支付转化率。如果一个商品点击率和转化率很高，但是得不到任何曝光和展现，肯定没有销量。同样地，如果一个商品曝光量很高，在很多关键词的搜索结果页都排名靠前，但是主图没有一点儿吸引力，那也不会产生买家的点击，也就无法产生流量。如果一个商品曝光量很高，点击率也不错，每天访问这个商品的买家很多，但是这个商品没有任何吸引力，更别谈性价比，无法吸引买家下单，那么这么多流量也没有产生任何成交，就没有任何价值。由此可见，只有曝光量、点击率、转化率三者同时具备，这样优化的手淘搜索流量才有意义。

2) 提高曝光量

提高曝光量首先是靠商品标题的优化：一是每个标题精心优化，放置一些搜索人数较多，和产品匹配的精准关键词做标题；二是多一些宝贝优化标题，获取不同关键词的曝光。

其次是优化商品的类目、属性、价格、转化率、销量等指标，以符合手淘搜索的排名规则，尽可能让商品能在同类型商品中排名更靠前，这样就可以获得更多的曝光量。

3) 优化点击率

点击率的优化主要靠主图的第一张图和主图视频。买家主要是通过主图中第一张图的第一感觉来判断是否点开这个产品。

4) 优化转化率

转化率的影响因素较多，产品详情页能否打动人、销量如何、评价好不好、买家秀好不好看、问大家里面的回答是否解决疑虑等都是影响买家是否购买的因素。

通过以上的分析，我们已经清楚了，手淘搜索的优化主要是在用正规方法的前提下，去优化商品标题、主图、主图视频、详情页、评价、买家秀、问大家、转化率等项目。每一项优化得越好，手淘搜索流量就会越高、越持久。

(二) 手淘搜索优化步骤

1. 提高曝光量

我们要获得持续的手淘搜索流量的前提，肯定离不开优化之前的工作，如前期类目的选择、产品的选款测款、视觉优化、基础数据、完整产品等，也就是我们一般是在前期的准备工作完成之后再去优化产品标题(见图4-3)，这样一旦带来流量，就更容易吸引买家。

为了提高产品的曝光量，我们可以优先从主推的产品入手，然后再一个一个地优化其他产品。标题优化能直接有效地提高商品曝光的概率，多个被精心优化后的商品则能够最大限度地提高店铺的手淘搜索曝光机会。优化标题有一些基本原则，如写满30个字、不用极限词、不用未授权品牌词、不堆砌关键词等。

满足基本原则的前提下，我们再来优化标题。一个标题的用词决定了这个产品未来能够获取到的手淘搜索流量的极限到底是多大，所以一开始就需要对标题的每一个词都精心对待。标题里好的关键词就像优秀的歌手一样稀缺，但是歌唱比赛为什么能够源源不断地产生优秀的歌手呢？原因在于歌唱比赛采用的模式能够让优秀的歌手浮出水面，从几十万人报名参加的海选，到复赛，再到最后的决赛，一层一层地刷掉普通的歌唱爱好者，最终留下优秀的歌手。同样的道理，标题优化也需要大浪淘沙，把好的关键词留到最后。

首先可以利用将军令工具箱的淘词软件或者盈利助手的宝贝标题优化软件，把需要优化标题的商品所在类目的所有词全部挖掘出来，然后再一层一层地筛选，把不相关的词、太长的词、搜索人气太低的词、太宽泛的词等筛掉，最终在剩下的词中优选关键词来组合标题。

主推的产品组合标题可以优先选择搜索人气高的词，而非主推的产品则可以选择搜索人气高且在线商品数较少的词。所有的产品标题里用的词相似度不要太高，因为手淘搜索在相同关键词搜索结果页对于同一个店铺的不同宝贝最多只展示4个商品。

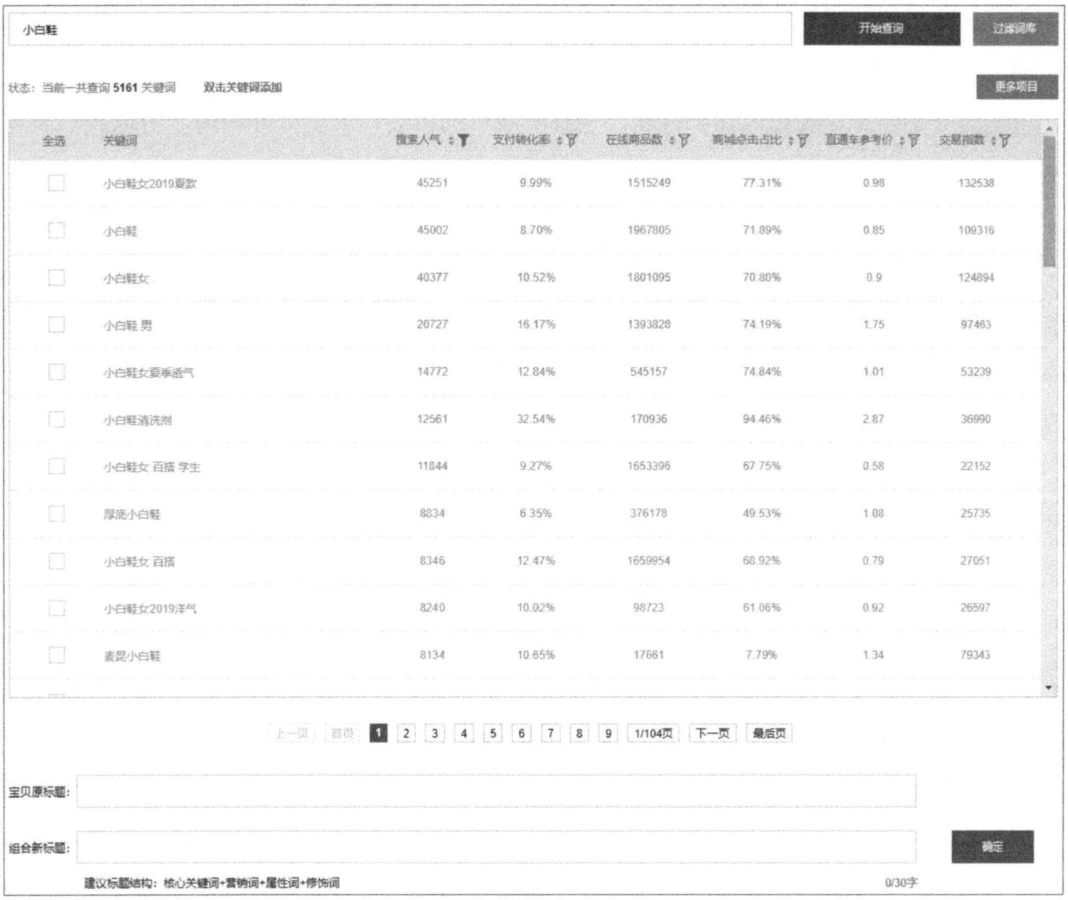

全选	关键词	搜索人气	支付转化率	在线商品数	商城点击占比	直通车参考价	交易指数
	小白鞋女2019夏款	45251	9.99%	1515249	77.31%	0.98	132538
	小白鞋	45002	8.70%	1967805	71.89%	0.85	109316
	小白鞋女	40377	10.52%	1801095	70.80%	0.9	124894
	小白鞋 男	20727	16.17%	1393828	74.19%	1.75	97463
	小白鞋女夏季透气	14772	12.84%	545157	74.84%	1.01	53239
	小白鞋清洗剂	12561	32.54%	170936	94.46%	2.87	36990
	小白鞋女 百搭 学生	11844	9.27%	1653396	67.75%	0.58	22152
	厚底小白鞋	8834	6.35%	376178	49.53%	1.08	25735
	小白鞋女 百搭	8346	12.47%	1659954	68.92%	0.79	27051
	小白鞋女2019洋气	8240	10.02%	98723	61.06%	0.92	26597
	麦昆小白鞋	8134	10.65%	17661	7.79%	1.34	79343

图 4-3

标题优化好了以后也需要经常关注标题里关键词的流量变化。如果过了一段时间，搜索流量还是很少，则可以针对一些没有带来流量的词进行替换。但是后期如果手淘搜索流量比较高，就不要轻易去修改标题，除非是标题中有明显的错误，否则可能导致搜索系统认为我们重新优化了标题，这就需要重新给我们分配流量，那么搜索流量有可能一落千丈。

并不是标题优化好了就一定能够提高曝光量，标题优化只能起到覆盖更多可能搜索该产品相关关键词人群的作用，还需要这个标题所包含的词的搜索结果页排名靠前，才能更大限度地提高曝光量。但是搜索排名的影响因素较多，如销量的多少、转化率的高低、动态评分等，所以优化排名的过程是一个持续的过程。

2. 提高点击率

在同一个关键词搜索结果页有很多雷同的商品，这些商品主图类似，甚至价格都相差不大。在这样的搜索环境下，如果我们的主图没有亮点，销量也不是特别高，若想吸引买家的注意，恐怕很难。

我们好不容易花心思优化了标题，也有了展示的机会，就要好好利用，所以我们要花心思去考虑什么样的主图能吸引买家的注意。

有一位卖增高鞋的卖家，在淘宝上看到了千篇一律的增高鞋主图，各种"更高更自信"之类的文案充斥其中。为了让自己的主图别具一格，他分析了同行上百张主图，再结合消费者购买增高鞋主要是想增高的需求，想出了在主图上加上"隐形增高8cm"的文案，加上这样一句显眼的文案之后，点击率和流量暴增，月销量也达到了16 000。这句文案恰好告诉了买家购买这双鞋的直接利益，而不是隐晦地说"更高更自信"。

产品要想获得更高的点击率，就需要在第一张主图上下功夫，让自己的主图和同行的不同，也就是要有差异化。我们首先需要考虑买家购买这类商品最关心的是什么；这些关心的内容是否可以设计出一条文案放在主图上，这样的文案是否有吸引力。其次，我们再把同行销量高的产品主图分析一下，看一下这些主图里有没有特别好的文案，是否有好的典范值得借鉴。

3. 提高转化率

我问过很多人，手淘搜索流量是不是免费的，绝大部分人给我的回答都是免费的。他们只是站在自己的角度认为店铺里的手淘搜索流量并没有花钱，所以是免费的。但是就流量本身来讲，它并不是免费的，是有人花了钱买回来的，只是卖家没有花这个钱。这就好比有个包子铺每天给人免费发包子，领包子的人没有花钱，但是这个包子本身是需要花钱才能做出来的。

搜索的流量是淘宝网花钱买回来的！阿里花几十亿元入股新浪微博、花几百亿元收购优酷土豆、花几百亿元收购饿了么等各种投资行为本质都是在买流量，这些流量买回来后会引到淘宝、天猫给卖家，所以阿里花了这么多广告费买回来的流量我们一定要珍惜。就像去包子铺领免费的包子一样，如果包子铺老板每天给每个人5个免费的包子，当他看到第一个人吃掉了5个包子，第二个人只吃掉了1个，其他4个包子都扔掉时，这个老板第二天会给第一个人几个包子，给第二个人几个包子呢？

访客进入店铺之后，我们需要留住顾客，而这些访客在没有咨询旺旺的时候，详情页就是一个静默的销售人员。因此，如何让这个静默的销售人员掌握高超的销售技巧变得异常重要。我们一方面可以先参考同行销量高的产品先做初步的五张主图、主图视频、详情页等优化，另一方面可以每周或每月定期监控这些商品的转化率，紧密关注一些异常的数据，如中差评、停留时间等。

(三) 分析对手拉升流量

其实有很多手淘搜索流量很高的店铺,甚至有最近一个月手淘搜索流量才飙升起来的潜力产品,那这些店铺是如何做到让手淘搜索流量持续增长的呢?也许不同的卖家有不同的方法,当然这些方法他不会告诉其他人,但是我们也要想办法去探索流量飙升背后的奥秘。

那如何探寻出同行手淘搜索流量飙升的秘籍呢?答案就是用表格每天记录对手飙升产品的各项指标,如各个流量渠道的访客数、支付件数、转化率等,然后把各项指标绘制成曲线图,把表格中一些突然上升或者下降的异常指标标注出来,在这些异常指标里就能找出一些运营套路。

我在2016年利用生意参谋的工具分析到一款小红鞋,刚上架一个月,手淘搜索一天的访客接近3万,于是我怀着巨大的好奇心开始往前记录这款产品的数据,一直记录到这款产品刚上架的时候(刚上架的产品各项指标都是0)。最后发现这个产品分别用了购物车营销、直通车点击量递增、报名手淘抢购活动、钻展加大力度引流等手段,最终短期实现了每天接近3万手淘搜索访客的流量。这个方法研究出来之后,很多同学就学会了通过分析竞争对手的手淘搜索流量飙升的产品来打造爆款的方法,这期间每个月都有很多学员学到对手拉升手淘搜索流量的方法。

2018年的时候,我又用同样的方法分析到一个4钻店铺里有一款售价168元的连衣裙流量突然飙升。短短3周时间,从产品上架到每天发3000单并且一天免费流量达59万的访客数,如图4-4所示。

	A	K	L	M	N	O	P	Q	R	S	T	U	V	W	X	Y	Z	AA	AB	AC	AD	AE
1		6月24日	6月25日	6月26日	6月27日	6月28日	6月29日	6月30日	7月1日	7月2日	7月3日	7月4日	7月5日	7月6日	7月7日	7月8日	7月9日	7月10日	7月11日	7月12日	7月13日	7月14日
2	手淘搜索	629	2,277	2,718	5,571	7,249	6,819	12,370	19,340	21,460	29,878	33,869	35,818	29,913	28,510	32,166	31,180	37,163	39,379	41,136	41,551	45,712
3	搜索占比	59.06%	76.08%	64.70%	67.49%	70.99%	54.23%	49.13%	59.62%	57.35%	64.30%	59.55%	54.99%	40.44%	36.67%	29.02%	17.58%	18.75%	15.07%	7.79%	6.94%	4.78%
4	手淘首页	9	0	22	36	61	132	196	334	485	749	2,810	5,845	15,867	15,446	36,247	90,879	94,808	138,090	320,785	347,293	347,916
5	直通车	294	304	767	1,123	987	3,163	7,461	5,067	6,444	5,619	6,713	5,649	5,102	7,863	7,194	3447	0	0	0	0	0
6	直通车花费	147	152	384	562	494	1,582	3,731	2,534	3,222	2,810	3,167	2,825	2,755	3,932	3,597	1,724	0				
7	我的淘宝	30	90	150	413	469	642	1,194	1,762	2,164	2,591	3,796	4,515	6,479	8,214	13,408	25,103	35,493	45,564	103,873	137,439	112,170
8	购物车	0	44	91	149	285	529	841	1,022	1,281	1,663	1,945	2,469	3,040	3,839	4,917	7,224	10,419	13,333	15,216	17,201	
9	总访客数	1065	2993	4201	8255	10211	12574	25178	32439	37419	46467	56875	65135	73969	77747	110841	177361	198203	261307	528062	598718	587558
10	支付件数	6	19	25	36	64	79	129	183	208	296	348	374	419	413	522	793	1062	1290	2197	2645	2747
11	支付转化率	0.56%	0.63%	0.60%	0.44%	0.63%	0.63%	0.51%	0.56%	0.56%	0.64%	0.61%	0.57%	0.57%	0.53%	0.47%	0.45%	0.54%	0.49%	0.41%	0.44%	0.47%
12	每日毛利	552	1748	2300	3312	5888	7268	11868	16836	19136	27232	32016	34408	38548	37996	48024	72956	97704	118680	201480	243340	252724
13	每日净利润	405	1,596	1,917	2,751	5,395	5,687	8,138	14,303	15,914	24,423	28,850	31,584	35,794	34,065	44,427	71,233	97,704	118,680	201,480	243,340	252,724

图 4-4

每个类目的手淘搜索流量飙升方法都可能不一样,所以我一般让同学们至少在自己的类目里分析10个飙升的商品,从中总结出流量飙升的规律,从规律中找大概率事件,再去模仿这些大概率事件就很容易成功,如图4-5所示。

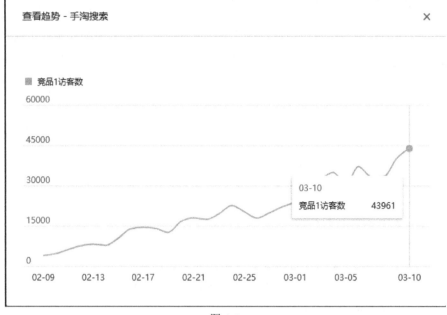

图 4-5

二、做好手淘首页

（一）手淘首页如何入池

1. 手淘首页的概念

人们在手机淘宝APP上购物，一种方式是通过搜关键词进入产品详情页，另一种方式是直接在手机淘宝APP的首页逛。到今天为止，通过手机淘宝首页购物的消费者已经占据着相当高的比例了，可以和手淘搜索平分秋色。

但是，手淘首页不像手淘搜索那样需要优化关键词，消费者打开手机淘宝APP之后，不用搜索关键词就能看到在手淘首页展示推荐的商品流。如果我们仔细观察会发现，手淘首页推荐的商品大都是我们曾经浏览过的商品或同类型的商品，以及一些我们可能感兴趣的商品。

无线时代，对于淘宝、天猫的卖家而言，不仅手淘搜索是"兵家必争之地"，手淘首页也是一个流量集中地。自从淘宝的流量转移到无线端以后，原来占据主导地位的搜索流量被瓜分，其中手淘首页流量是分割搜索流量最大的一个渠道，现在很多店铺甚至手淘首页的流量远远大于手淘搜索，所以手淘首页也是一个必须抢占的流量高地。手淘首页的商品展示位置比较多，其中流量最多的是"猜你喜欢"这个板块，所以我们通常说的手淘首页流量也是主要指的是"猜你喜欢"的流量。

2. 手淘首页的入池条件

"猜你喜欢"的系统后台有个商品池，要符合"猜你喜欢"的商品抓取条件，才能入池，也才能有展现机会。有了展现机会之后，我们才能去讨论店铺的"猜你喜欢"流量是多还是少。

由于商品池里的商品都是要展示在手机淘宝APP首页的，而首页相当于是淘宝网对外的"窗口"，所以淘宝系统对于这些即将展示在手淘首页，尤其是"猜你喜欢"的商品自然会有相应的规范，不符合要求的是绝对不可能得到展示机会的。

首先店铺存在严重问题的肯定无法入池，如有严重违规扣分的店铺、动态评分飘绿的店铺、退款率过高的店铺等。一切可能让消费者体验大大降低的店铺指标，淘宝都会担心把流量推荐给这种店铺之后会大大降低消费者的购物体验。

其次是商品主图不符合规范的无法入池，如主图上文字太多、清晰度不高、带边框等。我们可以在卖家后台宝贝管理分类里的商家素材中心找到相关的主图规范。

店铺无违规、主图符合规范的商品其实也非常多。淘宝系统总喜欢把优质的商品推荐给消费者，所以数据指标处于良性发展的商品更容易触发"猜你喜欢"流量的大幅增长。

哪些指标是符合"猜你喜欢"判定商品是否优质的呢？一切能代表消费者对这个产品感兴趣，反馈良好的指标就是判断指标。因为"猜你喜欢"是以逛为主要场景，主动将商品匹配给买家的。在"猜"的过程中，有没有"猜对"很重要！怎么样是"猜对"？买家看到商品后愿意点击、收藏、加购、购买、好评，那么就算是"猜对了"。所以点击率、收藏率、加购率、转化率、好评率等指标越好，代表这个商品越优质，越容易获得"猜你喜欢"的流量。

所以要符合"猜你喜欢"入池的条件主要是店铺无重大违规扣分及动态分、好评率、退款率等指标是在正常状态，以及商品的主图是按照商家素材中心要求制作的白底图、透明图等，各项能够代表商品是优质商品的指标比较好。

（二）手淘首页流量提升的方法

看到这里有些人一定会想问，怎么样的点击率、收藏率、加购率、转化率、好评率是好的呢？找自己店铺中能做到最好的产品或是拿现在店铺中手淘首页流量最多的商品去比较，比目前手淘首页最好的商品的各项指标还高的，就有机会把手淘首页流量做出来。不过要注意的是，这里面最核心的指标主要是转化率、加购率和收藏率，其次是点击率和好评率。

即便是入池了的商品，也有可能拿不到多少展现机会，或者有了几天高流量之后又掉下去了，极其不稳定。手淘首页流量是否能够获得增长，主要是看商品是否能够匹配买家的标签，这与手淘搜索的原理类似，也是"千人千面"，也要根据买家身上的标签去匹配商品的。

淘宝利用大数据分析，记录每个买家过去的消费行为，并根据买家经常购买的商品及其他阿里系APP收集到的用户信息去判断用户大致所处的人生阶段，以此来推测用户接下来可能会买哪些商品，然后去卖家的店铺中匹配符合条件的商品，最后在手淘"猜你喜欢"板块展示给对应的买家。由于"猜你喜欢"需要匹配商品的标签，而商品的标签是在有成交数据之后逐渐形成的，所以一般可以先完成其他引流渠道，在产品有了一定的销量和订单之后再去做"猜你喜欢"的优化，这样更能获得流量的提升。

当商品有了一定的基础销量，基本的标签已经形成，那么就可以通过外部手段来提升手淘首页的流量。最直接有效的方法是通过直通车定向推广和钻展的单品推广来提升手淘首页流量，因为直通车的定向推广和钻展的单品推广都能直接投放到"猜你喜欢"的位置，后来新出的超级推荐也可以投放到"猜你喜欢"。所以，如果我们的产品在这几个地方能获得展现，证明我们的主图是符合"猜你喜欢"抓取条件的，就能够带来展现和流量。投放直通车定向推广和钻展单品推广之后，再配合其他引流渠道，逐渐让产品的销量呈递增趋势，一般来说就很容易增长手淘首页的流量。

（三）稳定手淘首页流量的方法

因为搜索流量是主动式购物，而手淘首页的流量是被动式推荐的流量，因此手淘首页流量相比于手淘搜索流量来讲，转化率一般要差一些。虽然转化率差一些，但是有可能某些店铺手淘首页的流量要多很多，为了能让手淘首页流量持续稳定地增长，如何保持手淘首页流量的稳定就成了一个关键的事情。

1. 找出导致手淘首页流量下降的原因

我们要研究手淘首页如何稳定，就要清楚哪些情况容易导致手淘首页流量大幅下降或消失。

最致命的手淘首页流量下降的原因是店铺的各种违规处罚。店铺一旦触犯淘宝的规则，很容易被扣分或者降权。当店铺面临这种情况的时候，手淘首页流量基本上会瞬间消失，其他渠道的流量也会大幅下滑。所以，我们经营店铺要讲诚信，要用正规方法，千万不要抱着侥幸心理去钻规则的漏洞，去走各种歪门邪道。

导致手淘首页流量下降的第二大原因是店铺的一些核心指标发生恶化，如产品转化率下滑严重、退款率飙升、动态评分飘绿、买家投诉、小二介入纠纷率上升等。所以，在经营店铺过程中，我们要时刻注重产品品质和服务质量，始终对买家抱有诚信之心，真诚帮助买家解决问题，尽可能避免这些指标向坏的方向变化，进而引起手淘首页流量下滑。

2. 提高坑位产出比

手淘首页的流量本质也是淘宝花钱买来的，所以淘宝系统也会重视在手淘首页展现的卖家对流量的利用率，专业词语叫作坑位产出比(见图4-6)。手淘首页的每个位置就是一个坑位，如果一个坑位给A卖家10 000的展现次数，他能卖1000元，而这个坑位如果给B卖家10 000的展现次数，他能卖10 000元，那么对于同类目并且相似的商品而言，淘宝系统肯定更愿意把展现机会更多地给到B卖家。

哪些因素会影响坑位产出呢？

流量来源	访客数	下单买家数	下单转化率
淘内免费	117,387 +6,829.57%	7,250 +4,733.33%	6.18% -30.25%
手淘首页	79,686 +74,372.90%	2,594 +43,133.33%	3.26% -41.95%
手淘搜索	19,186 +1,669.93%	2,154 +2,772.00%	11.23% +62.27%
淘内免费其他	18,875 +3,488.40%	2,957 +3,643.04%	15.67% +4.31%
手淘问大家	7,248 +6,936.89%	973 +6,386.67%	13.42% -7.82%

图 4-6

我们想一想什么指标能在相同的展现次数下决定销售额的多少？一定是转化率和客单价。转化率和客单价越高，相同展现下的同一个坑位产出的销售额越高。这样看来，转化率及客单价太低的商品都没有优势。

再回过头来看一看前面章节我们讲的一些方法和理念，做高利润产品和精心选行业、选产品就变得异常重要。所以我们会发现，做淘宝要盈利，是一环扣一环的，没有哪个店铺是随便就能赚大钱的，一定是经过精心设计和准备的。

本节学习心得

请将学习本节内容后的心得记录在下面，以备后期查阅。

第三节　做好盈利付费流量管理

一、做好盈利广告准备

(一) 再次确认是否是好产品

1. 为什么要投广告

在今天的淘宝、天猫平台，甚至其他电商平台，免费流量充满了不确定性，免费流量获取已经越来越难了，不是我们想要多少流量就会给我们多少免费流量的，所以我们仅靠免费流量就想把店铺规模持续做大，是很困难的。我们必须学会如何高投入产出比地投放广告，学会以更低的成本去买流量，这已经是电商人的必修课了。

几年前我还经常听到各种称自己从来不投广告的声音，他们还为此沾沾自喜，但是过了几年，免费流量的资源位越来越少，流量获取越来越困难之后，已经听不到有谁只满足于现有的那一点免费流量了。现在听得最多的声音就是后悔几年前直通车便宜的时候为什么没有开直通车，后悔为什么不早一点儿投钻展或者做内容营销。

2. 好产品才值得投广告

投广告本身就像一个放大镜，它可以把好产品的优势放大很多倍，也可以将不好的产品的劣势放大很多倍。经常抱怨投广告亏本的卖家，他们亏本的原因绝大多数都是产品不好，要么利润太低，要么转化率太差。

有个在成都做女鞋的学员，有一次专门打电话问我在哪里看直通车每天的展现量。这么简单的问题她都不清楚，证明她确实是一个直通车方面的新手。但奇怪的是，在女鞋行业直通车普遍投入产出比达到2都困难的情况下，她的直通车投入产出比居然达到8。这是什么原因呢？

她的直通车之所以能够做到这么好的数据，绝对不是因为她直通车技术好(因为她连直通车的展现量在哪里看都不清楚，也不经常调直通车)，而是因为她的产品好，具体来说就是差异化明显，并且客单价达到200～300元，利润率在50%以上，所以在女鞋类目里是属于高客单价、高利润的产品，以这样的产品去开直通车，即便她不专业也是盈利的。

由于投广告本身是需要花钱的，钱是否花在刀刃上就值得我们仔细斟酌。在淘宝、天猫平台投广告，前期的选品工作很重要，也就是在盈利产品管理部分讲到的选产品、测产品的各种环节，我们只有拿一个利润较高并且测试过后转化率较好的产品去做推广，才能更大概率地保障我们的广告不亏本。

(二) 做好基础数据准备

即便选对了产品去做推广，但如果没有基础数据也是不行的。如果买家看到一个产品是零销量、零评价，大多数人是不会下单的，因为不了解这个产品质量怎么样。国人购物有一种"羊群"效应，在现实生活中，看到一家餐馆生意很好，排队的人很多，人们就更愿意到这家餐馆去吃饭。他们自然认为，既然有这么多人选择在这里排队吃饭，味道肯定好。在网上购物也是一样的，买家看到销量高的产品就自然会认为，既然有这么多人购买，产品肯定很好。反之，如果一个产品没有销量也没有评价，买家就不敢下单。

既然我们是要把产品拿去做广告的，那么每个流量都是花钱买回来的，如果买回来的流量我们不好好利用，无法留住并转化这些流量，我们的钱就等于白白浪费掉了。所以尽可能在做广告之前把一切准备工作做到位，确保最大化地留住投广告吸引过来的买家。其中，基础销量、攻心评价、买家秀等基础数据就是准备工作中非常重要的一个环节。

大唛同学(见图4-7)家住在四川遂宁，有一次我在成都线下讲直通车课程的时候，他课后跑来请我帮他诊断店铺。他说他的女鞋店铺一直做不起来，直通车也烧不好。我打开他的直通车后台仔细分析，发现他当月直通车烧了9000多元，只成交了3000元。另外，我还发现他推广的产品销量只有15笔，其中有14笔都是当月直通车带来的成交。评价也只有三五个，还是最近才评价的，并且那些评语基本上都很普通，要么是默认好评，要么是简单一句鞋子不错之类的话。

分析过后我就能够猜得出来，他的鞋子肯定是零销量或者只有一两个销量，也没有攻心评价，而且也根本没测过款，直接就去开直通车了。我建议他先把直通车停掉，重新选一个数据好的款，把基础销量、攻心评价和买家秀等基础数据做好了再去开直通车。自那以后，他再也没有盲目地开直通车了，改进了一段时间之后，在那一年他还成功打造了一个月销3000多件的小爆款。

图 4-7

(三) 明确付费推广的成本底线

在做付费推广之前,一般也需要先做好成本核算。卖家需要先大致测算一下直通车投放多少钱、设置多少淘宝客佣金比较合适等。很多卖家都没有做成本核算的习惯,总是亏了很多钱之后才后悔莫及,为何我们不提前算好每一种付费推广的成本以避免亏本呢?

就拿直通车来举例,首先可以算一下我们主推的产品到底能承受什么价格的点击单价。例如,店铺一个主推的产品成本60元,售价100元,这个产品的转化率是2%,我们也可以预估直通车的转化率是2%。2%转化率的意思就是100个人访问店铺,会有2个人下单购买,由于每单价格是100元,所以他们总共的购买金额是200元,我们的利润则是80元。这样看来,100个访客能够让我们赚到80元,那么我们要额外付费引流100个访客进来。如果购买100个流量的成本超过80元,那么我们就会亏本。如果80元的广告费刚好购买100个流量,我们就刚好能保本,那么保本所需的点击单价=80/100=0.8元,也就是每个点击不超过0.8元,我们就不会亏本。这样就大致算出来了我们最终能承受的直通车或钻展的最贵点击单价,只要平均点击单价保持在这个范围内,我们就不容易亏本。

当然,可能存在一定的误差,例如,产品的成本是60元,售价100元,我们的净利润可能比40元要少;产品的转化率2%并不能代表这个主推的产品的直通车转化率也是2%;转化率可能随着付费推广的开展会不断变化等。虽然可能存在各种各样的误差,但是这些都不影响:一方面因为这个是做付费推广之前的预估,本身预估就不可能百分之百准确;另一方面后期有了数据之后我们可以不断调整之前的预估,以达到尽可能接近真实数据。

同样的道理,去做淘宝客或找达人推广的时候,要给对方佣金,佣金一般按比例收取,如30%。这个佣金会不会太高,一般是比较容易判断的。如我们前面举例说的60元成本的产品卖100元,这个毛利率是(100-60)/100×100%=40%。那如果我们给推广的淘客或者达人30%的佣金,则表示100元的30%也就是30元佣金都归对方所有,按照40%的利润率算我们还有得赚。但是如果我们的毛利率只有20%,那么就会直接面临亏本。一般来说,前期销量并不高的时候,我们哪怕把所有的毛利都让利给淘客也是可以做的,因为这个时候我们要的就是基础销量,把所有利润让出去,换来基础销量,这样做的基础销量实际上我们自己并没有额外花钱。当产品销量很高时就是我们赚钱的时候,这个时候还抓不住时机赚钱,等产品销量下滑或者进入淡季了,想赚都没得赚了。

总之,不管是做哪一种付费推广,我们都一定要事先算好成本,确保在推广之前就能大致预估这个广告投放行为到底会亏本还是能盈利。即便是某些类目很难把付费推广做到盈利,我们也要清楚做多少销量需要亏大致多少钱。核算好广告投放的成本和收益,能让我们在投放广告的时候心里更有底,避免不必要的亏损。

二、做好直通车

(一)认识直通车的价值

如果我们已经做好准备开始投广告了,首选的付费推广方式一定是直通车。淘宝、天猫1000万个卖家中,至少有100万以上的直通车用户,这在淘宝系统站内付费广告中是用户量最多的。直通车之所以那么受欢迎,一方面是因为流量精准,直接投放的就是用户经常搜索的关键词,搜索这些关键词的买家购买意向很高。另一方面是会玩直通车的卖家确确实实能够通过直通车带动手淘搜索流量。

即便如此,直通车也是一个让众多卖家又爱又恨的推广工具。"恨"是由于有很多卖家不会开直通车,导致他们经常翻车,亏得很惨。要想把直通车玩好,利用直通车打造盈利性爆款,需要掌握几个最核心的直通车开车思维。

(二)精心挑选适合直通车的好产品

直通车是否盈利,除了需要娴熟的直通车技巧,更重要的是在开车之前选对产品。精心选好产品去做推广,直通车小白也能玩转直通车。

梧桐同学的店铺是卖助力摩托车的,两三千元一辆。他在没有开直通车之前,并不知道产品拿去开直通车效果这么好,他甚至几乎没优化过直通车,直接把一些和产品相关的关键词扔进直通车,随便设置了一下就不管了。过了一段时间之后,梧桐打开直通车一看，他傻眼了，投入产出比居然高达18。要知道行业里面普遍的卖家的直通车都不赚钱，投入产出比更是低得吓人，甚至有些卖家的直通车投入产出比不到1。图4-8所示为直通车报表。

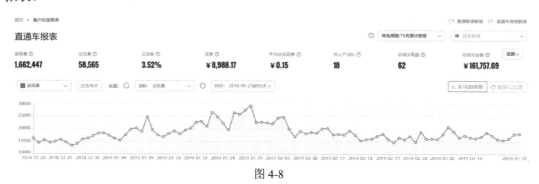

图4-8

梧桐的直通车技术并不是很好，他每日忙于各种杂事，甚至没有时间好好优化直通车。他的直通车之所以有如此高的投入产出比，最关键的地方在于他选对了产品去"开车"。

要想让直通车有更好的效果，产品应该这么选：①选转化率高的；②选客单价高的；③选利润高的。

这三个条件满足得越多越好。我们在盈利产品管理章节详细阐述了为什么要选款、测款，以及如何通过测款挑出转化率好的产品。这样做的目的，就是尽可能确保我们后期推广直通车的时候，产品的转化率是同类型产品中最高的。客单价高的产品开直通车一般也比客单价低的产品效果更好，例如，两三百元的女鞋和二三十元的女鞋，后者开直通车几乎很难盈利，但是两三百元的女鞋，在转化率和利润不是太低的情况下，较为容易做到盈利。

利润是企业的生死线，没有利润就没有企业的未来。我们在全书都提倡大家打造盈利店铺，而高客单价、高毛利的产品更容易打造盈利店铺。由于直通车是要花钱买流量的，如果利润太低，不足以支撑高昂的直通车费用，可能导致店铺血本无归。

（三）以精准引流为目标开直通车

由于直通车每一个点击都是要花钱的，有些类目甚至一个点击都要好几块钱。为了尽可能减少不必要的浪费，我们开直通车带来的流量一定要精准。那怎么样做到精准呢？

1. 精准选词

从开直通车的流程上来看，首先选词一定要精准，尽可能选择能精准描述我们产品的一些关键词，少用太短的热门大词和与产品不匹配的关键词。

如果一个买家搜索关键词"高跟鞋"，我们觉得她可能是想买什么高跟鞋呢？粗跟的还是细跟的？休闲的还是复古的？价格实惠的还是价格贵的？我们可能都不知道。但是如果买家搜索的是"高跟鞋 细跟 性感"，我们应该大致能够判断这个买家身材及经济条件应该都还可以，鞋子的价格稍高一点应该能接受。因为体重太大的人穿不了细跟的，经济条件一般的消费者一般会挤公交，经常走路，更偏爱粗跟的鞋子。如果我们的鞋子恰好是价格偏高，适合身材好的女性穿的，那么这两个关键词我们开直通车时到底重点投放哪一类词更精准呢，答案不言而喻。

2. 精心设置

设置计划的时候，平台、时间和地域一定要精准。为了使流量更精准，我们可以不投放站外的流量、成交不高的凌晨时段。偏远地域和转化率不高的省份。设置精选人群的时候，不精准的人群也不投放。尽可能把直通车的费用都花在"刀刃"上，杜绝不必要的浪费。

3. 精心维护

这样设置了之后，你以为直通车的流量就精准了吗？数据不会说谎，也许在我们剩下的与产品匹配的精准关键词里也有点击量大但转化率差的词；也许我们投放的地域里有很多省份投入产出比都很差；也许我们设置的4个创意图里，有3个点击量大的创意图的投入产出比为0；也许我们精心添加的精选人群有很多都没转化……

开直通车，选好产品是一方面，精心优化和调整直通车是另外一个重要的环节，要像种庄稼一样精心维护直通车的每一个关键词、每一个投放的地域，让直通车的流量越来越精准，确保不浪费每一分钱。

农民们都知道即便是精心栽种的农作物也需要经常除草和施肥。我们精心设置的直通车也需要精心"除草"和"施肥"，养成定期看直通车报表的习惯。卖家需要及时给点击量大但投入产出比不高的关键词、地域、创意和人群"除草"，给点击量大且投入产出比高的关键词、地域、创意和人群"施肥"，让它们"长"得更好，流量更大。

（四）降低直通车的引流成本

也许我们的产品客单价较低，利润不高，转化率也差强人意，无论我们怎么精准投放直通车，可能依旧是亏本的。这个时候不妨尝试一下低价引流。低价引流，顾名思义，就是以特别便宜的价格去获取直通车的流量。低价引流不仅适合客单价低、利润低的商品，其他任何产品数量多的店铺都可以尝试这种方式，毕竟节约下来的钱就是利润！

1. 直通车低价引流的原理

开直通车的每个卖家都希望以最低的价格获取最多的流量，因此，我们一方面希望点击单价便宜，另一方面希望点击量多多益善。从这个角度来看，我们可以先看一看点击量的公式：

$$点击量 = 点击率 \times 展现量$$

由此可见，我们要提高点击量，可以通过提高点击率和展现量的方式来实现。例如，我们希望提高10倍点击量，如果只看单一因素，要想让点击率提高10倍，几乎是不可能的，但是展现量要提高10倍，就容易多了。

所以，我们可以通过不断提高展现量来达到提高点击量的目的，而点击率可以暂时不管。那么要想尽可能地提高点击量，我们的核心任务就是最大化提高展现量。

提高展现量的方式主要有两种。一是多增加推广产品、关键词、地域、时间、平台等，尽可能多地让更多产品有更多展现机会。二是提高每个产品的每个关键词的排名，排名更靠前，获得的展现肯定更多。不过由于提高排名需要不断提高出价和质量得分才可以达到，这显然与我们前面提到的目标即希望点击单价便宜相悖，所以我们关键词的出价不能过高，只能采取第一种方式，多推广宝贝和多增加关键词。

2. 直通车低价引流的方法

经过前面细致的分析，我们基本确定了低价引流的思路：基本原则是多推广宝贝和关键词，主要以提高展现量来实现提高点击量的目的，同时保持较低的关键词出价，以达到点击量多而平均点击单价便宜的终极目标。

直通车低价引流的具体做法有以下两种。

1) 以直通车标准推广计划

以直通车标准推广计划为主要战场，即在一个计划中添加几十上百个产品，多多益善，然后每个产品加满200个关键词，地域、时段、平台全开。所有关键词默认出价，出价一定要低于这个类目的市场均价，否则低价引流就失去意义。例如，女鞋类目的市场均价大约是1元钱一个点击，那么所有关键词的出价可以出到5毛钱左右，出太低又怕没有展现，出太高平均点击单价就贵了，所以一般出到市场均价的一半是比较合理的。按照最大化提高展现量的目的，我们还可以在第二个计划、第三个计划继续添加很多产品，按照同样的方式设置关键词和地域，以及出价，哪怕不同计划间产品和关键词有重复也没有关系。

2) 用直通车智能推广计划

用直通车智能推广计划要比标准推广计划简单许多。因为我们只需要往智能推广计划中添加产品即可，系统会自动帮我们添加关键词。不过由于单个智能推广计划推广的产品数量是有上限的，所以我们产品数量如果较多，则需要分布在不同的智能推广计划中。智能推广计划省去了添加关键词的步骤，平台、地域、时段的设置和标准推广计划一样，需要全开。智能推广计划中的出价只有出价上限的设置，设置的比例和标准推广计划一致，如果市场均价是1元，出价上限设置为市场均价的一半左右即可。这个出价上限指的是智能推广计划中所有关键词最高的出价，因为智能推广计划会有系统自动添加关键词，自动出价，自动优化，所以只需要给系统一个最高限制出价即可。

不管是标准计划还是智能计划，都可以用这种方式来大量广撒网，这两种方式可以一起用，也可以分开用，最终哪种方式效果更好就主要用哪一种。这种广撒网低价引流的方式可以不用管关键词是否足够精准，也不用管创意的点击率高不高，甚至不用管是否所有产品都有展现和点击，只需要关注最终整个直通车账户的点击量大不大，平均点击花费是否足够低，投入产出比高不高就行了。因此，广撒网前期设置好了以后，最终优化直通车就只剩下一个动作——不断往直通车账户充钱。

（五）深度挖掘直通车潜在价值

很多人开直通车都特别注重投入产出比，他们希望投入产出比越高越好。但是往往一些经验丰富的电商"老司机"或者大卖家，他们的直通车投入产出比却不一定很高，也许刚刚保本，也许略亏一点。

1. 直通车利润再投入

首先我们要明确开直通车的目的，是让直通车直接盈利，还是要增加店铺整体的流量，从而实现店铺更多盈利。很显然，如果单纯靠直通车盈利是很难的，也是有限的。例如，直通车一天花费10元，成交了100元，产品成本为50元，投入产出比为10，看似投入产出比很高，但是最终只有区区40元的利润。所以让店铺的整体流量增加，从而实现店铺盈利翻倍，才是我们开直通车的目标。

因此，我们要努力挖掘直通车的潜在价值，尽可能把直通车多赚的钱再投入直通车里，以带来更多流量。当然，如果直通车本来就亏得很厉害，再加大投入，只会血本无归。

佳若是一个做宝宝益生菌的天猫店的运营，他的老板给他规定的直通车目标就是投入产出比做到1，也就是花1万元广告费带来1万元销售额。我们看到这里可能觉得他的老板很奇怪，为什么不直接要求把直通车做到更高的投入产出比然后赚钱呢？其实益生菌这个类目竞争相当激烈，该类目基本上都是大品牌或者大工厂的玩家，直通车市场均价已经达到4块钱左右了，所以直通车要直接赚钱几乎是不可能的。另外，益生菌这个类目的老顾客成交金额占比行业平均值是30%左右，也就是这个类目回购率很高，而其他常规类目一般都只有10%甚至更低，所以这个类目虽然第一次的获客成本较高，但是一个顾客二次、三次甚至多次回购就不需要再产生广告费了。因为老顾客下次要购买会直接从已买到的宝贝里进入店铺，或者直接搜索店铺名进入店铺，这样他们就不需要再点击本店的广告，那么商家就没有二次广告成本产生。因此,佳若的老板心里很清楚,要想让店铺交易额更大,就需要在直通车不亏本或者略亏的情况下,尽可能放大点击量,从而获取更多成交顾客,而这些已经成交的顾客肯定有很多人会多次购买,那么从第二次开始的购买,都会让店铺赚钱。

江苏的小吴之前胆子也比较小,他的直通车明明是赚钱的,一个月才烧5000元,但他就是不肯加大投入,而那个时候他的全店成交额是4万元左右。他加入幕思城的时候我帮他诊断过店铺,当时我就给了他两个建议,一是把直通车赚的钱再次投入直通车里,不要让直通车直接赚钱。二是店铺销售额做到10万元以后,马上开天猫店。由于他的朋友在幕思城学习过,店铺做得很好,所以他对我的话言听计从。结果过了一年多,他再次找到我的时候,我看他的店铺一个月直通车要烧10万元,而当月的成交额已经达到80万元了,每个月比之前多赚了几十万元,这还仅仅是他当初的那个淘宝店,后面又开的两个天猫店都做得很不错,截至目前为止,他已经是他们类目的第一名了。

当然,有人可能会认为,直通车要努力挖掘价值,甚至做到不赚钱,前提是前期直通车是赚钱的,但是直通车哪有那么容易做到赚钱呢?其实不然,如果前期在目标市场的确定、盈利顾客群体的挖掘、行业的选择、产品的选款、测款、打造等各方面都严格按照要求操作,直通车也进行了精细化的优化,那么直通车要做到盈利并不难。如果没有前期的精心准备,而是随随便便拿一个很差的产品去做推广,再怎么努力优化,数据也肯定很差。再次证明,直通车开得好不好,与前期的工作关系很大。

2. 直通车带动手淘搜索流量

免费流量的渠道如手淘搜索和手淘首页资源位有限,再加上这些免费流量渠道的流量稳定性不高,直通车成为不得不做的一个付费引流渠道。直通车相比其他付费推广工具来讲,最大的优势就是能够带动手淘搜索流量,实际的情况就是,直通车带来的点击量越大,能够带动的手淘搜索流量也就越大,这也是为什么有些直通车烧得多的店铺免费流量也很多的缘故。

三、做好钻石展位

(一)使用钻展推广

1. 钻石展位

钻石展位,简称钻展,也叫智钻,是淘宝重要的推广工具。一提到钻展,很多中小卖家都心生畏惧。绝大部分人认为钻展是大卖家玩的,所以他们从来不使用钻展也不学如何使用钻展。确实是大卖家使用钻展比较多,他们也许还是小卖家的时候就在使用钻展了，所以成了大卖家。而有些人从来不敢尝试，而且害怕各种付费推广，反而一直是一个小卖家。

其实钻展发展到现在，门槛已经变得非常低了，只要店铺达到一个钻，基本上就可以开通投放钻展了，而且最低一天花30元也可以投钻展。往往有些类目，钻展的效果比直通车还要好，如果直通车和钻展结合起来推广，能将打造爆款的效果发挥到最大。

钻展的后台和投放的设置与直通车后台其实差不多。直通车是搜索竞价广告，展示的位置主要在搜索结果列表页，而钻展主要是展示广告，以banner广告展示为主。不过钻展的投放人数要比直通车少很多，所以钻展的竞争也要小很多。钻展相对于直通车来讲，推广场景更丰富，流量更大，后期操作更简单，所以钻展的优势也比较明显。

2. 使用钻展推广的场景

前面我们提到，直通车主要的展示位置是搜索结果列表页，除此之外，直通车的定向推广还可以把广告投放到手淘首页的"猜你喜欢"，这两个是直通车最主要的展示位置。与直通车不同的是，钻展的广告无法投放到搜索结果列表页，但是单品推广可以投放到手淘首页"猜你喜欢"，也可以投放到手机淘宝APP的首页焦点图，这样消费者一打开手淘APP就能在最顶端的轮播图上看到钻展的广告。另外，钻展还可以把广告投放到如抖音、今日头条、网易、墨迹天气、腾讯新闻等众多站外的APP和网站上。

推广的场景方面，直通车只能投放单品，而钻展除了可以投放单品之外，还可以投放店铺、微淘、视频，以及淘宝直播。这么丰富的推广场景，也只有钻展能做到。当然，小卖家也许微淘没有几个粉丝，直播也没有做，所以这些推广场景暂时还用不上。但是全店推广和单品推广是应用最为广泛的。如果产品选好了，在准备工作做好的情况下，也可以利用钻展发力。

我们第51期经理班的大国小兵同学在来到幕思城之前，从来没学过也没开过钻展推广。他认真学完经理班的95节钻展课程之后，开始在成长顾问老师的专业指导下操作钻展。他拿一个三颗桃心零流量的新店铺，上架了一个利润超过50%的产品，把基础销量和攻心评价做好之后，他主要用钻展的单品推广开始引流，主要投放的是"猜你喜欢"的各个资源位，按照每天钻展点击量递增的方式，一天比一天增加钻展单品推广的点击量，结果只用了一个多月，店铺从每天的0单达到了每天1800单！成交额也从每天的0元做到了每天5万多元的销售额，手淘首页的免费流量一下飙升到了每天1.6万访客。这种主要靠免费流量打造爆款的速度，我想除了直通车就只有钻展带动免费流量有这样的爆发力了。

图4-9和图4-10为与学员的沟通图及店铺数据。

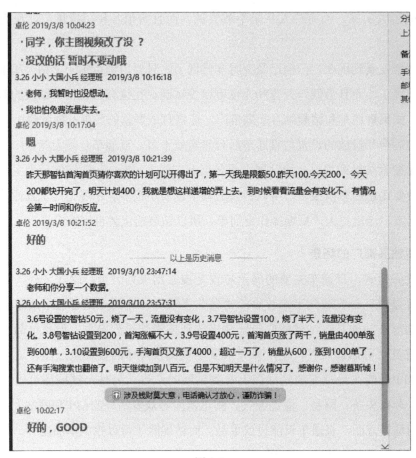

图 4-9

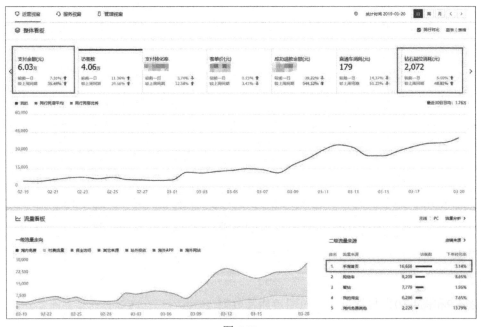

图 4-10

（二）海量测试来精准引流

直通车如果想要少亏钱或者不亏钱，就需要精准投放，不仅要把关键词、地域、时段、平台和人群设置精准，还要不断分析直通车报表来淘汰不好的关键词，以及去掉转化率不高的地域。其实钻展也是一样，如果需要精准引流则需要在每一个环节精挑细选地设置投放方案。

由于钻展没有关键词，它的投放主要是要选择定向方式和所在位置投放的创意，所以钻展核心的三个任务是：优选定向、优选资源位和优选创意。

1. 测试定向

钻展的定向方式有很多种，大致可以分为三类：一是圈成交过的老客户的定向；二是圈曾经浏览过店铺有意向购买的潜在客户的定向；三是圈和店铺没有产生过任何联系但是和店铺购买过的顾客群体特征相似的潜在新顾客。总结起来就是老顾客类型的定向、意向客户类型的定向和拉新顾客的定向。除了定向的种类比较多以外，每一种类型的定向还有多种设置方式，就收割意向顾客的定向来说，可以分为浏览人群、收藏人群、加购人群、领券人群。例如，我们选择的是加购人群，那么钻展的广告就只会出现在把我们的商品加入了购物车的消费者面前。那么问题来了，这么多种定向的方式，哪一种效果最好呢？只有一个一个测试，最后对比效果。

2. 测试资源位

同样的道理，钻展的各种资源位，不管是站内站外，还是流量大小都需要测试。测试时，分不同计划和单元投放，报表里资源位投资回报率最高或者流量最大的，可重点跟进，也可以在测试过后把这些优质资源位收藏起来，以后开新计划投放新链接就可以直接从收藏的资源位中选择。

3. 测试创意

钻展的创意更需要测试了！不同的创意，最终的点击率和投资回报率可能相差很大。消费者看到直通车或者钻展的广告，是否点击，主要看我们的创意是否吸引他们。因此，在淘宝的付费推广工具里，创意是直通车和钻展核心的要素之一。

如果要用钻展获取精准流量，除了要测试出精准的定向、资源位和创意，常规的地域和时段也像直通车一样是需要精选的。如果有些地域和时段的转化率不高，则可以不投放。钻展如果投放非单品的时候，也要考虑什么样的落地页更有利于转化，这样整体每个环节都精准之后，钻展引入的流量不精准都难。

(三)用广撒网来低价引流

直通车有几十个计划,每个计划可以放多个宝贝来实现广撒网低价引流。因为钻展的计划数量和单元数量更多,所以在低价引流方面,钻展的优势更明显。

1. 基本原理

钻展的全店推广可以建100个计划,每个计划可以建100个单元,相当于有10000个单元。单品推广可以建100个计划,每个计划可以建40个单元,相当于有4000个单元。两者加起来总共有14000个单元。如果每个单元投放一个产品,从理论上来讲,若每个产品每天带来一个点击量,那么总共也有14000个访客。当然,这仅是理论上,实际情况可能有很多变数。但是无论效果如何打折扣,这个方式是可以用多个单元和多个产品去引流的,如果出价并不高,就能实现低价带来大量点击量。

其实不管是全店还是单品推广的广撒网,其本质的原理就是,要么多设置竞争对手的旺旺来通过概率事件获取流量,要么是多设置推广的产品来通过概率事件获取流量,具体的设置方法参考经理班课程的讲解。这种广撒网有点类似于一个人找工作,如果他的简历只投了几家公司,应聘成功的概率可能并不高,但是他如果同时投了100、1000家公司,那成功概率就高多了!

2. 全店广撒网推广

全店推广的拉新定向里有一个访客定向,可以在这个访客定向里添加竞争对手的店铺旺旺名,然后圈定浏览过竞争对手的店铺访客(见图4-11)。我们可以用软件挖掘出成千上万个竞争对手的店铺旺旺名,然后在全店推广的模式下,建立多个单元,每个单元在访客定向中添加满50个竞争对手的旺旺,以此类推。那么最终可能有几百个甚至几千个单元,都定向了不同的竞争对手的店铺访客。每个广撒网的单元在设置出价时统一比市场参考的出价低50%左右,那么最终这些单元带来点击量之后,平均点击扣费就会比日常投放的计划至少要便宜一半。

3. 单品广撒网推广

单品推广其实也可以这样广撒网,只是操作的逻辑有些不同。相比全店推广来说,单品推广操作更简单,有点像直通车后台的产品推广操作。由于单品推广计划中,一个产品就可以成为一个单元,所以每个计划中可以最多添加40个产品来推广。要想单品推广的宝贝设置不重复,可以多在店铺上架产品,然后将这些产品分别设置在不同的单品推广计划里,出价都设置到市场参考价的一半,这样有了点击量之后,平均点击扣费就会比较低。

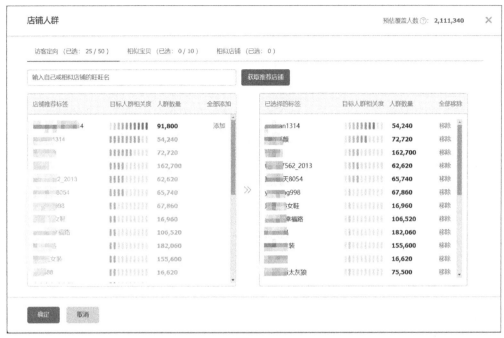

图 4-11

(四) 低成本提升收藏加购

钻展为店铺带来精准的流量,可以有多种多样的推广场景,如微淘、视频、直播,也可以通过单品推广投放"猜你喜欢",通过点击量递增来拉升手淘首页免费流量。其实还有一个重要的用途,就是可以为微淘吸粉,为店铺增加购物车数量。

1. 关注间接成交

不管在直通车还是钻展的后台,都有直接成交和间接成交。直接成交代表的是当天点击广告,当天就购买。间接成交代表的是当天点击广告,但是当天没有下单购买,而是过了几天又回头购买的成交情况。有些类目在投放广告的时候,经常可以看到报表里有这样的情况:只看1天转化周期的时候,投资回报率很低,但是把转化周期设置为15天或者30天的时候,投资回报率就很高了,这是因为转化周期1天表示的是只看直接成交,而转化周期选择30天,表示的是30天内的直接成交和间接成交之和。

2. 关注收藏加购成本

有一部分产品,消费者一般不是当天看产品当天就会下单购买的,像一些客单价比较高的产品如家具、电子产品、高客单价服饰鞋包、化妆品等,还有一些用来增加生活乐趣、非生活必需的产品,一般消费者也不容易看到商品就直接购买,中间也许会有一段时间的犹豫考虑期,如礼品、装饰画、零食等。消费者通常第一次点开商品的时候,更多的是收藏加购,只有少部分会当场下单购买。针对这种类型的商品,我们在做付费推广的时候,更多关注的焦点就不再是投入产出比或投资回报率,而是加购收藏的成本,加购收藏成本越低,我们获取意向客户的成本就越低。

收藏了产品或者把产品加入了购物车的买家都是非常容易成为我们店铺成交客户的买家,一般来说,收藏加购的买家转化率是手淘搜索转化率的10倍以上。因此,如果一个产品的收藏加购数量很多,代表了在接下来从收藏夹和购物车中购买产品的潜在买家比较多。如果是上文提到的消费决策周期比较长的产品,我们除了看直接的结果投资回报率以外,还应该更多地关注收藏加购的成本到底高不高,后期优化的重点也要朝着不断降低收藏加购成本去前进。

收藏加购的成本计算方法很简单,用总花费除以收藏加购的数量就可以得出每获得一个收藏加购需要多少钱。例如,最近30天花费了1万元广告费,带来了1000个收藏和加购物车,那么每个收藏加购的成本就是10元。当然也可以单独只看加购的成本,因为在无线端购物的买家更喜欢加购而不是收藏。

就图4-12所示的数据而言,我们可以算出收藏加购成本:43 192.1/(18 210+38 422)=0.76元。这个价格就太便宜了,获得一个收藏加购的成本居然连1块钱都不到。如果只看加购成本,一眼就能看出来这个成本仅仅为一块多钱。如果我们开钻展,即便是当时的投资回报率不高,如果收藏加购成本低,也可以继续投放。同样,钻展在做内容推广的时候,可以推广微淘,也可以吸引新的潜在用户来关注,我们也可以用这个方法算出每获得一个粉丝关注大概需要多少成本。如果成本便宜,就可以继续投放。如果成本太高,则需要不断优化钻展,使得每获得一个粉丝关注的成本降低,这是钻展优化的另外一个核心工作。

图 4-12

四、做好淘宝客

(一)淘宝客对卖家的重要作用

资深的淘宝卖家都知道淘宝推广有"三板斧",分别是直通车、钻展和淘宝客。这三个推广工具是淘宝、天猫卖家使用最多、接触最频繁的常规推广工具,也是阿里妈妈主要的三个盈利产品。其中,直通车主要是按点击付费的淘宝站内的推广工具,钻展是主要按展现收费的站内外付费的推广工具，而淘宝客主要是按成交付费的站内外的推广工具。每个推广工具的特点不同，优势也不一样。

1. 淘宝客的特点

淘宝客是按成交付费的，卖家只需要设置好产品的佣金，淘宝客推广之后，买家付款成交后才会产生佣金。这里的淘宝客有两层意思，一是淘宝的推广系统名字叫淘宝客，二是帮商家推广的人的统一称谓也叫淘宝客。我们都知道房屋中介，他们一边对接想租房买房的客户，另外一边对接想出租或卖房的业主，这些房屋中介撮合双方的交易，然后在中间收取佣金。淘宝客也是同样的道理，成功撮合买家购买卖家的商品，从而从卖家那里获取商品的佣金。

这些淘宝客遍布在各个地方，常见的有网站的站长、QQ群和微信群的群主、在家带宝宝的宝妈及各种职场人士。他们要么拥有众多粉丝，要么拥有引流能力，他们把这些聚集在自己"鱼塘"里的买家引导到卖家的店铺中成交，从而获得佣金，他们主要就是靠这个佣金来挣钱。

由于淘宝客是按成交付费的，如果淘宝客给我们带来了流量，但是没有成交，我们是不用付一分钱的。所以淘宝客相对于直通车和钻展来讲，风险更低，更适合中小卖家。因为直通车、钻展可能有点击，但是没有人购买，但只要产生了点击，就一定会产生推广费用，而淘宝客则不会产生费用。

至于淘宝客佣金的比例，卖家可以根据产品的利润率来设置。例如，一个卖家主推的产品利润率有50%，那么他给淘宝客设置30%的佣金也不会亏本，反而会稳赚不赔。如果买家购买后又退款了，淘宝客收取的佣金也是会自动退还给卖家的。

2. 淘宝客的重要作用

淘宝客对卖家有哪些作用？首先，淘宝客可以增加产品的销量，这是毋庸置疑的。另外，淘宝客还可以做新品的基础销量。如果有一批淘宝客帮我们推广，上架新品之后我们只需要前期多给淘宝客一些佣金，他们就愿意帮我们推广，那么我们的新品也很容易获得基础销量。如果我们有一些产品由于囤货太多，没卖完，可以把佣金提高，甚至适当亏本，让淘宝客帮我们尽快清仓。当我们的折扣低或者佣金高时，淘宝客也非常愿意帮忙推广。

还有一些经常使用淘宝客的商家，前期保本或者亏本找淘宝客短时间把销量冲到几千上万，然后再用直通车、钻展推广。这种方式能够迅速让产品成为一个爆款，从而大大提高产品的转化率。等有了几千上万的销量之后，再去做直通车、钻展，这个时候的转化率一般比没销量的时候要高出一倍甚至更多。

(二) 精心管理淘宝客的方法

1. 管理淘宝客

淘宝客虽然对中小卖家来说意义很大，不需要先垫付资金，成交之后才给钱，但是也不是我们随便搞一搞就有效果的。首先，我们的产品是否有优势，利润率是否能够支撑足够的佣金，这些都是我们在做淘宝客之前必须回答清楚的一个问题。如果我们的产品质量不错，利润率也不算太低，想要淘宝客帮我们快速打造新品的基础销量，甚至长期为我们推广产品带来销量，直至成为爆款，那么就需要一批稳定且数量庞大的淘宝客。

淘宝客就像公司的销售人员，他们只拿销售提成不拿底薪。要想产品卖得更多，一是销售人员的数量足够多，二是销售人员的能力足够强。所以淘宝客也是一样的道理，我们需要合作更多优质的淘宝客，才能更加容易打造爆款。

一般来说，与更多的淘宝客建立长久的合作关系有以下几个步骤：①通过优秀的产品或者高佣金去招募淘宝客；②大浪淘沙式地在合作过程中优选引流成交能力强的淘宝客；③建立定期沟通和长久的合作机制来稳定地和淘宝客合作。

当然，现在淘宝客的功能越来越丰富，除了去主动找淘客以外，也可以利用官方后台的营销计划、自选计划等被动地等待淘宝客来帮我们推广，或者设置官方的如意投让阿里妈妈官方给我们推荐。由于产品的销量越好，佣金越高，主动帮我们推广的人也会越多越积极，所以不管是我们主动去招募淘宝客还是被动等待都需要产品满足基本条件。

2. 招募淘宝客

招募淘宝客的方式比较多，淘宝客系统后台就提供了一些可以长期招募淘宝客的方式。例如，在自选计划中就可以看到近30天里有推广店铺并带来效果数据的淘宝客的具体的数据和联系方式，在这里就可以针对一些推广效果好的淘宝客去单独联系，然后建立稳定长效的合作机制。

营销计划中也可以多把优质主推的产品设置好佣金及服务费。淘宝客在淘宝联盟后台搜索商品的时候，如果被我们的商品吸引，就会帮我们推广。

团长招商活动有条件的也可以报名。一般来说，店铺信誉至少要三钻，产品的佣金太低也不行，一般30%左右甚至更高的佣金更容易获得更大力度的推广，当然一些标品的佣金不会这么高。团长招商活动主要是由团长组织一批淘宝客帮我们推广商品，一方面要给帮我们推广的淘宝客设置佣金，另一方面要给组织者——团长单独设置服务费。由于团长手里有很多优质淘宝客，所以一旦和团长建立合作关系之后，他们会迅速帮我们把产品推广出去，这样我们就相当于一次性合作了成百上千个淘宝客。

3. 精选淘宝客长期合作

拥有充足的淘宝客之后，再从帮我们推广的这些淘宝客名单里筛选出优质的淘宝客长期合作。平时在经营店铺的过程中也可以有意识地找一些上下游的同行或者在一起学习电商的同学交换各自的淘宝客资源，比如做孕妇装的卖家去找做孕妇鞋的卖家交换淘宝客资源，做鞋子的卖家去找卖袜子的卖家交换淘宝客资源。

（三）淘宝客经典案例分析

1. 胎盘素案例

最近在淘宝上有一家做胎盘素的天猫店，一个月就做了10万销量，售价239元（见图4-13）。我在阿里巴巴查了一下其他同类型的胎盘素的进货价，37粒一盒的这种胎盘素大概成本不到8元钱。由于这个商家量比较大，估计生产成本更低，快递费也是包裹越多越便宜。

图 4-13

当然，看到这样的案例，我们最关心的可能不是它卖一单赚多少钱，而是这个店如何做到一上架就能做到月销10万笔。

1）巧妙的优惠券与佣金组合

我在第三方的淘客网站上查到这个产品主要的销量是通过淘宝客成交的。首先该商品给淘宝客设置了210元的优惠券，相当于淘宝客推广的时候会先让买家领取210元的优惠券，然后再下单的成交价就是29元（见图4-14）。对买家来说，239元的商品现在只要29元，折扣力度太大了，所以由于最终的优惠券折后价极具吸引力，买家的下单转化率就会特别高。

另外，这个商品给淘宝客设置了40%的佣金，这个佣金比例对淘宝客也是极具吸引力的，所以很多淘宝客愿意帮忙推广，这就形成了一个有效的连锁反应。

图 4-14

首先就是210元的优惠券对于买家吸引力很大，这可以大大提高转化率，其次是40%的佣金对淘宝客吸引力很大，这让绝大部分淘宝客都愿意卖力推广这个产品，所以短短的一个月时间就可以形成月销10万的爆款。基本上在直通车、钻展和淘宝客，甚至聚划算这些推广方式中，只有淘宝客能够带来短时间10万笔以上的销量爆发。

假设我们在阿里巴巴上看到的成本是没有问题的，那么这个产品加上快递费的成本应该不超过10元，那29元再给出40%的佣金之后商家自身还有17.4元，除开成本每一单还有几块钱的利润空间，那这样看来即便是做淘宝客也是不亏本的，再加上平时从淘宝搜索进店以原价239元购买的订单，那么这个产品一个月的利润简直不敢想象。

2) 塑造核心差异

在淘宝上卖这种外观都差不多的胎盘素的商家也非常多，甚至还有很多价格更低，淘宝客推广更猛的，但是为什么唯独这个产品销量最高，起来最快呢？核心原因就在于这个商品是有明星代言的，明星代言的产品给消费者更强的信任感，所以有些消费者宁愿贵几十块钱也更愿意购买明星代言的产品。因此，明星代言就是这家店的产品和其他低价产品的核心差异化所在。

我们常认为找明星代言很贵、很困难。其实只要我们肯出钱，产品又是正规的，一般都比较容易找到明星来代言，而且我在百度上查过某些非一线明星，网上报价的代言费两年才50万元。这个费用对于一个月有上百万元盈利的店铺来说是很容易的。

2. 防晒霜喷雾案例

当然，不可能所有产品做淘宝客都是直接赚钱的，也有一些卖家用淘宝客亏本卖，然后再通过其他渠道如手淘搜索、直通车等渠道赚钱。如果其他渠道赚的钱能够覆盖淘宝客亏的钱，那么总体就是盈利的。

图4-15所示的防晒霜喷雾75万的月销量，就是一部分用淘宝客亏本卖，一部分靠手淘搜索等其他渠道销售的案例。在阿里巴巴可以找到与此一模一样的产品，显示的成本价大

概是5元钱，毫无疑问对于一个月销几十万的商家来讲，拿货的成本价更低。由于江浙沪快递费便宜，对于这种重量不大的产品，快递费也不高，那么这个产品加上快递费的成本应该也就几块钱。

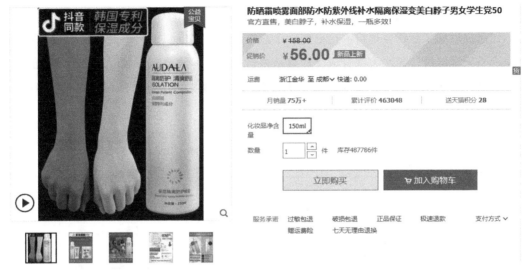

图 4-15

这个卖家直接设置了50元优惠券，券后价只要6元钱(见图4-16)！而且佣金设置的是90%，几乎快把成交金额全部分给淘宝客了。至今，该商品一天就卖出去20万笔！

面对如此大的优惠力度，资深的"剁手党"几乎毫无抵抗力！面对如此给力的佣金，淘宝客们几乎欣喜若狂！当然，以这个价格和佣金，即便成本再低，做淘宝客也是亏本的。掌柜既然敢这么亏，其他渠道肯定是赚钱的，不然谁也不敢这么做。

图 4-16

我用工具分析了该产品在过去一个月每天的数据，然后把生意参谋后台查询的指数转换成了真实数据，再制成如图4-17所示的表格。汇总之后，发现这个产品最近一个月的销售额有800多万元，平均的转化率在19%左右。一个月200多万的访客中，搜索人数就占了四分之一左右，也就是说这四分之一的人都是通过手淘搜索进入产品页面的，而直接进入产品页面是看不到任何优惠券的，一般都是以原价56元购买的。从图4-17所示的3月10日的客单价为9.8元可以看出，当天支付的40 000多单里，绝大部分都是领券之后以6元的价格购买的，而3月13日当天客单价高达50元，当天支付的2000多单里，绝大部分是以原价56元购买的。

我在最后加了一栏客单价，把前面一个月每天的客单价归了一个类，显示为"高"的就表示当天客单价较高，大部分成交应该是来自非淘宝客的渠道，然后以原价售出的。显示为"低"的则表明当天客单价较低，大部分成交应该来自淘宝客，然后以券后价6元价格售出的。

日期	交易金额	访客人数	搜索人数	加购人数	支付转化率	支付人数	客单价	客单价
2019/3/2	144259	37306	12427	6315	11.56%	4313	33.5	高
2019/3/3	223647	52818	17276	9981	13.66%	7215	31.0	高
2019/3/4	151157	56754	14919	9695	8.56%	4858	31.1	高
2019/3/5	123988	53128	13706	9153	12.79%	6795	18.3	低
2019/3/6	246704	71078	15272	13463	29.01%	20620	12.0	低
2019/3/7	344239	58432	20323	10443	15.30%	8940	38.5	高
2019/3/8	265360	47109	16932	8355	14.80%	6972	38.1	高
2019/3/9	177424	39012	15318	6819	12.05%	4701	37.7	高
2019/3/10	397260	99442	13361	17766	40.61%	40383	9.8	低
2019/3/11	325788	85711	15620	14249	35.18%	30154	10.8	低
2019/3/12	375246	92580	17028	14630	36.39%	33690	11.1	低
2019/3/13	117202	38668	14502	4862	6.04%	2336	50.2	高
2019/3/14	121261	36142	13722	4880	8.89%	3213	37.7	低
2019/3/15	123580	34510	13853	4732	9.13%	3151	39.2	高
2019/3/16	132399	39106	16319	5572	8.64%	3379	39.2	低
2019/3/17	183479	48422	18237	7129	10.55%	5109	35.9	高
2019/3/18	176159	43673	17854	6368	11.41%	4983	35.4	高
2019/3/19	202708	47586	18350	7052	11.72%	5577	36.4	高
2019/3/20	207026	50814	20964	7766	10.79%	5483	37.8	高
2019/3/21	170876	46540	19612	7077	8.08%	3760	45.5	高
2019/3/22	347526	80882	17695	14342	35.08%	28373	12.3	低
2019/3/23	269457	71223	17850	11813	28.40%	20227	13.3	低
2019/3/24	217491	58763	17414	9259	25.34%	14891	14.6	低
2019/3/25	153721	42573	18113	6100	8.82%	3755	40.9	高
2019/3/26	203619	52249	18055	8136	19.77%	10330	19.7	低
2019/3/27	272471	65443	17908	11934	27.08%	17722	15.4	低
2019/3/28	214217	55452	18699	8241	19.77%	10963	19.5	低
2019/3/29	133963	39541	17957	5720	7.63%	3017	44.4	高
2019/3/30	1291850	289117	22015	31899	49.38%	142766	9.1	低
2019/3/31	732340	206810	22235	28776	48.20%	99682	7.4	低
汇总数据	8046417	2040887	513536	312527	19.49% 平均值	557358	27.5 平均值	低

图4-17

根据分析工具显示，最近30天的200多万访客中，淘宝客有80万，也就是说非淘宝客渠道的流量约有120万。假设这75万的销量中有50万销量是淘宝客亏本卖的，一单顶多亏10元，另外25万的销量以原价在其他渠道售卖，若一单利润粗略地估算为40元，则该产品一个月的盈利大概是：250 000×40-500 000×10=5 000 000元。当然，这只是一个假设，实际情况肯定会有出入，但这至少说明两点：①淘宝客即便亏本卖，也有人可以用它来赚钱；②产品利润足够高，佣金足够给力，可以利用淘宝客打造神级爆款。

五、做好内容营销

(一) 内容营销的发展趋势

1. 互联网的大趋势

内容营销的崛起主要是得力于中国在4G网络方面的逐渐渗透和智能手机的普及。国家在宽带和手机流量方面很早就提出了提速降费的目标和任务,所以在最近几年宽带和手机流量变得越来越便宜,人们浏览网页不再停留在枯燥的文字和单一的图片,取而代之的是更为丰富的内容浏览,如图文、短视频、直播等。

由于整个互联网网民的上网习惯在发生改变,所以各大互联网巨头的各种APP动辄就有几个亿的活跃用户。由于每一个用户每天使用手机的平均停留时间是有限的,因此争夺用户已经不再是这些巨头乐此不疲的工作了,转而是抢占用户的停留时间成为他们主要的口号和行动。每一个互联网大公司都希望用户能在自己的APP上多停留一会儿。他们发现,优质的内容能够让用户停留更长时间,如短视频、直播等。所以内容营销的快速发展,一方面在于中国网络环境的改善,另一方面是这些互联网大公司的推动成了新的助推剂。

2. 淘宝的内容营销

淘宝网在内容营销上的布局比较早,也比较快。一方面,淘宝把微淘的位置挪到了手机淘宝APP首页的最底部。另一方面,手机淘宝APP首页多次改版,以内容为主要形式的各种渠道,如淘宝头条、每日好店、有好货、必买清单、生活研究所、猜你喜欢等,占据了首页大部分的空间。这些大的改动足以可见淘宝对于内容营销的重视。

在这之前,淘宝上的消费者最常见的购物方式是,首先打开淘宝,然后搜索一个关键词,在出现的商品流里选择一个中意的商品进行了解,多次分析对比之后再下单。但是,现在经过淘宝对消费者的教育和引导,他们购物的方式已经越来越多样化了。除了搜索关键词进行购物的形式外,还会直接打开手机淘宝APP,看一看"猜你喜欢"里有没有能够打动自己的商品。若有,就不需要通过搜索关键词,而是直接点击"猜你喜欢"推荐的商品进行购买。

由于手机淘宝APP首页的各种频道比较多,有时候买家还会点击某个图文清单,看一篇文章再从文章中点击商品链接进行购买。不过,这些图文本质就是软文广告。例如,一个达人写的一篇文章,标题大致就是分享外出露营的攻略,里面会介绍一些具体的步骤和需要准备的东西,而这些东西在文章里都有对应的图片和链接。那么看这个图文的买家,在看文章的时候不知不觉就有了购买这些商品的欲望。其他如看短视频的过程中,弹出一个商品链接引导消费者购买；看淘宝直播时看到主播推荐的商品，合适的就去下单等。

内容营销的崛起不仅增加了消费者在手机淘宝APP上停留的时间，而且丰富了购物方式的多样性、趣味性。在未来5G成为主流的时代，相信内容营销的规模还会进一步加大，所以学习内容营销和拥抱变化成为每一个卖家的必修课。

（二）根据店铺发展阶段做内容营销

每个卖家都要清晰地认识到自己处在哪个阶段，切不可盲目追热点，一定要量力而行，在不同阶段做自己最应该做的事情，而不是"打肿脸充胖子"。

1. 中小卖家很难做内容营销

内容营销虽然听起来效果不错，但不是每个卖家都玩得起的。就拿短视频的制作来讲，一般没有专门学过视频制作也没有拍摄设备的卖家，是做不出短视频的。找外包制作一个几十秒的短视频也是很贵的，一个短视频动辄就是几千元。

小卖家做直播更不现实。直播场地的搭建，各种直播设备的购买等，都是一笔巨大的花费。就算有了设施设备，一个新店每天只有一点点流量，又有几个买家会去看直播呢？

对于刚开店不久的新手卖家，当前最重要的任务是找好货源，选好产品，同时要加强学习。内容营销只是众多引流方式中的一种，小卖家可以先从门槛最低的搜索流量、手淘首页流量及直通车流量入手，等未来销量稍微高一点儿了，再去找达人合作做内容营销方面的推广。

2. 中小卖家要与人合作内容营销

对于中小卖家，完全不必自己去做内容营销，可以直接通过淘宝官方的"阿里V任务"找到粉丝人群与自己店铺买家重合度高的达人合作，以佣金合作等方式进行内容营销方面的推广。如果推广效果好，则可以持续投入时间、精力去做。如果效果不好，则先把目光转到主流的免费流量优化和直通车、钻展、手淘等方面，等时机成熟之后再继续做内容营销。

3. 大卖家要积极做内容营销

对于规模稍大的中等卖家或者大卖家，肯定要自己养团队做内容营销，因为这是一块"兵家"必争之地，内容营销往往对于规模大、销量高的店铺效果更好。

六、做好站外流量

除了淘宝站内的推广工具以外，站外也有很多的推广方式和推广渠道能够帮助店铺盈利。一般来说，因为已经到了淘宝站内的买家购物的意向更明确，所以这样的买家更容易成交，因此淘宝站内的流量质量要比站外的流量更优质，转化率更高。但是也有一些店铺到了一定规模的时候，就需要开始布局站外的流量。还有一些店铺从一开始就在站外吸粉引流，最后只是拿淘宝店作为成交的地方。

（一）做好站外免费推广

站外推广不是入驻其他电商平台如京东、拼多多，而是增加站外的流量渠道，为淘宝、天猫店增加销量。站外的推广也有免费流量的渠道和付费推广的方式。常见的站外免费流量有微博、抖音、快手、今日头条、微信公众号等，这是淘宝、天猫卖家在站外最活跃的地方，也是卖家最能聚集粉丝的地方。由于微博出现的时间比较久，所以在微博诞生的网红淘宝店数不胜数，像张大奕、雪梨、戎美等都是年销售额过亿的微博大V，她们主要都是靠微博聚集粉丝，然后再引导粉丝到淘宝店购买商品。

戎美是淘宝上的一家四金冠女装店，店主两口子都是清华毕业的高才生，他们在微博聚集了近300万粉丝，每周定期在微博预售店铺新款女装，每款产品一发布，很快就会被抢购一空。戎美家的女装客单价都不便宜，销量还特别好，一年销售额超过10亿元，这家店不做任何付费推广，全靠微博粉丝来购买，不过偶尔做一下付费推广，投入产出比能达到50以上。

抖音等短视频平台这两年正火，平台的用户量上升也非常快，所以也有很多商家去这些平台吸粉。吸粉之后，再引导粉丝去淘宝店购物，这也不失为一种有效的站外引流手段。不过短视频和直播类的平台不像发微博写文章那么简单，得看我们是否有有趣的"灵魂"或是否具备好看的"皮囊"。

今日头条和微信公众号主要以图文为主，不管是原创还是伪原创，都可以通过长期坚持来获得潜在粉丝的关注，如专门分享育儿经验的头条号或者公众号、专门分享穿衣搭配的自媒体号等。

（二）做好站外付费推广

除了站外的免费流量渠道以外，付费流量渠道也是数不胜数。常见的付费推广形式有如下几种。

(1) 搜索竞价：如百度、360、搜狗、神马等。

(2) 信息流广告：如今日头条、百度信息流、360信息流、美柚信息流等。

(3) 视频信息流：如抖音、快手、火山小视频、西瓜视频、微视等。

(4) 视频网站广告：如爱奇艺、优酷、腾讯视频等。

(5) 社交平台：如新浪微博、微信公众号等。

站外的付费推广方式由于渠道不同效果也不同。例如，搜索竞价因为主动搜索的用户购买意向更加明确，一般来说用户质量相对较高，但是搜索竞价的成本也相对太高。而信息流广告相对来说比较便宜，如今日头条、抖音一般点击单价都比较低，但是用户的购买意向则要弱一些。

（三）站外推广注意事项

1. 先站内后站外

总而言之，对于纷繁复杂的站外推广引流渠道，我给卖家的建议是：优先做好淘宝站内推广，在站内流量获取到了一定的瓶颈或者店铺规模已经到了新的高度之后，可以根据自己产品的特点去尝试站外的一些流量获取方式。

站外免费流量方面不管是微博还是抖音，都需要长时间地耕耘才会有效果。这是一个不断累积的过程，要在这块做出成绩，要么有毅力，要么有团队。

而站外的付费流量方面，要根据自己的产品来精心选择。例如，如果我们的产品主要是针对女性群体的，可以尝试做美柚的广告投放。美柚拥有2亿女性用户，日活700万以上。如果我们的产品是年轻时尚类的，可以重点投放抖音。抖音用户量超过3亿，日活1.5亿，而且抖音85%以上的用户在24岁以下，男女比例4∶6，大部分为一二线城市人群(抖音现在已经开始往三四线城市下沉)，受教育程度较高(大部分在高中到大学本科之间)。

2. 严控站外引流成本

如果我们的产品已经在淘宝站内流量这块做得比较充分了，那么在时间、精力和财力允许的情况下，小范围低成本地测试一下站外的各种流量渠道，也许能发现一些惊喜。

卖家自己去做站外的免费流量，一般周期比较长，也不容易成功。例如，我们要做一个抖音账号，可能做一年也不会涨几个粉丝，做站外的付费推广又受限于经验不足、成本太高等问题，也很难快速推进。所以，卖家最快速、最低成本做站外流量的方式，就是找在这个领域有流量、有经验的人合作。

例如，若想试一下产品在抖音上的推广效果怎么样，可以借助一些第三方平台找到与我们的类目比较匹配的抖音网红来合作推广产品，可以按成交佣金付费，或者按推广次数收费等方式尝试。

如果我们要投放付费广告，也可以找专业的站外广告托管公司，把我们的广告托管给他们，他们一般也是按照广告消耗来提成。

| 本节学习心得 |

请将学习本节内容后的心得记录在下面,以备后期查阅。

第四节 做好盈利私域流量管理

一、自建私域流量池迫在眉睫

(一)淘宝流量的现状

电商行业越发达,竞争越大,流量获取就越困难,淘宝、天猫平台也不例外。阿里最近提出了新概念:公域流量和私域流量。公域流量指的是平台这个"公共池塘"的流量,如手淘搜索、手淘首页、直钻淘、聚划算、淘抢购等活动平台都是公域流量。这些公域流量本质是属于平台所有,若想获取这些流量要么参与搜索排名的竞争,要么花钱购买,就好比我们在别人经营的钓鱼塘里钓鱼一样,钓出来的鱼需要按斤付钱。

1. 免费流量获取越来越难

免费流量如手淘搜索、手淘首页就是一个比较大的公域流量的"池塘"。在2014年以前,买家主要通过PC端的淘宝网购物。当买家在淘宝的搜索框输入关键词之后,在一个页面会展示40个左右的商品,累计有100页。一个页面展示如此多的商品,买家的选择空间是比较大的。也有少部分买家直接在淘宝网首页的类目导航点击对应的商品分类,进入商品列表页购物。

但是在淘宝转型无线端之后，由于手机端的淘宝界面小，所以展示的商品数量相比于PC端减少了许多。再后来，手淘首页改版，原来"猜你喜欢"上的很多免费位置也变成了直通车和钻展的推广位。所以转移到手机端之后，搜索排序内的位置大大减少，再加上直通车和钻展广告位挤占了有限的免费位置，导致免费流量的位置越来越少。所以免费流量面临着不断减少、流量获取困难、稳定性差等问题。

2. 付费流量成本越来越高

随着电商越来越普及，传统行业的生意越来越难做，越来越多线下开实体店的人转战电商平台，而淘宝、天猫店就是他们的首选，所以每年淘宝平台的竞争都会加大。由于进入淘宝平台的卖家多了，免费流量位置又是有限的，所以一定会有更多人去投付费的广告，但由于淘宝体系内的付费广告基本上都是竞价模式的，出价的人多了，广告的成本就相应地被抬高了。淘宝客也不例外，当大部分同类目的商家都设置高佣金的时候，如果我们的佣金过低，就没有淘宝客愿意帮我们推广了。

拿直通车来举例，我是2011年开始开直通车的，当年像女装、女鞋类目是特别容易做到5分钱一个点击的，而现在基本上1块钱一个点击都是很正常的。直通车技术好的卖家把直通车优化到5毛钱就已经很不错了。现在还有一些类目价格贵得离谱，如工作服装，大约5块钱一个点击，而T恤定制类目已经要10块钱一个点击了。

当广告成本越来越高之后，如果其他条件没有变化，卖家再做付费推广一定会从盈利走向亏本，但是不做付费推广又没有流量，最终的结局只有关门。当然，也有一些卖家由于产品利润高，或者行业竞争小，直接做直通车、钻展、淘宝客等付费流量也能赚钱。

（二）卖家的未来出路

因此，从电商平台前面十几年的发展轨迹来看，基本可以确定的规律是：免费流量一定会越来越少，获取难度一定会越来越大；而付费流量的竞争一定会越来越大，推广成本一定会越来越高。

面对这样的局面，卖家应该如何做才能不被淘汰出局，实现长久的盈利呢？答案就是自建"鱼塘"，把潜在客户或者成交过后的客户拉到自己的"鱼塘"中去维护，把公域流量变成自己的私域流量。

二、建立自己的私域流量池

什么是私域流量池？就是沉淀在我们自己"鱼塘"中的客户，我们想给用户发布新产品、发促销信息等，不用再付任何广告费。例如，我们加到个人微信的粉丝，或者关注我们微淘的粉丝等，就是我们的私域流量。

(一) 关键的私域流量池

哪些渠道可以成为我们的"鱼塘"呢？

首选的私域流量池是个人微信号。因为现在的互联网用户几乎人人都在使用微信，而且每天打开的次数很频繁，所以我们发朋友圈时大部分微信好友都是可以看到的。

其次的私域流量池是微淘和微博。微淘是淘宝官方提供给卖家运营自己店铺粉丝的平台，在手机淘宝APP的底部有直接的入口。微博这几年发展得也非常好，在这个平台孵化的电商网红店非常多。

(二) 打造私域流量池的步骤

打造自己的私域流量，有点儿像养鱼。首先我们要去买鱼苗，然后放入鱼塘中，平时要定期喂鱼，等鱼儿慢慢长大了就可以钓鱼或者捕鱼了。

1. 把站内流量转入私域流量池

我们在店铺创业早期时，重心放在免费流量优化和付费推广上，就是在买"鱼苗"。这个时期，哪怕付费推广是不赚钱的也没关系，因为我们可以把从付费推广过来的成交客户当作买的"鱼苗"。为了尽量早、尽量多地把这些成交过后的客户放入我们的"鱼塘"，首选个人微信号，其次是微淘，最后是微博。

2. 规范维护私域流量池

卖家一定要养成定期更新自己的朋友圈或微淘、微博的习惯。既然要喂鱼，就一定要喂鱼肯吃的东西，我们朋友圈发的内容也一定要是客户喜欢的内容。最后等成交客户与我们建立了一定的信任之后，当有新品上新，或者店铺有促销活动时，就可以在朋友圈通知顾客来买。而每一次通知顾客来买，不管成交多少钱，我们都不用再付一分钱的广告费。当我们的"鱼塘"里的"鱼儿"越来越多，越来越大时，店铺发展就越来越健康，由于客户增多了，但是广告投入减少了，店铺的盈利水平也就越来越好。

有些卖家每年投放几十万元甚至几百万元的广告费，但是店铺的成交客户从来没有维护过，这个过程就像"猴子掰玉米"，掰一个扔一个，所以这些卖家每年都需要再次花巨额的广告费去获得新客户。而从一开始就有意识建立自己的"鱼塘"，把客户维护起来的卖家，刚开始优化手淘搜索很辛苦，开直通车钻展也很难直接盈利，但是他们争取把每一个成交客户维护在个人微信或者微淘里，逐渐地，他们的店铺销售额越来越高，老客户的成交金额占比也越来越大，最后他们每年的利润都在持续增长，最终成了TOP卖家！

本节学习心得

请将学习本节内容后的心得记录在下面，以备后期查阅。

本章课后作业

学习完本章内容之后，请登录幕思城官网的学员个人学习中心，单击"实操作业"完成本章的课后实操作业。

实操作业9：产品标题优化

实操作业10：主图点击优化

实操作业11：直通车测款

实操作业12：直通车预算

实操作业13：直通车优化

实操作业14：淘积木设计

实操作业15：收割意向客户

实操作业16：低价引流计划

实操作业17：完成流量目标

在完成实操作业过程中遇到问题时，请及时联系专属成长顾问和学习顾问解决。

第五章

做好盈利爆款管理

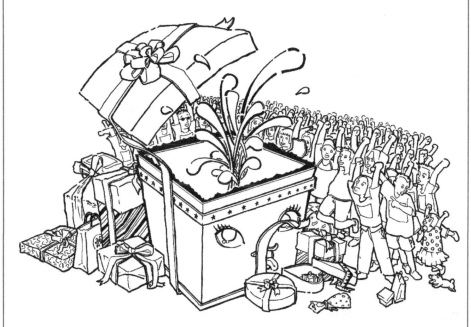

插画：春春

盯着顾客可以打造爆款，盯着对手只能抄袭爆款！

能不能成为爆款，核心是产品是否具有顾客蜂拥购买的利益潜质，而不是我们让流量蜂拥而至的技术潜力。

本章课前必读

> 核心内容

（一）卖家应该长期坚守的核心理念

1. "暴利"重于"爆款"

我们应该理清"利润是目的，销量是获得利润的手段"的关系。因此，淘宝、天猫卖家打造爆款，一定要保证有利润，没有利润的爆款就是浪费精力和资金。所以，我们不是需要爆款，而是需要暴利的爆款！

2. "爆款群"重于"爆款"

在某一个时间段，一个店铺只有一个爆款是一件风险极大的事情。如果这个爆款报销，那么这个店可能会面临倒闭。因此，我们需要每次都同时拥有一批爆款。

3. 打造"爆款生产线"重于"打造爆款"

一个店铺，有一个爆款不重要，重要的是要有源源不断的爆款。如何才能实现源源不断呢？那就需要卖家在内部建立可持续的爆款打造流程，就像有一个生产线一样，能够根据产品规划和流量规划，源源不断地推出爆款，让顾客不断有新产品可以选购，让竞争对手彻底放弃跟随。

（二）卖家应该深刻理解的核心原理

1. 产品是买爆的——只有顾客大量购买才有爆款

爆款不是卖家"卖爆"的，而是顾客"买爆"的。从市场的本质上讲，如果顾客不花钱，什么款都是"废款"，只有顾客愿意花钱购买才能造就爆款。如果店铺有一个爆款，只能说是卖家正好卖了大量顾客在某个时间段要集中购买的产品。因此，爆款的产品"质地"最终决定了是否能成为爆款。卖家要打造爆款，首先必须慎重审视产品是否具备成为爆款的潜质，即是否能让顾客具有强烈的购买意愿。

2. 爆款打造就是火上浇油——在顾客购买趋势上再加大推广力度

我们必须理解一个市场规律，即在某一个特定时期，顾客会出现集体购买倾向，而且也会在某个时间段出现集体购买倾向终止。也就是说，顾客群体购买行为是有一个不以人的意志为转移的客观规律，表现出来就是一个产品生命周期曲线，卖家需要做的就是顺应这个规律，在不同的产品生命周期阶段匹配不同的推广力度，尽可能在一个顾客购买周期内得到最多的利润。所做的流量管理，本质上就是一个火上浇油的过程。

3. 爆款打造过程中要顺势消灭竞争对手——好产品而非好技术成就了爆款

顾客集中购买是客观存在并定期会出现的，因此每一个爆款期都会有众多的竞争对手参与。这个时候，众多卖家都会投入精力和资金参与其中，这就成了卖家淘汰竞争对手的黄金时期。卖家要利用这个爆款期，把竞争对手的资金尽可能耗尽，或者尽可能将竞争对手的资金沉淀在库存里，而无法参与下一轮爆款竞争，最后让这个市场的竞争对手越来越少。因此，打造爆款的过程，也是一个顺势消灭竞争对手的过程。

> **学习要点**

(1) 深刻理解打造爆款对于打造盈利店铺的重要意义和关键作用。

(2) 深刻理解管理好打造爆款的时机对于打造盈利店铺的深远意义，仔细梳理爆款时机对后期店铺运营关键事项的关系和影响，学会借助工具规划爆款打造的时机。

(3) 深刻理解管理好爆款生命周期对店铺的意义，仔细梳理爆款生命周期对后期店铺运营关键事项的关系和影响，学会借助工具规划爆款生命周期不同阶段的任务。

(4) 深刻理解爆款策略对店铺未来发展的意义，仔细梳理爆款策略对后期店铺运营关键事项的关系和影响，学会借助工具规划爆款策略。

(5) 深刻理解爆款暴毙对店铺未来发展的意义，仔细梳理爆款暴毙对后期店铺运营关键事项的关系和影响，学会借助工具防范爆款暴毙风险。

> **学习难点**

(一) 理解"爆款要慎重选择产品"

很多卖家总以为，只要打造爆款技术好，什么产品都能卖爆。实际上，只要产品不好，什么爆款技术都是"自焚"技术，除了白白耗费自己的资金和精力，没有什么意义。

(二) 理解"要根据爆款生命周期更换策略"

很多卖家以为，产品选好之后，只要流量有保障，就可以卖爆。实际上，在不同爆款生命周期阶段使用不同的策略，才是关键所在。如果一个策略走到底，半途方向错了，就只能眼睁睁看着爆款在自己店铺里戛然而止。

> 学习平台

(一)专门网站

请在幕思城官网上学习经理班盈利爆款管理相关课程和学员关于盈利爆款管理的学习帖子。

(二)专用软件

请结合幕思城盈利助手和幕思城将军令实操。

(三)问题咨询

(1) 请联系自己的专属卖家成长顾问,解决学习盈利爆款管理中的认识和实操问题。

(2) 请联系自己的专属卖家学习顾问,参加相关的专题训练营和综合训练营。卖家学习顾问是我们在幕思城的"内部客户代表",他将站在我们的立场推进相关服务的提供,并确保我们得到的服务质量。

(3) 请联系自己的专属卖家发展顾问,明确自己当前的问题及未来的解决方向。

(4) 没有专属顾问的同学,请在幕思城网站上联系幕思城卖家发展顾问。

流量大的店就是好店吗?

可能有人会说,这个问题太简单了,哪个开店的不希望光顾的顾客越多越好呢?

不过,我想问,流量很大,你就满足了吗?店铺挤爆了,但是东西没有卖出去,你满意吗?

其实,我们不是需要流量,而是需要流量带来的销量。所以,对于打造盈利店铺来说,我们可以没有巨大的流量,但是一定需要充分利用每一个流量,实现远高于同行的转化率,最终打造出一个个不断出现的爆款。

对于有长远追求的卖家来说,我们不是需要一个或者几个爆款,而是需要源源不断能够带来可观利润的爆款!

第一节 确定爆款打造的时机

一、打造爆款要抓时机

(一) 产品不同时机不同

淘宝上的产品一般可以分为标品和非标品。标品是指规格化的产品，可以有明确的型号、外形等，如笔记本、手机、电器等。非标品是指无法进行规格化分类的产品，如女装、鞋帽等。简单地说，标品就是我们提及产品的名称或者型号时，就能想到或者在百度上查到的具体样式，如iPhone XS Max，这个产品就是规格化的，只要是被命名为iPhone XS Max的产品，外观都一样，这个就是标品。而当我说"夏季女童套装"的时候，就想象不出来我到底说的是什么样子的产品，因为夏季女童套装有成千上万个不同样式的款式，这个就是非标品。

对于标品，任何时候入淘，竞争都非常激烈。标品类目的销量除了春节所在月有所下滑，其他时候都很平稳，一旦某个标品类目形成了销量前三名的格局，一般就很难撼动它们的位置。

与标品相比，非标品就不同了。由于非标品一般都伴随着淡旺季，所以每一次淡旺季的交替都是一次"洗牌"的机会。对于销量较高的卖家，随时都有危机感，本季度可能还春风得意，稍不注意，下一个旺季可能就会错失机会了。非标品类目对于中小卖家来说，机会也会更大，每一次淡旺季交替，所有对手都会与我们站在同一起跑线上重新赛跑。非标品类目想要打造爆款，一定要抢占先机，就像百米赛跑一样，一定要提前做好热身运动，等到裁判一鸣枪就开跑，不要等到大家都开跑了你才开始做热身运动。

(二) 打造爆款要提前准备

打造爆款与跑步一样，都需要提前准备才会有好的成绩。例如，有些类目在下半年9月份进入旺季，第二年1月份过后又开始进入淡季。但是，有些卖家反应比较慢，到了十一二月份才开始筹备秋冬的应季产品，结果等到十二月份开始有点销量之后，再过一个月却就要进入淡季了。而有一些卖家每次都在旺季到来之前做准备，结果年年都能打造月销几万的神级爆款。

我们有个来自江苏扬州做老人鞋的学员，叫张钰(见图5-1)，她前几年生意很差，一是进入电商的时间有点晚，二是根本不懂专业的运营技术，所以一直没赚到钱。后来她学会打造爆款的一整套方法，现在他们类目的老人雪地靴销量每年都是最高的。

她平时只做秋冬的老人雪地靴，她分析过该行业一般是每年9月份开始进入旺季，于是她七八月份就开始做基础销量和攻心评价，报活动和做淘宝客把销量做到月销2000以上。于是一进入9月份的旺季，她的产品就已经是他们类目里销量最靠前的两三家之一了。在进入旺季的时候，再用直通车、钻展和淘宝客一起发力，由于有前期销量方面的优势，转化率自然比对手更高，所以就一路领先直到进入淡季。去年她还专门打电话告诉我他们当年的战绩。

总而言之，打造爆款，时机的选择很重要。一方面要清楚自己的类目从几月份开始进入旺季，另一方面还要清楚进入旺季之前该准备什么，进入旺季之时又该做什么，在类目最爆发的时候又该如何发力及类目开始衰退之后又该如何维护。

图 5-1

二、从市场洞察数据中寻找时机

对于爆款打造时机的分析，我们需要借助专业的数据分析工具。在分析之前，我们首先要确定用什么关键词来作为分析的对象。一般来说，搜索人数多的精准产品词可以代表一个行业的趋势，如"女鞋"这个词能代表女鞋行业的趋势。但是，如果要结合自己店铺的产品来看，"短靴女"这个词比"女鞋"更能精准地描述自己的产品。

非标品产品的爆款打造生命周期像一个过山车的轨迹一样，从低处开始缓慢上升，然后会逐渐到达一个最高峰，在最高峰持续一段时间之后就开始慢慢往下掉，直到回归到一个较低的平稳水平，如图5-2所示。

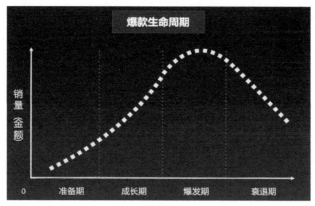

图 5-2

目前卖家能够借助的分析工具是官方提供的生意参谋市场洞察。在软件里输入精准的产品词之后，可以分析过去一年的搜索人气或者交易指数走势。搜索人气代表的是每月搜索一个关键词人数的指数，而交易指数代表的是包含这个关键词的商品的成交额法的指数。通常情况下，搜索人气和交易指数的趋势图是一致的。

如图5-3所示，当我们搜索"短靴女"的时候，选择以月为单位查看短靴行业的走势，接下来一年的趋势就显示在我们眼前了。

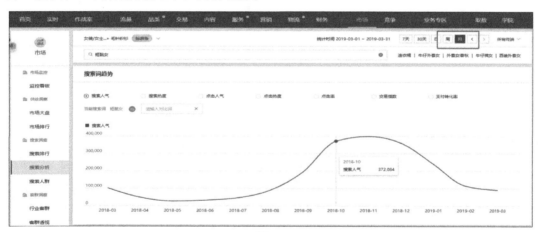

图 5-3

三、从产品生命周期中寻找时机

标品的生命周期一般很长，如iPhone 8手机壳，从iPhone 8上市之后，这个型号的手机壳就会在线上线下热销，一直持续到下一代iPhone手机成为主流且iPhone 8逐渐被消费者抛弃，整个过程可能会持续三四年。非标品的生命周期就没有那么长，一般只有短短几个月，如高跟凉鞋，一般就只有四五个月的时间。还有一些针对节庆日的产品，如圣诞树、玫瑰花、月饼、大闸蟹等，生命周期更短。

一般来说，爆款的生命周期可以分为四个阶段，即准备期、成长期、爆发期、衰退期(见图5-4)。准备期，一般指的是旺季到来之前的1~2个月，行业呈现小幅上升趋势，这个时期工作的重心就是产品各方面的准备工作，所以称为准备期。成长期，一般指的是旺季开始大幅上升的阶段，这个阶段行业的各项数据都在飙升，由于飙升速度非常快，所以称为成长期。爆发期，一般指这个行业趋势发展到最高峰并保持稳定的阶段，由于这个阶段行业各项数据已经到达巅峰，所以称为爆发期。衰退期，一般指行业趋势从高处开始下滑，逐渐要进入淡季的时期，这个时期搜索人数在下降，转化率也在下降，所以称为衰退期。

　　由于打造爆款是一项精细化的工作，不仅要提前做好准备，而且要在不同时期完成不同的任务，否则爆款无法形成或容易夭折。

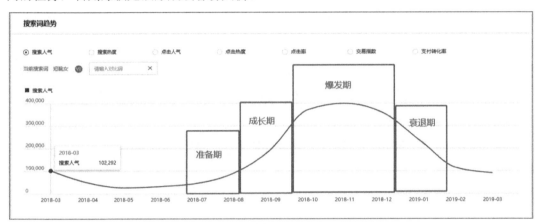

图 5-4

本节学习心得

请将学习本节内容后的心得记录在下面，以备后期查阅。

第二节 管好爆款的生命周期

爆款的打造需要在不同时期做好不同的事情,每个时期的事情都不能轻视。一旦哪个环节没有做好,就有可能导致爆款打造失败。

一、管好准备期

"凡事预则立,不预则废",爆款的打造某种意义上是谁准备得早,准备得更充分,最后就是谁胜出。有些中小卖家从来没有打造过爆款,一方面是他们不会推广引流,另一方面是他们从来不知道要提前准备。

准备期一般是旺季来临之前的一两个月,行业已经有开始上升的苗头了。这个时候要在准备期做的工作主要是:选款测款、视觉优化、基础数据和竞品监控。

如果在淡季的时候选款测款,由于同行销量也很差,行业数据又偏低,可能造成选不出好款,测不出准确数据的问题。如果到了旺季才选款测款就来不及了。所以一般在准备期就要选好,这个时候同行准备得早的产品已经冒头了,数据也在飙升,此时就是选款和测款的最佳时机。

若想通过选款测款选出好的潜力爆款就需要精心打造一番,首先要做的就是视觉部分的优化,从主图、主图视频到详情页全方位地精心布局,主图负责吸引买家眼球,然后产生点击,主图视频和详情页负责勾起买家下单的欲望,然后引导成交。

由于在成长期需要开始大力推广,所以在准备期一定要做好基础数据,如基础销量和攻心评价。准备期的基础销量最少要有几十笔,当然是多多益善,如果在准备期就能引入几百上千笔销量,有可能直接在准备期就能成为该类目的销量前几名,那么到了成长期再去推广,转化率就特别有优势。

当然,既然我们知道在准备期就提前准备和布局,那么对手也可能比我们准备得更加充分,销量起来得更猛。这个时候我们就要针对几家销量起来比较快的竞争对手实施跟踪监控,每天统计竞品的销量、销售额、客单价、转化率等数据,做到心中有底。后续在监控竞品过程中,如果发现对手有什么大动作或者销量猛涨的情况,我们就好及时制定策略来跟进,以免掉队。

二、管好成长期

准备期过后一般就会进入成长期。成长期的特点是行业数据呈现约45°斜向上的上升趋势，该过程持续少则一个月，多则两三个月，一般成长期到达顶峰之后就会进入比较平缓的爆发期。成长期的核心工作主要有三项：优化流量布局、维持转化率和防范爆款提前夭折。

（一）优化流量布局

成长期不仅行业的搜索人数在上升，一般转化率也会持续上升，因为这个时候旺季已经激活了，买家的购物热情也已经高涨了，所以购买的积极性也会大大提高。一旦进入成长期，就是抢夺流量的高峰期，我们在这个时候要抓紧加快布局引流。

流量的引入优先做站内的免费流量方面的优化，如手淘搜索方面关键词相关的优化、手淘首页方面主图相关的优化等，但是只优化这方面，一般来说免费流量很难自然而然地飙升起来，还需要付费流量的带动。淘宝客推广可以把基础销量打造得更多，直通车的关键词推广可以拉升手淘搜索的流量，直通车的定向推广和钻展的单品推广可以拉升手淘首页的流量。直钻淘三方面的发力不仅可以提高产品销量，如果优化得当，还可以大大提升免费流量。如果在成长期流量引入的数量足够，我们主推产品的销量也会随着行业爆发的趋势一天比一天高。

（二）维持转化率

在成长期拉升流量的同时，也要注意维持主推产品的转化率。转化率对于免费流量的影响是巨大的，如果转化率波动太大，可能会直接让已经在持续上升的免费流量出现断崖式下跌。我经常遇到学员求助，他们因为店铺转化率下降太严重，导致手淘搜索或手淘首页从每天几千上万的访客数直接掉到每天几十个访客甚至没有。一般来说，如果一个卖家主推产品的转化率是3%左右，某一两天直接掉到一半甚至更低，不出两天，他的手淘搜索或者手淘首页的流量一般都会直接下跌。

维持转化率很重要，方法也有很多，最常规的是每天晚上八九点的时候通过生意参谋首页的访客数和支付人数，大致地算一下当天的转化率。如果一旦发现相比平时的转化率下滑不少，应立即启动预警机制，以提高转化率。当然，如果转化率下滑并不大，则无须慌张。

临时提高转化率的办法一般是及时催付待付款订单，最低底线是可以适当亏本来引导未付款的买家付款，从而提高转化率。也可以在平时联系比较紧密的老客户群体中发出促销信息，引导老客户当天再次购买享受优惠活动，当然这就需要平时有意识地维护一些老客户。

如果订单较少或没有待付款的订单，也没有老客户，则可以设置零门槛优惠券，或者在与后续千牛上咨询的客户沟通过程中直接以优惠金额的方式，让后面几个小时内购买的客户下单积极性更高，以此来提高转化率。

(三) 防范爆款提前夭折

爆款虽然好，但是也非常脆弱，稍不注意，就有可能让一个销量刚开始稳健提升的潜力爆款瞬间夭折。其中，最容易让爆款夭折的就是各种售后问题，所以在成长期一定要重点做好售后指标的维护。常见的容易让爆款夭折的售后问题主要有中差评、动态评分飘绿、投诉维权事件等。

1. 严控中差评

中差评的影响之大可能已经让很多卖家深有体会了，如果我们有一个刚在成长期的爆款出现了一个非常恶劣的中差评评语，可能会直接影响买家下单的积极性，从而影响转化率，而转化率下降太严重又会直接导致免费流量下滑。所以一旦出现中差评之后一定要第一时间解决，能和买家沟通修改最好，如果正常沟通不行，返钱也要修改。如果什么方法都用了，买家就是不愿意修改，那么就朝着好的方向去做掌柜解释，给后面购买的买家解释清楚，并且态度友好地道歉和提出具体的解决方案，以此来把中差评的影响降到最低。

2. 严控动态评分飘绿

一般买家对商品或者物流有不满会给中差评或者直接在给商品评分的时候打低分，中差评可以修改，但评分就修改不了了。前期如果店铺的评价人数比较少，即使出现了少数几个低分都可能让整个店铺动态评分降得很低，甚至直接降低到4.7分或更低，这个时候动态评分就会变绿，我们通常称为飘绿。

一旦动态评分飘绿，就会影响直通车权重，影响手淘搜索和手淘首页的权重，导致流量和销量下滑。如果我们在成长期遭遇动态评分飘绿，就需要主动出击去维护。一方面我们可以即刻主动联系已经收到货但是未评价的买家给予五星好评，用利益促动他们主动打5分；另一方面我们也可以马上报名一些第三方返利活动，如众划算，一般返利活动的绝大部分买家都会直接给予五星好评。

3. 仔细处理投诉维权事件

售后指标的维护要复杂一些。近期有位幕思城学员把一个新店从几颗桃心开始做，不到两个月的时间，从每天几十块的成交额做到了每天7万多块，日发订单2500多单，这对于他们几个人的小团队来说着实是一个大的考验。结果不出所料，这种状态持续了一个多月，发货就忙不过来了，后台每天都堆积了超过5000单未发货的订单，发货时间改为72小时内发货。没过多久，很多买家就投诉其未按约定时间发货，结果不到一个星期，手淘首页直接从每天40 000多个访客掉到每天100多个访客，销售额也降了一半多。发生这种情况是每个人都不愿意看到的，这种情况只能预防，无法在事情发生的时候力挽狂澜。

售后指标也不是完全不能解决的，有些售后问题是可以当场解决以减小对爆款的影响，如投诉和售后维权，由消费者发起的投诉和售后维权一般都可以私下解决，对方一旦撤销投诉或维权，对爆款的影响就可以几乎忽略不计。但是也可能出现明明是买家自己的问题，对方偏偏不讲理要售后维权并申请小二介入。如果卖家在这个时候据理力争，有可能在小二介入的时候胜诉，但是即便是胜诉，也会增加店铺纠纷率，导致免费流量下滑。如果店铺主推的爆款正好处于成长期，这样的事情无疑对爆款打击是非常大的。所以在爆款处于成长期时，遇到这种售后问题建议各位卖家还是能忍则忍，等到爆款销量已经比较高了，遇到实在难以沟通的买家无理由的维权，再据理力争不迟。

三、管好爆发期

行业的爆发期也是爆款的爆发期。但是潜力爆款是否能够顺利地进入爆发期并且让订单爆发起来，这取决于我们准备期和成长期做的工作是否到位。如果准备期的准备工作和成长期的流量提升工作等都做得很好，那么爆发期的销量暴增就是水到渠成的事情。而爆发期是整个行业流量最高的时候，一般也是转化率最好的时候，所以我们能在爆发期让我们每天的销量达到最巅峰。在爆发期我们主要有三类工作需要操作：加大引流、以爆引爆和售后维护。

（一）加大引流

爆发期的时候，流量是非常充足的，由于有了成长期引流的经验，我们在爆发期只需要让流量更大一点即可。例如，我们在成长期时，直通车钻展每天烧500元，那么在爆发期可以在付费推广不亏本或者略亏一点的前提下让每天的花费增长到1000元甚至更高。

1. 加大付费流量

在第四章讲直通车时提到过一个观念：努力让直通车不赚钱。其实其他付费广告也是同样的道理，在爆发期时尤其要如此。如果前期的选行业、选产品工作都做得很好，付费推广是很容易直接实现盈利的。那么我们要做的就是在爆发期把付费推广直接盈利的部分再投到付费推广中，加大引流。我们可以每天增加一点儿广告的花费，让付费广告的点击量呈现持续增长的态势，这样不仅加大了付费推广的力度，同时连续递增的点击量也非常有利于拉升我们的手淘搜索流量和手淘首页流量。

2. 制定好危机预案

一般来说，爆款是非常脆弱的，因为销量高了以后，全行业的同行都在盯着我们，他们会使用很多种办法来打压我们的爆款，最常用的手段就是抄款，款式做得与我们的一模一样，然后价格却比我们的便宜，用价格战来挖我们的"墙脚"。如果是价格比较敏感的消费者，那么绝大部分情况下我们都有可能中招。还有一些同行或者职业投诉师会每天盯着我们的主图详情页，看有没有使用极限词或者违反淘宝规则的地方，一旦发现他们马上就会投诉我们。

即便同行的价格战无效，详情页也发现不了任何漏洞，但是销量高了，各种各样的买家也就多了，各种极端情况就可能会出现，这也容易导致爆款流量销量的下滑。例如，买家的维权，导致小二介入过多，退款纠纷率上升；由于爆款销量增长太快，发货跟不上，导致我们未按约定时间发货被买家投诉；发货人员不专业或者客服不专业，导致中差评增多、动态评分飘绿等。

由于爆发期卖家的事情非常多，如果对突发的事情有提前的预案准备，那么就能做到遇事不慌张。否则，一件突发事件就可能把卖家的精力全部牵扯进去，而无暇顾及产品，后果将会非常严重。

3. 爆款勿动

爆发期的爆款也是不能轻易修改的，包括标题、主图、详情页、类目、属性、优惠券、满减等。经常有学员问我，修改爆款的主图之后导致流量下滑该怎么办。前几天还有一个学员好不容易把一个新店从0做到了每天2000多单，但由于他把5块钱的优惠券取消了，再加上发货量一下子太大，被多名买家投诉违背发货时间承诺，结果不到一个星期，访客就掉了一半多，订单也掉到不足1000单了，每天损失两三万元！所以，爆款是非常脆弱的，尽量不要做任何改动，除非万不得已。

(二) 以爆引爆

在爆发期，一个爆款比较脆弱，因此要多打造几个爆款，这样抗风险能力更强，而且能最大化地提高店铺销售额和利润额。

1. 以爆引爆的方法

在爆发期如果已经有了一个销量较好的爆款，可以继续打造第二个，如果方法得当，效率能提高10倍以上。我们讲的以爆引爆，就是以第一个爆款带动第二个爆款的方式，裂变出多个爆款来。具体的做法是把第一个爆款和第二个要打造的新款搭配起来，做成一个搭配套餐，制造一个让买家无法拒绝的优惠活动，从而引导顾客拍套餐。只要买家通过套餐付款，那么两个产品就都会产生销量。

我们拿一个实际的产品来举例。如图5-5所示，有A和B两款女鞋，A产品是一款卖168元的短靴，月销量已经有3000件，现在每天平均100单，而B产品是一款卖130元的高跟鞋，还没有一个销量。这两款产品都有50%的利润，那么这两款鞋子加起来的成本就是(168+130)/2=149元，如果买家同时购买这两款鞋子，则需要花费168+130=298元，若没有任何的促销活动，消费者一般不会同时购买这两款鞋子。

接下来我们设置一个促销活动，把A产品和B产品用搭配套餐关联在一起，套餐价格设置为169元，然后展示在A产品的详情页中，并在详情页最顶部设置一段促销文案或者图片，提示买家：购买A产品的同时只需要再加1元，即可再获得一双价值130元的高跟鞋！

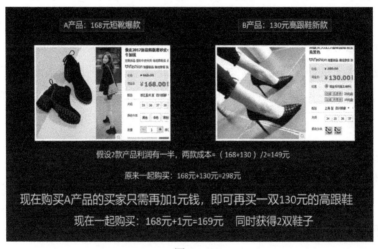

图 5-5

试想一下，如果你是买家，在浏览A产品时本来就是对A产品感兴趣想买的，这个时候有一个促销活动只需要你买A产品的时候多加1块钱，就可以再获得一双原价130元的高跟鞋，会不会心动？由于A产品每天平均有100单，我们如果能引导一半的人购买套餐，那么购买套餐的人就有50个人，而由于购买套餐的时候，两个产品都会增加销量，那么B产品就跟着产生了每天50个销量，10天时间就有500件销量了！这个时候我们拿这500个销量再去推广引流，效果就比0销量时的开车引流效果好很多！

该套餐以169元的价格卖出也并不亏本，因为两款产品成本加起来才149元！更关键的是，第二个新款没有花一分钱广告费就产生了500甚至更高的销量！如果我们把第二个产品从0开始打造销量，速度会慢很多。

2. 以爆引爆的注意事项

当然，第二个要被爆款带动的款也必须是经过严格的选产品、筛产品、找产品、测产品筛选的，然后再到盈利产品的打造等完整的流程。简单来说就是后面要被带动的款必须经过选款测款确保这是一个潜力爆款，而且在被带动之前一定要做好视觉部分的内功建设和基础数据等准备工作，否则随便拿一个数据很差的款去打造，即便是销量被带起来了，后期也持续不了多久。再者，后续被搭配的产品一定是要消费者愿意购买的，例如，短靴是秋冬的产品，秋冬过了就会穿高跟鞋，所以在冬天的时候用短靴关联高跟鞋，消费者是愿意同时一起购买的。如果你是卖手机壳的，用一个iPhone X的手机壳搭配一个华为P30的手机壳，消费者可能就不愿意买这个套餐，因为绝大部分买手机壳的用户，不会同时用iPhone X和华为P30。

我也经常遇到一些学员，把课程学完后马上就去实操，没过多久就打造出了一个爆款，结果就沉浸在自己能够打造爆款的喜悦中，每天打包发货忙得不亦乐乎。结果，一个爆款持续了没多久就遇到一些突发状况导致流量和销量暴跌，过一阵子再来重温课程的时候才想起我说过爆发期要以爆引爆，只好捶胸顿足怪自己不长记性。

(三) 做好售后服务

在爆发期千万要做好售后的维护。售后指标的维护和成长期要做的工作本质是一样的，因为不管是成长期还是爆发期，我们都需要特别关注售后指标，这两个时期是最敏感、最关键的。爆发期售后维护的方法和注意事项参考前面所讲述的成长期的售后维护即可。

四、管好衰退期

如果行业的趋势已经要到衰退期了，则表示产品的销量可能会逐渐开始下滑。这个时候也不必慌张，如果我们在爆发期就已经把下个季节的潜力爆款的销量用以爆引爆的方式带动起来了，则能坦然面对本季爆款的凋零。

衰退期也是关键的一个时期，核心是要做好清理库存和选明年款的准备，一方面通过降价促销等方式在彻底进入淡季之前快速清理库存，另一方面提前布局明年旺季的产品，才能赢在对手之前，抢占先机。

(一) 快速清理库存

清理库存主要是针对自己囤货的卖家，如果我们是做一件代发或者从批发市场拿货则不需要担心这个问题。一般有了一定规模的淘宝店卖家，或多或少都会屯一些货，尤其是一些sku比较多的类目,如服饰类目。在这些多sku的类目中,经常流传着这样一句话,"要么缺货缺死,要么压货压死"。由此可见,库存问题确实是大部分卖家最头疼的问题之一。

1. 库存可能不是好事情

有一位广东中山的学员叫肖建林(见图5-6),两年前到幕思城学习时跟我说他有三个天猫店,分别是女装、男装和童装旗舰店。当听到这个话时我心想:这个老板是多有钱,一下子开这么多天猫店,精力分配得过来吗?我打开他的三个天猫店分别看了之后发现,每个店铺都有超过200个款,而且他告诉我这些产品他都有自己屯货,库房里的货起码价值400万元。当听到他说库存有400多万元的时候我有些吃惊,后来了解到肖建林是做实体店起家的,这些年受电商冲击比较大,所以想全力转型电商,不过由于对电商不了解,所以才来学习。

图 5-6

了解到这个情况之后,我马上严肃地告诉他:"你这个情况非常危险,照你目前这样的做法做下去,不到一年你的公司肯定要倒闭。你现在要做的就是聚焦。三个类目只做一个,最多做两个,其他的店铺卖掉。每个店铺的产品都去测款,最终从两三百个款里挑选出数据最好的几十个款来做就可以了,其他没有被选中的款以成本价处理掉,以后不再屯此类数据不好的产品。一定要开源节流,把有限的资金和时间用在最能产生价值的产品和店铺上。"

我再三强调事情的严重性和迫切性之后，他终于意识到做电商和传统生意的区别，也意识到摊子铺太大的风险。他回去之后把女装和男装的天猫店给卖掉了，男女装的货也一并清掉了，只保留了一个童装的天猫店，随后又把童装天猫店的产品挑选了一下，把数据好的几十个款保留在店铺，其他数据不好的产品全部下架，对应的货也退回了一部分给厂家，另外一部分打折卖掉。

过了一段时间之后他在微信上再次找到我，告诉我现在库存的问题已经解决得差不多了，但是由于前期压货太多，砍掉多余天猫店和处理库存的周期花费太长，导致近期资金周转有一些困难，问我有没有可以融资的渠道。我了解了他最新的情况之后告诉他，他这种情况无法融资，投资人只投健康的企业，他这种情况问题都还没解决彻底，肯定不会有人冒险来投资的。另外，我了解到他虽然砍掉了一些库存，但是成本还是很高，所以我建议他继续精简成本，从每个环节去聚焦，甚至建议他在企业内部只保留精英员工，店铺只保留盈利性好、利润高的产品。

后来他又按照我的建议去操作，最终库存从原来的400多万元砍掉之后不到50万元的货值，童装天猫店的产品也精简到最终只有几十个，企业员工从原来高峰期的60多人，精简到现在十几个人，成本每个月节约了几十万元，现在每个月的盈利水平也越来越高了。试想一下，如果他当时还是按照原来的400万元库存+3个天猫店+60多号员工这样的高成本的方式运行，那么他在线下经营十几年赚取的利润可能全部都已经亏进去了！

如图5-7所示为沟通截图。

图 5-7

像肖建林这种情况不是属于爆款库存没清理的问题，而是属于产品种类太多而导致库存太多的问题，这类问题一般会在店铺达到一定规模而需要囤货时出现。

2. 快速清理爆款遗留下来的库存

肖建林同学的问题解决之后，就要在每个产品的爆款衰退期来处理库存问题，不然多个爆款库存堆积多了之后，也容易出现压货太多、资金周转不过来的情况。

在进入衰退期之后，我们就要有意识地清理库存。这个时候由于新的爆款已经起来，旧的爆款就可以根据衰退期的时间周期有意识地开始降价促销。例如，如果衰退期的周期有3个月，那么从第二个月开始就可以促销；如果衰退期只有短短的一个月，那么一旦进入衰退期则需要马上开始降价促销。

降价是清理库存最常见的方式之一，降价促销一般可以针对老客户，也可以报名淘宝的活动如淘宝清仓、天天特价等。例如，小米的新一代手机上线之后，旧款的小米旗舰手机一般都会马上降价，这就是清理库存的表现。

3. 收缩付费推广

由于衰退期的行业趋势已经在走下坡路了，搜索人气和转化率也逐渐开始下滑，这个时候就没有必要加大力度投广告了，相反要逐渐减少广告的投入。另外，为了让明年的这个季节我们做起来更容易，也可以趁此机会开始选明年的潜力爆款。

（二）选明年本季的款

由于已经过了爆发期，同行该爆的产品也都爆了，这个时候是最佳的收集行业爆款数据的时机。

例如，做女童套装的卖家可在爆发期过后，把行业里客单价较高且销量较高的女童套装的爆款都分析一下，最终经过优胜劣汰，选出最有价值的5~10个款，然后再从生意参谋市场洞察里分析这几个款最近30天的订单量、销售额、转化率等情况，记录在表格里。这样等到了明年这个季节之前，在准备期选款的时候，就可以有意识地把之前记录的这些同行高利润爆款拿出来并找到货源，然后测款，数据好的就放在自己店铺里做，抢在同行布局之前做好一切准备工作，一旦进入成长期就开始加大力度引流，有可能去年同行卖爆的款，最终被卖得更爆了！

| 本节学习心得 |

请将学习本节内容后的心得记录在下面,以备后期查阅。

第三节 管好爆款的盈利策略

一、爆款能盈利才是关键

打造爆款到底是为了什么?这是一个看起来很简单但很多卖家都没有想明白的问题。他们往往看到销量上去了就很高兴,觉得达到了目的。其实,我们打造爆款根本就不是目的,它只是我们实现盈利的手段。如果我们确实打造了一个爆款,但是没有盈利甚至还有亏损,那么这个爆款又有什么意义呢?

一定要记住,我们不是需要爆款,而是需要能够盈利的爆款,最好是盈利能力非常强大的爆款!因此,我们需要尽可能规划好爆款生命周期不同阶段的任务,在不适合盈利的铺垫阶段要坚决放弃利润,在适合盈利的黄金阶段,则要果断提升盈利能力。

从这个意义上讲,打造爆款的所有努力,都是为了利润爆发的那一刻。可以说,如果没有利润爆发的那一刻出现,整个爆款计划无论销量有多高,排名有多靠前,实际上最后都是失败的。

二、爆款盈利的关键策略

打造爆款就像一场战争一样，需要有前瞻性的战略布局智慧，提前备款，抢占先机，也需要在不同的节点上准确无误地做好各项准备工作。另外，还需要清晰地思考要让爆款在什么阶段盈利。如果让爆款一开始就盈利，则引流方面就要谨慎一些；如果爆款迟迟不盈利，则心里又没底。

（一）管理好非最佳盈利阶段

一般来说，爆款在什么时候盈利，要看爆款处在哪个时期。处在准备期的爆款，由于还在做准备工作，销量也还没有开始增长，这个时候肯定是投入的时期。那么在准备期，我们就要事先做好预算，测算一下达到多少基础销量需要多少广告费，需要多少成本。然后再看一下我们是否有充足的资金，如果没有就要提前想办法做好相关的储备。

在成长期时，由于该阶段是和同行竞赛的阶段，所以本质上最好也不要想着在这个阶段就盈利。即便在这个阶段能够盈利，也要把赚的钱再继续投入引流方面，以此来进一步提高产品销量，拉开与同行爆款的差距。所以在这个阶段要继续投钱保持流量和销量持续增长，甚至要刻意保持产品不赚钱，即便赚到钱，也要继续投入进去。如果在成长期亏本也是正常的，只是我们要量力而行，千万不要超过自己能够承受的亏损范围。

（二）管理好最佳盈利阶段

在爆发期阶段，由于行业的流量和转化已经到了峰值，如果我们在前面两个时期工作做得到位，那么该阶段基本上已经能够每天维持足够的订单数量了。因此，在这个阶段我们不需要再刻意压制盈利水平，是我们真正赚钱的时候了。说到这里，不得不提一下"双十一"，有些卖家好不容易报上了"双十一"活动，结果他在"双十一"当天报的活动价特别低，导致"双十一"当天销量看起来非常高，但是不赚钱，这个就是不明智的做法。"双十一"活动当天就好比我们爆发期的爆款一样，这个时候正是我们收割利润的时候，不仅不能降价过低，甚至有些卖家会变相涨价，以此来让利润最大化！

在爆发期要持续引爆销量，这个时期付费广告不用再亏本推广，尽量保持付费广告保本就可以了。如果亏本，则适当降低投入。如果盈利，则把多余的盈利再继续投入进去。在这个时期要控制付费流量的比例，一方面不断提高免费流量的占比，另一方面逐渐降低付费流量的占比。

一般来说，绝大部分常规类目，直通车、钻展的流量控制在10%～15%是比较合理的，如果高于这个比例，可能压力就比较大。少部分类目由于竞争太激烈，一般会超过这个比例，如童装类目。我分析过很多个童装类目的爆款，付费流量的占比一般都比较高。这种付费流量竞争激烈的类目则要重视老客户营销，争取多囤一点儿老客户，以后多在老客户营销方面下功夫，以此来替代付费推广。

（三）管理好盈利提升阶段

在衰退期，由于行业趋势已经在下滑，我们要开始抓紧时间提前清理库存，把仓库里的货尽快变成现金，以此来回笼资金，为下一轮的爆款打造做准备。同时，由于该赚取的利润已经在前一个阶段解决了，所以现在清理库存相当于卖一个赚一个，能够大幅度提高利润水平。

另外，卖家也可以利用清理库存的机会，抢在竞争对手之前大幅度降价，快速消化市场上的最后一批顾客，把竞争对手的资金封锁在存货里，进而大幅削减竞争对手在下一轮竞争中的资金实力，这相当于间接提升了自己未来打造爆款盈利的能力。

在衰退阶段，需要逐渐减少对付费流量的投入，所以广告成本也在下降，相当于间接提升了利润。

三、应对爆款被抄袭风险

（一）爆款面临的抄袭风险

一般来说，单一爆款是比较脆弱的，所以前面我们讲到要以爆引爆来多打造几个爆款，提高抗风险能力。其实单个店铺也是比较脆弱的。在淘宝、天猫乃至其他电商平台都有一个现象，即只要某个产品的销量爆了，如果利润空间也比较可观，那么第二个月就马上会有模仿的产品出现，甚至产品的外观和性能都一模一样。

大家抄来抄去，由于竞争太激烈，一定会有人先降价，挑起价格战。因为对于销量低的模仿者来说，只有价格方面他们能够做文章，以降价来获得价格方面的优势，从而抢夺客户。如果我们的爆款被别人抄，这件事虽然令我们讨厌，但是我们根本无法从根源上杜绝，因为一方面我国的知识产权保护相关的环境还不成熟，另一方面整个世界范围内都盛行着这样的风气，大的互联网公司之间的产品战争，一般就是从抄袭模仿开始的。

（二）主动应对爆款被抄袭

如果经过前面所讲的爆款打造的流程和步骤，精心操作我们的潜力爆款，所幸有那么一两款产品确实销量做得很高，甚至在类目里销量排名比较靠前，那么我们就需要考虑如何主动采取措施，去应对和降低同行抄袭对我们爆款的不良影响。可以采取两种做法：一是淘内多店铺布局，二是多平台爆款布局。

1. 淘内多店铺布局

当我们有了第一个爆款并尝到了甜头后，就可以尽早布局第二个淘宝店或天猫店，然后在第二个店铺做一个同样或者类似的产品。为了更好地发展，也可以把产品稍微做得有点儿不一样，让消费者看不出来这两家店铺是出自同一个公司就可以了。等第二个店铺稳定了再接着做第三个店铺。在团队精力允许的情况下，把销量前10的产品尽可能多地占领。如果销量前10的爆款已经被我们占据了1/3或者1/2，那么消费者无论最终购买哪个销量高的产品，大部分可能都是我们的产品。

因此，我们可以在淘内多店铺布局，一来可以"垄断"这个类目的大部分流量，二来可以让其他规模较小的竞争对手放弃进入这个类目。这在非标品类目容易做到，因为非标品类目一般大品牌比较少，所以我们有大量的机会。但是，在标品类目就很困难了，如家电、数码产品、手机等品类，全是实力雄厚的大品牌，它们已经提前很多年就抢占了消费者，小卖家几乎没有喘息的机会。

这种案例非常多，如果我们在淘宝里搜索"跑步机"这个关键词，按销量排序会发现，该类目基本上被"亿健"这个品牌垄断了。搜索"剃须刀"，按销量排序时，销量前4的爆款中有3个都是飞科的。

幕思城学员小吴也是很好的例子。在两年前来幕思城学习的时候，他那个卖老花镜的一皇冠集市店，月销售额只有4万元左右。但是老花镜类目竞争比较小，而且他的拿货价便宜，利润率高，货源非常有优势。另外，我看到他的直通车报表很好，在他完全不会开直通车的情况下居然直通车也是赚钱的。我判断只要稍微优化一下，效果肯定更好。

于是我鼓励小吴加大直通车的力度，尽快放开步子多烧一点直通车。有了我的鼓励，小吴就有底气加大广告力度，他一边学习课程，一边加大广告力度，不到半年时间，他的店铺的月销售额就做到了80多万元，利润翻了几十倍！

后来他给我报喜的时候，我看他态度诚恳，又积极上进，于是建议他直接入驻天猫，用多个店铺来"垄断"这个类目。不过由于他这个类目当时天猫实施定向招商，而他的没注册几年的不知名商标根本不在品牌库里，所以无法入驻，只能买一个天猫店了。当时他咨询了一下该类目的天猫店的价格，要二十几万元。此前从来没有这么大胆投资过的小吴再次找我确认是否购买天猫店。我分析了当时他这个类目销量前几名都是天猫店，而小吴当时在C店的客单价比这些天猫店高并且做得更好，我就断定，如果小吴按照之前做C店的思路去做天猫店，绝对能够超过前几名的天猫店，于是我果断建议小吴入手买一个天猫店。

结果不出我所料，小吴从接手天猫店到做到日均销售额一万元，只用了不到两个月的时间！而后他又陆续入手了两个天猫店，每个店铺的产品看起来都差不多，但单纯从主图上看还是各有各的差异，现在较高客单价的老花镜按销量排序的前10个产品中，有好几个产品都是他的，他已经快要"垄断"这个类目的流量了，后面新加入这个类目的竞争者几乎也没有任何生存空间了。

2. 多平台爆款布局

淘内多店铺布局也不是万能的，如果时间、精力不允许，多个店铺管理起来还是很考验团队管理能力的。这个时候，我们可以考虑把一个标准的爆款投放到不同的电商平台，例如，将淘宝做爆了的产品拿到天猫去卖，甚至再开一个拼多多店铺或者入驻京东，卖一模一样的东西，再在其他平台用同样的流程和方法做成爆款。这么做的好处是，在产品包装、发货、售后等方面没有那么多新增的麻烦，因为产品都是一模一样的，只是平台不一样而已。

阿里巴巴的天猫和淘宝在整个行业中是绝对的老大，不仅企业历史悠久，市场份额也是最大的，商家规则及各种数据分析工具也是最完善的。像拼多多、京东等平台，很多规则和功能也与淘宝和天猫几年前很像。因此，如果把淘宝店或天猫店做好了再去布局其他电商平台，要容易许多，稍微变通一下就能理解其他平台的规则和玩法。

| 本节学习心得 |

请将学习本节内容后的心得记录在下面，以备后期查阅。

第四节 防住爆款暴毙的风险

前面我们提到爆款在成长期和爆发期很容易因为售后等问题导致爆款夭折。不过爆款的脆弱并不只是表现在售后问题上，还有来自竞争对手的抄袭和恶意攻击、供应链方面发货和品控问题等。所以一个爆款来之不易，打造爆款相对容易，维护爆款难。在打造爆款之前，我们要提前了解一下有哪些情况容易导致爆款暴毙，这样可以提前做好风险防范，防患于未然。

一、防范售后风险

我们在前面讲爆款生命周期管理的过程中重点阐述过售后指标方面的问题，具体有哪些可能的售后问题容易导致爆款在中途夭折，也详细地讲解了应对的办法，所以在这个部分不再赘述，我们只需要清楚售后指标是在爆款的成长期和爆发期需要特别关注的重点即可。

二、防范竞争风险

竞争对手对于我们爆款的影响一般是无形的，他们要么抄款，要么用其他快速打造爆款的方式超越我们，甚至也有极小一部分竞争对手会使用恶意手段来打击我们的爆款。这对于我们爆款打造的整个过程都是不得不提防的一件事。

（一）防范抄款风险

一般来说，对于竞争对手抄款我们可以用多爆款方式应对，即当我们第一个爆款打造好了以后，尽快以爆款带动下一个爆款，让一个店铺里有5～10个销量高的爆款，这样抗风险能力就大大提高了。

（二）防范对手亏钱打造爆款的风险

淘宝上打造爆款的方式很多，除了直通车、钻展以外，还可以专门报活动来打造爆款，一次效果好的活动就能卖几千件，不过活动大多是亏本或者利润很低的。还有用淘宝客打造爆款的，如果运用得当，这个方式可以很快做到上万的销量，但前提是产品要适合做淘宝客，而且舍得亏钱。

我一般不提倡学员用活动和淘宝客亏本的方式来打造爆款，因为这种"前期先亏钱后期再盈利"的方式中间充满了太多不确定性和风险，有点孤注一掷的感觉，一般不适合中小卖家。但是我们无法阻止竞争对手这么做，有些资金实力雄厚的对手为了抢占销量优势，不惜下血本去打造爆款，遇到这种情况我们也只能硬着头皮应战了。

与其让其他竞争对手来和我们抢饭吃，不如先人一步多布局几个店铺来自我竞争。在第一个店铺爆款打造成功之后，紧接着就开始打造第二个店铺、第三个店铺、第N个店铺。如果团队人员足够，可以把团队成员分成若干个小组，每个小组配备一名运营负责人、一名页面制作人员和一名货品管理员，然后公司统一提供客服支撑、物流发货支撑等，这就是韩都衣舍所使用的小组制的管理方式。它把每一个产品交给一个小组来运营，然后每个小组之间进行竞争，每个小组的提成和奖金来自这个小组负责的产品所产生的利润。负责运营店铺的小组就是专业小组，而客服和物流等支撑体系就叫作支撑小组，未来小组多了还可以建立一个监督小组，负责对其他团队进行考核、评估、协调、控制和审计。小组制来源于日本知名企业家稻盛和夫创造的阿米巴模式，需要特别说明的是，这种小组制不太适合人数少的公司。

三、防范供应链风险

我在"盈利流量管理"章节的手淘搜索系列讲过一个案例，就是小红鞋之后我又分析过一个四钻做连衣裙的店铺，只用了3周就从0做到每天3000单，看起来很让人羡慕。但是，我后面持续跟踪了这个店铺，发现到一个月的时候，这个店铺的爆款产品就改为了20天内发货，再过了一段时间又改为了40天内发货。我当时心想，像连衣裙这种消费者希望快速拿到手的产品，一个多月才发货谁受得了？果不其然，这个店铺后面又过了不到一个星期就因为退款、维权、投诉太多被封店了。

在我教的学员当中，也经常遇到店铺一下爆发之后，订单增长太快，发货跟不上导致爆款暴毙的情况。遇到这种情况的卖家，轻则流量下滑，重则直接爆款被删，或者被淘宝扣分处罚。所以有些时候生意突然太好也不一定都是好事，尤其是在准备不充分的情况下。

如果是做代销的卖家，一般对供应链没有任何的把控能力，供应商说没货就没辙了，除非能在其他供应商那里找到相同的产品，否则就只有眼睁睁看着"煮熟的鸭子飞了"。我一般建议中小卖家做代销每个月能赚一两万元时就去线下批发市场拿货或者找工厂合作，但是不要囤货更不要压资金。这样就可以自己把控货源的质量和发货周期，也能自己做好每个包裹的质量检查。规模再大一点就可以找工厂贴牌生产了。为了避免未来爆款一下爆发之后工厂出货太慢的情况，也为了避免被某一个工厂要挟的局面，长期来看，建议一定要建立一套长远的代工体系。

同一批产品在量大的前提下一定要多找几个工厂合作,若第一个与我们合作的工厂令我们非常满意,则可以把百分之七八十的订单给它做,另外的订单可以再找几个工厂生产,一旦第一个工厂在合作过程中出现问题或者订单量跟不上,则可马上提高其他工厂的订单量,这样抗风险能力更强。像我在前面举例的阿么女鞋目前合作的工厂就有100多家。

本节学习心得

请将学习本节内容后的心得记录在下面,以备后期查阅。

本 章 课 后 作 业

学习完本章内容之后,请登录幕思城官网的学员个人学习中心,单击"实操作业"完成本章的课后实操作业。

实操作业18:设定销量目标

在完成实操作业过程中遇到问题时,请及时联系专属成长顾问和学习顾问解决。

第六章

做好盈利顾客管理

插画：春春

我们不是在卖东西，而是在创造忠诚顾客！

流量不能变成忠诚顾客这个存量，而永远都只是淘宝里的浮萍！

本章课前必读

核心内容

（一）卖家应该长期坚守的核心理念

1. 顾客终身价值

一个人一生会买很多东西，因此每一个顾客对于店铺来说都有很大的潜在价值。如果一个顾客一生都能到一家店买东西，将为这家店贡献极大的价值。因此，老顾客越多，店铺未来可获得的利润就越大。

2. 维护顾客是投资

花在维护老顾客上的时间、精力和资金，就像是店铺平时在顾客那里存钱，花得越多，就存得越多。顾客总有一天会来购买，购买的时候就像是店铺把平时存的钱再取出来。店铺在老顾客维护上付出越多，最后取出的就会越多。平时不存，当然最后是取不出钱来的。

（二）卖家应该深刻理解的核心原理

1. 老顾客成本低——苦口婆心才能说服一个新顾客，而老顾客却静悄悄地去付款

营销研究发现，从达成交易的成本上讲，新顾客耗费的成本一般是老顾客的5～7倍。因此，店铺的新顾客越多，店铺的运营成本越高；老顾客比例越高，店铺的运营成本越低。店铺的新顾客越多，店铺的可持续性越差；老顾客比例越高，店铺的可持续性越强。

2. 人是情感动物——你对他付出越多，他对你越好

顾客都是人，都是情感动物。只要你对他好，真心地对他付出，他最终一定会以一种方式回报你。对于买卖来说，就是你精心维护老顾客，他们一定会继续买你的东西或者推荐其他人来买。

3. 人是厌恶风险的——人其实不喜欢买不信任的东西

人本质上是充满防御心的，特别害怕被骗，也特别厌恶各种不确定性，不愿意承担风险。因此，对于在店铺得到好的产品和服务的顾客，一般都会对店铺形成信任，最后都可能成为店铺未来的忠诚顾客。因此，不给顾客增添风险、不骗顾客的做法，就是最高明、有效的顾客维护方法。

▶ 学习要点

（1）深刻理解首先解决顾客"回头"对于打造盈利店铺的重要意义和关键作用。

（2）深刻理解把成交顾客加入微信对于打造盈利店铺的深远意义，仔细梳理用微信加顾客对后期店铺运营关键事项的关系和影响，学会借助工具添加顾客。

（3）深刻理解精心维护顾客对店铺的意义，仔细梳理精心维护顾客对后期店铺运营关键事项的关系和影响，学会借助工具维护顾客。

（4）深刻理解挖掘顾客价值对店铺未来发展的意义，仔细梳理挖掘顾客价值对后期店铺运营关键事项的关系和影响，学会借助工具挖掘顾客价值。

▶ 学习难点

（一）理解"维护顾客是投资"

很多卖家天天忙于接待新顾客，并试图不断提高新顾客的转化率，却忘了去做成本最低的老顾客。做了多年淘宝、天猫店铺，却发现自己的"顾客池"可以说是颗粒无收。

（二）理解"做好产品和服务就是最好的顾客维护"

很多卖家总以为顾客维护就是发朋友圈、更新公众号等，做到有问必答。其实最好的顾客维护，就是你的产品和服务让顾客感受到了诚意，感受到与你交往的零风险。实际上，做好产品和服务就是最好的顾客维护。

▶ 学习平台

（一）专门网站

请在幕思城官网上学习经理班盈利顾客管理相关课程和学员关于盈利顾客管理的学习帖子。

（二）专用软件

请结合幕思城盈利助手和幕思城将军令实操。

（三）问题咨询

(1) 请联系自己的专属卖家成长顾问，解决学习盈利顾客管理中的认识和实操问题。

(2) 请联系自己的专属卖家学习顾问，参加相关的专题训练营和综合训练营。卖家学习顾问是我们在幕思城的"内部客户代表"，他将站在我们的立场推进相关服务的提供，并确保我们得到的服务质量。

(3) 请联系自己的专属卖家发展顾问，明确自己当前的问题及未来的解决方向。

(4) 没有专属顾问的同学，请在幕思城网站上联系幕思城卖家发展顾问。

有没有一个最简单的指标，可以用来评价一个店开得好不好？

用"销量高"这个指标怎么样？

销量高，代表的只是过去卖掉的东西比较多，明天可不一定还能卖那么多。这个方法不行！

用"利润高"这个指标怎么样？

利润高，跟销量高一样，代表的只是过去赚的钱比较多，明天可不一定还能重复昨天的奇迹。这个方法不行！

那用哪一种方法呢？

我推荐使用"创造的忠诚顾客的数量"来衡量一个店做得好不好！忠诚顾客是我们过去全部努力创造出来的结果，也是店铺未来创造盈利的坚实基础。

当我们开了一个店铺时，除了自己激动之外，实际上这个世界上没有人会与我们有同感，甚至没有人会知道世界上又多了一个店铺。那我们后面做所的一切都在干什么呢？

我可以告诉你，你所做的一切努力，无论是投放产品，还是引流，又或者是打造爆款，都是在把陌生人变成你的付费顾客，最后再把付费顾客变成你的忠诚顾客。因此，我们所做的一切事情，都是为了在这个世界上努力创造出忠诚于你的店铺的顾客。但是，如果一个顾客买了你的东西之后，再也不来买第二次了，那么我会说你很失败！因为你忙了一大圈，虽然创造了一个订单，但是并没有真正创造出一个忠诚顾客，身边也没有增加一个信任你的人。

如果你只是在忙着打造爆款，忙着卖东西，而没有努力为自己的店铺创造出忠诚顾客，那么我就要非常严肃地提醒你，你离打造盈利店铺还差关键一步！

第一节 树立老顾客价值观念

老顾客就是店铺的优质盈利顾客，但却是一直被卖家忽视的一个群体。有很多规模较大的店铺，从来没有做过老顾客相关的维护和促销活动。他们每天忙于报活动、直通车、钻展、忙着接单发货，好像只需要把当天成交的顾客应付好就足够了。殊不知，老顾客才是我们店铺的一座“金矿”，价值含量巨大。老顾客对于店铺发展的重要性主要体现在以下三个方面。

一、老顾客的引流成本极低

在做付费推广的卖家都知道“平均点击单价”这个词语，通常以此来衡量获取一个点击量到底要花多少成本。另外还有一个非常重要的词语，叫作获客成本，指的是投广告每带来一个成交顾客需要花费多少广告费，用来衡量获得一个顾客的成本高低。

如图6-1所示，一个做女鞋的学员的直通车，一个月总共投放了36 942.16元，带来总共547笔成交，我们用总花费除以总成交笔数得出：每带来一笔成交大约需要68元的广告成本。这个还算直通车开得好，平均点击花费也才几毛钱算出来的获客成本。其他一些点击单价较高或者转化率没有那么高的类目，获客成本可以高达上百元。这也就意味着我们要获取一个新顾客，需要花费高达上百元的成本。

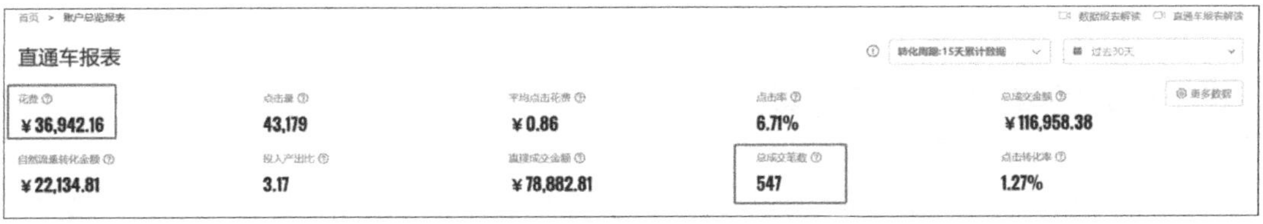
首页 > 账户总览报表
数据报表解读
直通车报表解读
直通车报表
转化周期:15天累计数据
过去30天
更多数据
花费
¥36,942.16
点击量
43,179
平均点击花费
¥0.86
点击率
6.71%
总成交金额
¥116,958.38
自然流量转化金额
¥22,134.81
投入产出比
3.17
直接成交金额
¥78,882.81
总成交笔数
547
点击转化率
1.27%

图 6-1

而相比于召回老顾客的成本，获取新客户的成本确实太贵。要把老顾客引到店铺来买东西，成本可就小得多了。如果通过短信的方式通知老顾客店铺的上新和促销活动，一条短信一般也就几分钱。如果老顾客已经加了我们的个人微信，那么发条朋友圈通知老顾客来照顾生意，基本上就没有成本。

如果上新之后，我们开直通车钻展来引导新顾客购买，投入产出比可能并不高，一般不超过5，特殊类目和产品除外。但是如果用钻展针对老顾客做收割计划，只把钻展广告投放给老顾客，那么投产比做到10以上都是非常容易的。

一般来说，对于绝大部分类目来讲，老顾客的引流成交成本大概比获取新顾客的成本低10倍以上。

二、老顾客的终身价值极大

为什么我说老顾客是店铺里的一座"金矿"，因为在老顾客身上有一辈子都可以挖掘的价值，我们通常也叫作顾客终身价值。一方面，老顾客已经与我们的店铺建立过一次及以上的交易，对店铺和产品已经有了比新顾客更多的信任和黏性，所以当店铺再有其他产品上新的时候，老顾客的转化率一般是新顾客的几倍甚至更高。另一方面，消费者为什么会对某些品牌和某些店铺情有独钟，他们常常只认定去某一个品牌或者店铺购买指定类型的商品，因为这样可以让消费者决策成本更低。消费者偏爱某个品牌或者店铺是因为这个品牌或者店铺的产品和服务让他放心，不用冒风险去选择其他不了解也没交易过的店铺。

如果我们和一个顾客只做了一次交易，只赚过他一次钱，那就太可惜了。反之，如果我们把老顾客维护得很好，则可以持续在他身上获得终身价值，简而言之就是我们可以赚他一辈子的钱。顾客终身价值一方面在于顾客本身终身能够为我们的店铺或品牌贡献的价值，另一方面是顾客作为家庭代表终身能够给我们贡献的价值，也就是其帮双方父母、孩子在我们的店铺购买产品所贡献的价值。还有一个方面就是以顾客的社会关系为代表的终身价值，也就是顾客影响其周围的亲戚、朋友、同事等社会关系人脉，以此给我们店铺带来的转介绍等产生的终身成交价值。这样看来，老顾客的经济价值实在太大，如果浪费就太可惜了。

三、有老顾客才能长远发展

随着电商行业的高速发展，会有越来越多的人涌入电商行业，逐渐会形成"僧多粥少"的局面，那么新顾客流量获取的成本将会越来越高，难度也会越来越大。在若干年之后，某些没有老顾客沉淀的企业必然会随着引流成本的提高而逐渐丧失利润，最终导致关闭。而那些由于一开始就重视老顾客，并且花了心思把老顾客维护起来的卖家，则可以逐渐摆脱对平台付费流量的依赖，逐渐把新老顾客成交的比例从以新顾客购买为主转移到以老顾客重复购买或转介绍为主。

从另一个角度来讲，我们在别人的平台上做生意，难免有一天会触犯到平台的规则，即便不是我们主动触犯规则的，也无法避免同行或者职业投诉师的恶搞。因此，如果我们过度依赖平台的免费流量或者付费流量，万一哪天我们的店铺被投诉处罚，甚至店铺被封，那么流量就全部切断了。如果这个时候我们没有老顾客作为后盾，企业可能马上就倒闭了。但是如果我们手里有几千上万甚至几十万上百万的老顾客，那么不管是淘宝店还是天猫店，即便平台把店铺封了，只要马上开个新店，然后通知老顾客以后在新店购买，那么平台的任何处罚措施对我们企业来说都不会是致命的打击。

所以从店铺长远发展的角度来看，一定要提前规划，尽早地把老顾客维护起来，逐渐提高老顾客成交金额占比，这才是店铺可持续发展之道。

> **本节学习心得**
>
> 请将学习本节内容后的心得记录在下面，以备后期查阅。

第二节　做好盈利顾客获取环节

一、把盈利顾客加入微信

要做好老顾客维护，首先可能要考虑的是到底用什么工具来维护这些老顾客。考虑这个问题的主要出发点有两个：一是这个工具一定要能够触达更多老顾客才行；二是成本问题，维护老顾客的工具成本不能太高。

（一）选好维护顾客的工具

如果我们仅用微博来维护老客户，那么流失率就太大了，可能10个买家里只有一两个会偶尔使用微博。就目前的社交工具来看，微信个人号的触达率是最高的。大部分买家都应该有微信，而且有微信的人里面，至少超过一半的人每天刷朋友圈，那么我们发一条朋友圈的动态至少就能触达一半的人。

有些卖家去做微信公众号，把买家圈到公众号里。我一般不建议做公众号，一方面是因为见效周期太长，另一方面就是现在微信公众号的平均打开率已经不足5%，顾客流失率太高。在我用过的所有社交工具中，个人微信是触达率最高的，所以我认为维护老顾客的工具首选是个人微信。

（二）把顾客加入微信

接下来我们重点要解决的就是如何把店铺的顾客加到我们个人微信里。一般来说，作为卖家，我们有以下几种方式去吸粉。

旺旺：等顾客付完款给其发一条旺旺消息引导加微信。

短信：发货短信中植入微信号，引导顾客添加享受福利。

包裹：红包刮刮卡、6元惊喜是什么等引起好奇心的方式。

页面：详情页引导加微信享受优惠或福利。

吊牌：在产品吊牌上印上老板的微信二维码。

公号：以前做过公众号的，直接引流到个人号。

在我试过的方法中，前三种方法是加粉率最高的，后三种方式能加几个是几个，反正也不需要额外的成本。接下来我详细讲解前三种方式。

1. 旺旺发消息引导顾客加微信

旺旺发消息引导顾客加微信方式的效率最高，通过率一般也是最高的。在买家付款之后，第一时间发旺旺消息给他，他是能够看到这个消息的。如果我们发的消息里对他有好处，大部分人都会立即添加微信的。例如，我们发的旺旺消息是这样的："亲，可以加我个人V，×××，以后售后问题联系我方便一些。"这样就是以售后处理更方便的理由引导顾客加我们，当然我们也可以用上新、秒杀、经验分享等诱饵去引导买家加微信。需要重点强调的就是发这个消息的及时性，一定是买家付款完之后第一时间发到对方的旺旺上，还有就是旺旺聊天中不能出现"微信"两个字，要用其他同音字如"薇信""威信"或英文字母"V"表示，买家一般是看得懂的。

2. 发短信引导顾客加微信

短信也算是一种补救措施，发了旺旺消息后没有加的客户可以单独发一条短信过去，但是不宜付款之后马上发，可以等到买家收货之后再发。用什么工具发不重要，发什么内容才重要。

不动脑筋的卖家往往发的内容没有任何吸引力，只是一个劲儿地让买家加微信，加了有什么好处也不说，或者短信里所说的好处根本不叫好处(短信里的利益可以参考前面我们讲的发旺旺消息的利益)。也可以别出心裁地想一些新花样,例如这样一条短信:"李小姐,实在不好意思,您在我们店铺购买的童装,后来降价了,多收了您5元钱,加微信×××,给您退差价。"如果我们直接说加微信发5元红包,那么买家肯定觉得钱太少了或者太麻烦了,不愿意加微信。但是我们说多收了他多少钱,不管这个钱到底是多少,买家心里会觉得这个钱原本是我的,你得还给我。这样一来,他加我们微信的概率就会提高。这是其中的一种技巧,我们可以根据这种思路再想一些适合自己类目的新鲜玩法。

3. 包裹引导顾客加微信

包裹里面放卡片也是比较流行的玩法,不过我在经常购物的过程中收到的卡片都大同小异,没有什么特色。要么光秃秃放个二维码让我扫,要么告诉我五星好评之后联系微信领取2元钱红包。遇到这种卡片我一般都是直接扔进垃圾桶,毫无留恋之意。千篇一律的卡片无法吸引买家的注意,要么给钱给得多买家就愿意加,要么卡片有创意有吸引力,红包给的虽然不多,买家也愿意加。接下来我就分享一种思路,可以参考我这种思路做出你的卡片。

在淘宝上搜索"刮刮卡定制",然后给卖家详细说明我们的定制要求。类似于图6-2所示的样式,最关键的是让用户参与刮奖的这一面,在该面放上自己的个人微信二维码,并在刮奖涂层下方提示:请加老板微信,领取对应奖品,淘宝旺旺不回复兑奖消息哦。然后在刮奖区定制的文字统一为:"哇,恭喜您中二等奖"或者直接就是"二等奖"三个字,之后就可以把这个卡片放在包裹里了。这种方式通过我及大量的学员实验之后发现,确实比普通的卡片加微信的比例提高了很多。

图 6-2

一方面，提示的文字是加老板微信，这比加客服的微信更让买家有动力。另一方面，这个卡片上并没有直接告诉买家加微信后会发多少钱红包或者有什么好处，而是让买家动手，自己刮开涂层，然后显示中二等奖，这样买家就会好奇二等奖到底是什么。等买家联系我们的时候，就把事先准备好的二等奖奖品告知他。当然，这个奖品最好成本不太高，但又显得比较有价值，至少不能是价值含量太低的东西。例如，我们可以把奖品设置为20元无门槛优惠券，下次购买时可以使用；或者直接成为店铺的VIP会员，以后购物可以享受折扣；也可以是新品五折体验资格，接下来上新的产品可以半价或者几折购买。

这里我们肯定会很好奇，为什么是二等奖而不是一等奖或三等奖呢？因为一等奖会让买家期望值过高，而三等奖、四等奖没有任何吸引力，买家加微信的概率会大打折扣。

二、对顾客做好备注与标签

老顾客加了微信之后，要把每一个顾客的备注和标签用好，以区分不同顾客对我们店铺的重要性，这样可以方便以后沟通。我们可以参考以下方式来备注每一个顾客，在这个基础上优化成我们自己的备注方法。

优质客户(最近1个月可再次成交)：A+客户淘宝账号+购买过的产品+最近联系时间

次优客户(最近3个月可再次成交)：B+客户淘宝账号+购买过的产品+最近联系时间

跟单客户(最近暂时不会再购买)：C+客户淘宝账号+购买过的产品+最近联系时间

未购买客户(长期跟单可成交)：D+客户淘宝账号+咨询过的产品+最近联系时间

例如，备注名为B-musicheng-单鞋249-20190719，表示的是这个客户最近3个月可能会再次购买，买家账号是musicheng，在店铺里购买的是249元的单鞋，7月19号是最近一次联系的日期。不同的类目可以在备注后面添加不同的名称，如男女鞋类目买家的尺码很重要，可以把这个备注在后面。针对母婴类目，顾客的子女性别和年龄很重要，可以把子女年龄和性别备注在后面。

标签主要用来分类，可以把不同类型、需求、年龄、爱好等顾客分在不同的标签里。例如，大码女装类目，可以根据不同的体重范围建立标签，也可以根据不同的风格喜好建立标签。一般建议一个标签里最多放200个微信好友，满200个后就建立标签2、标签3……以此类推，这样做的好处是方便以后群发消息，因为一次只能群发200人，因此，可以针对标签进行群发，这样效率会更高。

三、用规范话术与顾客沟通

在做好了添加顾客和备注等工作之后，还需要提前做好微信沟通话术的整理，方便以后高效地与顾客沟通。常见的可以准备以下几类话术：①自我介绍；②公司介绍；③产品介绍；④需求调研；⑤异议处理；⑥常见问题。

在搜索引擎里输入"淘宝客服话术"，可以找到很多话术以做参考。不过由于网上的信息质量参差不齐，所以一定要带着自己的标准去选择参考话术和优化话术。

| 本节学习心得 |

请将学习本节内容后的心得记录在下面，以备后期查阅。

第三节　做好盈利顾客维护环节

把成交过后的顾客加到微信里后，就要精心维护这批老顾客。从个人微信号头像、昵称、签名、背景图片的设置再到朋友圈怎么发、发什么内容、发送的频率等全方位地去精细化运作。我在教学过程中也碰到过意识比较超前的部分卖家，他们早早就开始把成交顾客加到微信里了，不过由于他们不专业，导致加满的微信号很多慢慢变成了死号。究其原因，主要是他们把老顾客加到微信之后就没有精心维护过，这样浪费老顾客资源是非常可惜的。

一、塑造在老顾客心中的个人形象

我们首先讲解个人微信号的设置。个人微信号的打造,本质就是个人品牌的打造,因为个人微信号就是个人与个人交流的工具,是强关系,所以我们很容易利用微信号在朋友圈建立个人的影响力。

我们作为最终要卖货赚钱的卖家去使用个人微信,要打造的就是个人微信号的专业性,要让顾客感觉到我们是解决某方面问题的专家,有丰富的经验和案例,足以让他们在遇到特定问题时就能想到我们。在使用个人微信塑造个人品牌方面我们重点要对以下部分进行精细化设置:头像、微信昵称、个性签名、朋友圈背景。

(一)设置亲切的微信头像

我经常看到一些人的微信头像是一朵花或者某处风景,还有以各种名人的照片做头像的。如果这个号是用来维护老客户的,那么以上用来设置头像都不好。当然,有人会说,如果是用来维护老顾客的,那么我用我品牌的logo或者店铺的产品做头像应该就没问题了吧?这样也是有问题的。因为当顾客看到他的聊天对象是一个冰冷的logo或者产品图片时,亲切感会大大降低。

由于是个人微信号,要打造个人品牌,我还是建议用掌柜本人的真实头像。个人头像不是要看颜值多高,而是要让顾客有一种信任感,所以建议选用的照片最好能看起来亲和力强一点,整洁干净,具有正能量。

(二)使用暗示性的微信昵称

个人微信的昵称不要随便摘抄网络流行语或者写一些让人看不懂的特殊符号。这个不同于我们自己使用的微信号,可以随便设置。用来维护老顾客的微信号,建议使用具有暗示性的昵称,如行业+昵称、产品+昵称、品牌名+昵称,前面的行业、产品、品牌任选其一,目的是让顾客记住我们是做什么的,后面的昵称也可以使用真名。如果真名不好记,就起个容易记忆的昵称,昵称的目的是让顾客记住我们,并方便他以后在微信里搜索,如女鞋兰花。

(三)设置有利益的个性签名

当别人点开我们的朋友圈时,在昵称下方就会显示我们的微信签名,这也是一个很好的广告位,所以不要浪费了。一般来说,买家第一次加我们微信的时候容易点开我们的朋友圈,这时微信签名可能就会对他产生影响。所以个性签名可以写上我们的核心价值主张，也可以写产品的一句话买点，或者针对老顾客的特殊优惠。

(四)设置有意义的朋友圈背景

朋友圈的背景图片也要认真上传，而且要精心挑选图片。当买家加我们微信并打开朋友圈时，既可以看到个性签名，也可以看到朋友圈顶部的背景图。这个图就相当于我们的产品主图，但这个图的主要作用不是用来吸引点击的，而是像个性签名一样，用来影响老顾客，要么让他更加忠诚于我们的店铺或品牌，要么让他能够更有动力持续购买。所以背景图建议可以做一张针对老顾客的福利的简洁说明，也可以把产品的独特的差异化展示出来，或者我们的产品对老顾客有何利益点罗列几点出来。

我们用来维护老顾客的个人微信如果按照上述方法设置好之后，就能在多个方面体现我们的专业性，给买家留下好的第一印象。不过，仅仅做好这些基本设置还远远不够，我们还需要用朋友圈来持续影响老顾客。

二、持续加强与老顾客的好友关系

(一)设计发朋友圈的频率

为了加强与老顾客之间的好友关系，我们需要经常发对他们有价值的朋友圈，但是每天发的频次不能太高。朋友圈做微商的为什么令人讨厌，主要原因之一就在于他们每天发朋友圈太频繁。我之前微信里加了一个做微商的，一天发80多条朋友圈！如果我们也像做微商那样高频次地发朋友圈，肯定老顾客全部跑完了。

根据我多年的经验，建议一天发1条左右的朋友圈比较合适，偶尔有活动或者重要的通知可以适当增加一两条。这样一方面不会霸屏老顾客的朋友圈让人产生反感，另一方面我们自己也不需要花费太多时间和精力去准备朋友圈内容。

(二)精心制作朋友圈内容

说到朋友圈的内容，我先讲一个故事：有个人在朋友圈卖东西，刚开始的时候完全没有人搭理他，但他还是每天坚持上货、拍照、修图、发朋友圈，三个月后，所有人却都把他拉黑了！

除了发朋友圈的频次不能太高外，内容方面也一定要发对消费者有价值的东西，不要发纯广告。发什么内容对老顾客来说会有价值呢？

首先要分析一下我们的顾客都是一些什么人，他们平时在生活、工作上会遇到什么困难？例如，做母婴产品的顾客群体是孕产妇，那分享怀孕知识、育儿经验和坐月子相关疑难杂症的解决方案等，对顾客来说就是非常有价值的。如果我们是做服饰鞋包的，平时分享各种穿衣搭配技巧、潮流趋势、搭配案例等，对顾客来说也是非常有价值的。

当然，我们也不是每天都只发对顾客有价值的内容，否则我们就没有机会发软广告了。一般来说，一个星期7天时间，建议有1~2天是发软广告的，其余时间发有价值的内容。

为了进一步加强我们与微信好友之间的关系，平时也可以偶尔发一下关于我们的生活或者工作的朋友圈。

（三）在朋友圈与顾客互动

除此之外，我们还需要定期抽时间对老顾客的朋友圈进行点赞和评论。要让老顾客感觉这个号就是我们平时经常用的微信号，不要让他们感觉这只是一个营销号。

三、主动制造与老顾客成交的机会

我们发朋友圈与老顾客建立信任，最终的目的是让老顾客能够再次成交，所以我们在发有价值的内容时，偶尔要刻意地发一些能够促成与老顾客成交的朋友圈。一方面我们可以在每周的朋友圈内容里发一两条广告，另一方面可以在每次发软广告之前发一条预热的朋友圈。

例如，你是做服装的，现在刚过完年不久，需要准备上夏款了，那么你发朋友圈前一条就可以发："姐妹们经常在微信里问我，夏天快来了，很多地方的天气越来越热了，今年夏天有没有什么流行的款式可以推荐的。正好我这段时间在淘货，过两天淘到好货了给姐妹们分享！"后面夏款上新了你就可以发第二条活动的内容了，大致意思就是说，经过你的精挑细选，淘到了一款不错的连衣裙，风格独特，拒绝撞衫，但是由于工艺复杂数量有限，先到先得。

除了为活动预热以外，如果哪天生意很好，我们也可以拍一个旺旺接单接不停的短视频发朋友圈，让微信里的老顾客看一下我们最近上新的产品有多火爆。还可以拍一下今天需要发货的厚厚一叠快递单或者今天堆积起来准备发货的快递包裹，配一段文字说明这些宝贝很快就会到下单的买家手中，让他们期待一下。这就在无形中给老顾客传达了一种感觉，就是我们的生意很火爆，产品特别受欢迎。

> **本节学习心得**

请将学习本节内容后的心得记录在下面,以备后期查阅。

第四节 做好盈利顾客价值挖掘

前面我们花了这么多心思去加老顾客、设置个人微信号,以及精心布局朋友圈发的内容,最终都是为了从老顾客身上获得更多价值,甚至是顾客终身价值。只要我们的产品质量是好的,也确实是对顾客有利的,那么既能满足顾客需求,又能赚取利润,两全其美,何乐而不为呢?

一般来说,有三种挖掘老顾客价值的方法:帮我们转介绍、复购我们的产品、为我们赚取佣金。下面我们分别介绍这几种情况应该怎么操作。

一、激励老顾客转介绍

电商行业中的顾客大致可以分为以下几类:陌生顾客、成交顾客、满意顾客、忠诚顾客。陌生顾客就是店铺里的首次访客。成交顾客指的是陌生顾客里第一次成交的顾客。满意顾客则是成交顾客里对商品或者服务满意的顾客。满意顾客中超预期满意的一般就会成为店铺的忠诚顾客,长期照顾我们店铺里的生意。一般来说,只有满意顾客和忠诚顾客会帮我们转介绍。

顾客使用了我们的产品或者享受了我们的服务后，觉得好才会推荐给身边的亲朋好友。所以要想让顾客帮我们转介绍，首先是我们的产品和服务要让他们满意，其次是要设计一些刺激老顾客转介绍的激励机制，如介绍新顾客过来时，对于介绍人可以给予物质上的奖励，最好也要给予被介绍人一定的优惠额度。这个就类似于优步的拉人奖励机制，成功邀请了一个人之后，邀请人和被邀请人各自获得50元打车费用，国内很多打车APP最开始都是学的优步的这种裂变新用户的模式。

给予介绍人的奖励可以是具体的某个赠品、优惠券、店铺VIP等级奖励、积分等，但是一般不要直接奖励钱。如果直接奖励钱，很多人就不好意思帮忙推荐了，因为他担心亲朋好友知道自己因此赚了钱会很尴尬。佣金可以给淘宝客，不用给店铺的老顾客。被介绍人一般直接给予折扣方面的优惠比较实际。

二、激励老顾客复购

让老顾客不断地重复购买，应该是老顾客最大的用途和价值所在。绝大部分商品都可能存在重复购买或者关联购买的可能性，少部分产品买家的重复购买周期比较长或者一辈子只买一次。例如，婚鞋、婚纱等各种结婚用品，一般人只买一次，只有少部分人会买第二次。像一些耐用品，如床、衣柜、水龙头、书桌等，一般的重复购买周期也比较长，顾客买了之后一般几年之内都很难再买第二次。这类耐用品或者一辈子只消费一次的产品就很难让顾客复购，只有让他们转介绍或者从他们身上赚取佣金。

其他的绝大部分类目都存在重复购买或者关联购买的可能性，如最常见的服饰鞋包、美妆洗护用品、童装、数码产品、母婴用品、零食等。那么针对有复购可能性的类目，我们就要精心设计让顾客重复购买的利益机制，既要让老顾客不反感，又要能真正引导老顾客继续购买。

基本思路是在朋友圈发软广告或者以人人都可以参与的活动抽奖方式进行，这两种方式都不会让微信好友太反感。直接把产品链接或购买的淘口令发出来，就是硬广告。这里我提供一种抽奖方式做参考，大家可以根据这个套路衍生更多的新玩法出来。

我在几年前研究出一种点赞中奖的玩法，到现在效果还是挺好。方法是每周固定一个时间组织点赞抽奖活动，从点赞的好友里抽出一等奖、二等奖，一等奖奖励一个实物产品，二等奖奖励优惠券。例如：

"【每周五晚8点抽奖】抽奖开始啦！但凡在本条朋友圈点赞的第8名、第88名，中一等奖；点赞的其他朋友中二等奖。一等奖奖励这条朋友圈配图的××产品一套，二等奖获得者前50名私聊我获得本产品10元无门槛优惠券，50名以后联系我的奖励资格失效，今晚9点半在我的朋友圈公布中奖名单！现在开始点赞！"

如图6-3所示是经理班两位同学对以上方法的实践，哪怕粉丝数量只有一两千，一次也有一两百人点赞。他们在我写的这段话的基础上稍微修改了一下，在固定时间先发抽奖信息，过几个小时之后再截图公布中奖信息。

图 6-3

不要看这只是一次简单的点赞抽奖活动，里面却蕴藏着个人微信号运营的核心技巧。首先，用点赞这种方式抽奖，门槛低，朋友圈看到这条信息的老顾客都忍不住点个赞参与一下。其次，但凡点了赞的人都会中奖，区别是有那么一两个是中一等奖，而其他绝大部分人是中二等奖。关键是二等奖的奖品是优惠券或者购买新品额外获得赠品的资格，相当于店铺的优惠券不是直接送你的，而是你点赞了之后才可以获得的。买家完成了某个任务才能获得的优惠券比我们直接赠送给他的更有价值，虽然面值可能一样，但是自己完成任务才获得的券他会更加珍惜，使用的概率也会更高。

其实还有一点关键就是我们定期做点赞的活动，可以规避朋友圈被自动屏蔽的情况。在微信有个不公开的规则：如果好友之间最近几个月没有任何沟通，也没有任何点赞或者评论行为，那么你发的朋友圈内容就不会出现在对方的朋友圈了。所以经常让老顾客点赞，你的朋友圈就不会被系统默认屏蔽。

三、赚老顾客的淘宝客佣金

不管是让老顾客转介绍还是让他们重复购买，都还有另外一种策略可以既满足消费者的需求，又能让我们实现盈利，方法就是给老顾客推荐其他店铺的产品，然后我们从中赚取佣金。相当于我们自己既做掌柜，又做淘宝客。

在杭州有个经理班的学员叫毛毛(见图6-4)，是一个1996年出生的小伙子，开了一个天猫店卖各种开光的佛珠、手链、和田玉、黑曜石等，我在一年前就告诉他一定要把淘宝店的每一个成交顾客尽可能多地加到个人微信号上，以后可以在朋友圈影响这些老顾客让他们可以多次购买，以此来培养忠诚顾客。他照我说的去做了之后，最近告诉我已经加满了6个微信号了，每个微信号都是5000个好友。我发现这个小伙子执行力真好，于是我又教他利用这些微信号赚取淘宝客佣金。

图6-4

我首先问毛毛，他这6个微信号主要是什么性别、年龄的顾客群体，他告诉我绝大部分都是女性，年龄在25～35岁。然后我让他拿个淘宝账号去注册淘宝联盟，也就是在这个页面使用任意一个淘宝账号就可以注册成淘宝联盟的会员，真实注册为淘宝客。接下来查看最新的淘宝联盟等级规则，如图6-5和图6-6所示。

会员权益	初级	中级	高级
佣金	低	中	高
搜索	✓	✓	✓
报表	✓	✓	✓
提现	✓	✓	✓
收藏夹	✓	✓	✓
转链	✓	✓	✓

图6-5

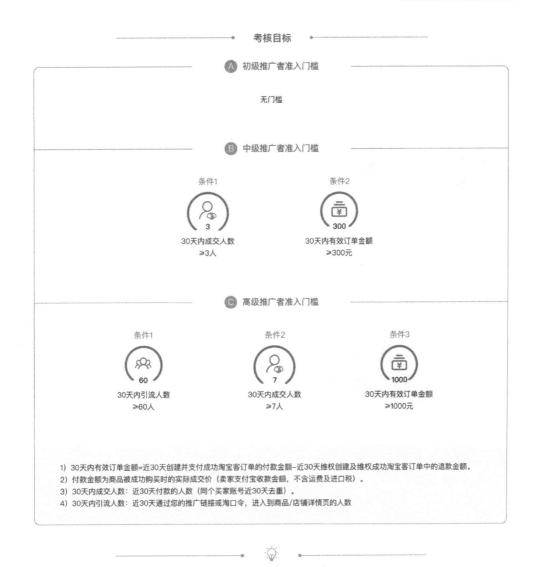

图 6-6

从这个规则中我们了解到，必须成为高级推广者才能享受高佣金。高级推广者的准入门槛不高，随便找几个亲朋好友推广一下就能完成以下三个条件：30天内引流人数达到60及以上、成交人数达到7人以上、有效订单金额超过1000元。如果很难在短时间内达到高级推广者的要求，也可以在百度搜索"阿里妈妈高佣账户"相关的关键词，在搜索结果页里有很多软文，我们可以从中找到一些靠谱的人帮忙代做高佣金账户，一般几十块钱就可以搞定。

拿到高佣金权限后去一些淘宝客聚集的网站选爆款高佣金产品，如大淘客，在该网站找到产品的榜单，然后从中挑选能满足25～35岁的女性需求的产品，如图6-7所示。

图6-7

挑选产品的时候要重点挑选销量高并且佣金高的产品,不要一味地选择券后价高且佣金高的产品。当然如果是品牌或者标品就另当别论了。不过针对其他非大品牌非标品,则需要仔细挑选,有些券后价比较高且佣金高的产品虽然看起来每一单的佣金都比较可观,但是这种产品如果不好卖,那么总佣金就比较少。佣金相当于提成一样,总佣金=销量×券后价×佣金比例,所以这三个数字相乘的结果最大,总佣金才会更高,有些产品虽然看起来只有几块、十几块,但是由于是刚需产品,而且性价比非常高,所以可能我们一发朋友圈就会有很多人来买,这样算下来总佣金也是很可观的。

我们就拿下面这款生姜洗发水举例(见图6-8)。这个产品原价卖46.9元,优惠券设置了40元,券后价只需要6.9元,而且给了淘宝客50%的佣金。这个产品就相当有诱惑力了,首先原价46.9元的产品券后价只要6.9元,这对于买家来说,实在太划算了,他们下单的积极性就会非常高。对于淘宝客,我们把原价这么高的产品打折到这么低的价格卖,肯定好卖，而且佣金也给得高——50%，所以作为帮该商家推广的淘宝客也很高兴。

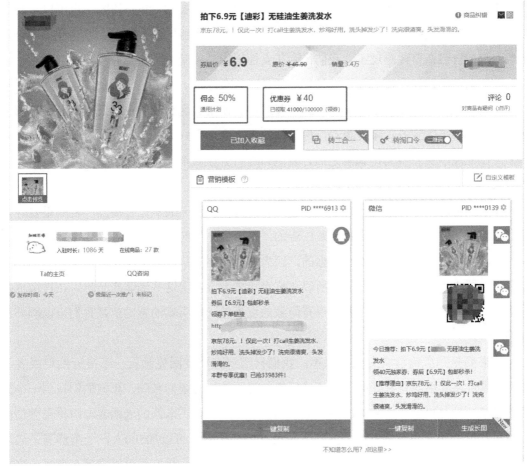

图6-8

我们在第一次使用大淘客网站的时候，需要先注册一个账号，而且要在商品页面配置好我们的PID(PID就是淘宝联盟后台给每一个淘宝客的一个ID，相当于每个人的身份证号码一样)。在该网站的帮助中心有详细的配置PID的教程。只有配置好了PID，大淘客网站的商品页面才会自动生成带有我们淘宝客PID的推广链接或者二维码，当我们把推广文案和链接发给买家购买之后，佣金才会结算到我们自己的淘宝联盟账户上。

在挑选好了需要在微信里推广的产品之后，把获取到的推广文案和图片发布到自己的微信里面。在微信里推广可以单独建微信群，然后在微信群里推荐这些产品，也可以直接在朋友圈发对应的文案和图片，但是注意朋友圈不能发淘口令。

不管是在微信群还是朋友圈推广，都要注意不要硬生生地发广告，这种硬广告容易让人反感，不是长久之计。如果在朋友圈推广，可以先发一条朋友圈做一下铺垫。例如，我们要推广上面那款洗发水，就可以先发一条朋友圈说自己或者家人最近在网上淘到一个天猫店的洗发水，超级好用，而且在购买时找到了隐藏的优惠券，券后价只用了不到7块钱，还包邮，真的是超级划算，并配上几张图，可以是产品去除logo的图，也可以是我们买到手正在洗头发的图，或者是我们洗完头发展现乌黑亮丽的头发的图。发这样的内容就相当于我们自己亲自评测过了，我们作为在女性消费品方面有资深网购经验的意见领袖来说，推荐的产品越好，以后他们对我们的信任感就会越强。发完了第一条朋友圈之后，我们可以过几个小时再发布第二条，就说推荐了自己使用的这套洗发水之后有很多姐妹都在私聊问我在哪里领到的隐藏优惠券，由于问的人太多，不好一个一个发，所以就直接公开出来。在配图中有二维码，识别之后，复制口令打开手机淘宝APP就可以领取优惠券并下单购买。

我们在前面做了铺垫后，再放出来领券和购买链接，一般就比直接发广告效果要好很多。这样给人的感觉就是不是我要发广告的，是因为你们问的人太多所以我才发出来的。另外，说隐藏的优惠券这个是有根据的，因为这个优惠券只有淘宝客才可以看得到，是商家专门设置来用于淘宝客推广的，所以买家直接去淘宝搜索这些淘客产品时，在详情页是看不到这些优惠券的，因此，我们说有隐藏的优惠券，给买家的感觉就是我们可以额外帮他们省钱。

如果要拉到微信群成交也很简单，我们只需要在朋友圈先预告一下最近发现或者买过的一款价格实惠质量又好的产品，然后告知想要链接的亲们私聊，再把他们拉到一个微信群里统一把链接公布出来。这样一来我们就可以把想要买东西的老顾客专门拉到微信群去营销，就不用在朋友圈发硬广告了。目前，一个微信群可以加500人，一个群满了之后就建第二个群、第三个群，以此类推。以后有什么新产品，我们就可以直接在群里分享推广文案和二维码了。买家识别二维码之后一般就可以看到淘口令，复制之后打开手机淘宝APP就可以领券和下单。买家下单之后，我们打开淘宝联盟APP，登录淘宝客账号，就可以看到预估收益，买家确认收货之后，这个佣金就到手了。

老顾客加到微信的人越多，到店铺复购的人也会越多，我们能从老顾客身上赚取的佣金也就越多。经理班有个成都的学员叫兰花，她把买她女鞋的顾客都加到一个5000人的微信里，一年可以赚20万元的佣金。想一想，也许有些卖家的淘宝店还赚不到那么多钱呢，而用老顾客赚佣金这个事情每天只需要发一发朋友圈，买家购买之后，我们自己既不用发货也不用管客服、售后，简直就是躺赚！

| 本节学习心得 |

请将学习本节内容后的心得记录在下面，以备后期查阅。

 本 章 课 后 作 业

学习完本章内容之后，请登录幕思城官网的学员个人学习中心，单击"实操作业"完成本章的课后实操作业。

实操作业19：老顾客加群

实操作业20：老顾客营销

在完成实操作业过程中遇到问题时，请及时联系专属成长顾问和学习顾问解决。

第七章

做好盈利困境管理

一分钱真能难倒英雄汉！

我们经常不是被重大问题击倒，而是被细小问题击溃。

本章课前必读

> **专门网站**

请在幕思城官网上学习经理班盈利困境管理相关课程和学员关于盈利困境管理的学习帖子。

> **专用软件**

请结合幕思城盈利助手和幕思城将军令实操。

> **问题咨询**

(1) 请联系自己的专属卖家成长顾问，解决学习盈利困境管理中的认识和实操问题。

(2) 请联系自己的专属卖家学习顾问，参加相关的专题训练营和综合训练营。卖家学习顾问是我们在幕思城的"内部客户代表"，他将站在我们的立场推进相关服务的提供，并确保我们得到的服务质量。

(3) 请联系自己的专属卖家发展顾问，明确自己当前的问题及未来的解决方向。

(4) 没有专属顾问的同学，请在幕思城网站上联系幕思城卖家发展顾问。

第一节 流量类困境管理

我们中小卖家在打造盈利店铺的过程中，难免会遇到各种各样的困难和小挫折，这都是很正常的。所以当店铺流量出现下滑或者订单变少时，我们不要过于紧张也不要心急，以平常心看待这些小困难，然后慢慢着手去解决就可以了。在本章，我将对中小卖家最常见的一些困境分享一些分析方法和挽救措施。

一、流量下滑的处理方法

（一）区分流量下滑的类型

流量下滑应该是中小卖家最常见也是最为头疼的事情。首先，我们要有一个认知，那就是流量一定会下滑，没有哪个店铺的流量会一直保持平稳或者持续上升，流量下滑是迟早要发生的事情。只是我们要分清楚如果店铺流量下滑了，到底是正常下滑还是非正常下滑。

如果店铺的流量是正常下滑，那基本上我们什么都做不了也不用做什么。例如做服装的店铺，产品进入淡季时，流量肯定会下滑，这就是正常的流量下滑，我们只需要接受事实，然后提前准备下个季节的产品即可。有些情况是由于产品被替代所以此消彼长，导致旧的产品流量销量下滑，也是正常情况。例如，iPhone X手机新出来时，卖手机壳的商家发现店铺里iPhone 7和iPhone 8的手机壳明显流量和销量都有所下滑。

（二）应对流量异常下滑

对于非正常情况下的流量下滑，就一定要关注和重视了，如被竞争对手超越、投诉维权导致流量下滑、动了产品的某个图或者标题导致流量断崖式下滑、排名或者位置的变动导致流量下滑等。

一般来说，我们所说的流量非正常下滑主要指的是手淘搜索流量和手淘首页流量。付费流量的变动属于人为可以控制的，例如，我们直通车需要多来点流量，只需要多烧点钱或者多推广宝贝、关键词就可以增加流量。一些小渠道的免费流量，如我的淘宝、购物车、淘内免费等，流量的大小也是跟随手淘搜索和手淘首页流量的变化而变化的。所以我们核心关注可以把控的手淘搜索和手淘首页两个免费流量渠道就可以了。

1. 手淘首页流量异常下滑的应对

手淘首页流量非正常下滑时，应该怎么分析？怎么办？如果流量从50个流量掉没了，或者从500个访客掉到400个，这种情况就不用分析，因为数据量太少或者属于正常的流量波动。如果我们的店铺平时每天手淘首页流量有几千上万个，但某一天突然掉了一半甚至直接掉到快没了，这种情况就比较严重了。

首先，检查一下最近店铺是否有投诉、违规扣分、降权、小二介入退款纠纷等。其次，看一下店铺是否最近动态评分飘绿了，或者有比较负面的中差评。最后，看一下最近是否改动过优惠券、满减、产品标题、主图、详情页等。除此之外，转化率的下降也会直接导致手淘首页流量下滑。一般来说，以上四种情况是导致手淘首页流量下滑最常见的原因。手淘首页不像手淘搜索，指标恢复了一般流量也就恢复了，手淘首页的流量下滑后一般短时间很难恢复。

因此，手淘首页流量一旦因为上述原因导致下滑，就需要找出导致下滑的因素，以后尽量避免在流量较高时去触犯或者修改这些指标。接下来如果我们要重新提升手淘首页流量，则需要主动出击，一般用钻展的单品推广或者超级推荐投放"猜你喜欢"的位置，然后让点击量递增，一般就能拉升手淘首页流量，这个在前面章节讲手淘首页流量如何获取的时候详细阐述过，这里就不再赘述。

2. 手淘搜索异常流量下滑的应对

手淘搜索非正常流量下滑的情况要复杂一些，因为要涉及关键词层面。前面我们提到的影响手淘首页流量的四类情况同样会影响手淘搜索，所以要确保我们手淘搜索的流量不被影响，应尽量减少投诉违规降权等情况，还要尽量避免中差评和动态评分飘绿，另外，要注意爆款或者流量起来后就尽量少修改或者不修改产品。

除此之外，还要分析一下流量下滑之前和流量下滑之后的引流关键词的变化，对比看一下到底是哪些关键词的流量下滑了。因为手淘搜索是靠关键词带来流量的，所以只要找出是具体哪些关键词流量下滑了，就可以针对性地优化。然后把这些流量下滑的关键词搜集起来，再拿到直通车标准计划里去针对性进行投放，用直通车给这些流量下滑的关键词引入流量，从而提升这些关键词的搜索权重。

二、转化率下降的处理方法

转化率的下降不仅直接导致订单减少，而且还会对手淘搜索和手淘首页的流量产生影响。不过转化率也要分渠道，手淘首页有手淘首页的转化率，手淘搜索也有专门的搜索转化率，店铺总的转化率是所有渠道的转化率的平均值。一般来说，单个渠道的转化率变化并不会直接影响其他渠道的转化率或者流量，例如，手淘首页转化率下降并不会导致手淘搜索转化率或者流量下降。

一般全店转化率下降主要是因为几个大流量渠道转化率下降导致的，所以我们一般研究主流的几个流量渠道转化率下降的原因和规避的方法即可。常见的大流量渠道主要是免费流量类别里的手淘搜索、手淘首页，然后是付费流量里的直通车、钻展、淘宝客、内容流量、活动流量等。其他非常见的流量渠道和特殊渠道不在我们的讨论范围之内。

一般来说，这些主流的流量渠道的转化率下降主要有以下几类原因：①店铺或产品本身的问题导致转化率下降；②流量质量变化导致的转化率下滑；③行业或竞争导致的转化率下降。

| 本节学习心得 |

请将学习本节内容后的心得记录在下面,以备后期查阅。

第二节 店铺类困境管理

一、动态飘绿的处理方法

店铺经常遇到一些问题会导致流量下滑,或者影响付费推广,如动态评分飘绿就是一个比较严重的问题。店铺的动态评分飘绿不仅会影响手淘搜索的排名,还会影响直通车的质量得分,买家看到一个店铺的动态评分是绿色的,也会产生怀疑,从而影响买家购买的积极性,淘宝客一般也不合作三项动态评分低于4.7的店铺。

(一)找到动态评分飘绿的原因

动态评分飘绿是因为有的买家在确认收货之后,评分给了低分。给低分的买家比例越高,店铺的动态评分就越低,对店铺的负面影响就越大。所以当我们的店铺动态评分飘绿之后,首先要问自己:到底是什么原因导致买家打低分的?

评分里总共有三项,分别是描述相符、物流服务和服务态度。如果动态评分里描述相符和服务态度飘绿比较严重,那么我们首先要审视一下产品是否存在质量问题,是否存在实物与详情页描述不一致的情况，我们旺旺上接待买家的服务态度是否存在问题。如果确实是我们的产品或者服务存在问题，那么就需要及时去优化和改进，否则即便是短时间把动态评分提高起来了，后期也会因为这些因素导致动态评分再次飘绿，所以长久之计是从产品和服务方面去改善。但是如果是物流服务动态评分飘绿了，那么就是快递公司导致的问题，要么是快递公司的时效性让买家不满意，要么是快递人员的服务态度让买家不满意。这个时候我们一般可以通过更换合作的快递公司和提高发货时效来解决。

(二) 提高动态评分直至飘红

如果动态评分飘绿了，任由其飘绿自然是不行的。我们可以主动想一些办法来短时间提高动态评分直至飘红，以此来降低动态评分飘绿对店铺或者推广产生的不良影响。

在卖家后台——评价管理中可以看到有多少人给我们评分，也可以看到当前的评分是几分。如图7-1所示，可以看到店铺评分掉到4.7分，店铺首页已经显示是绿色，总共有21人打分。这种情况我们要提高到对店铺没有负面影响的红色平分4.8分是比较容易的。

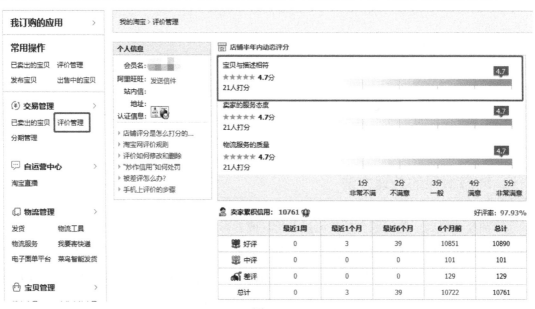

图 7-1

计算还需要多少个五星好评才可以做到4.8分，只需要打开幕思城将军令软件，找到"动态评分计算器"，输入我们的旺旺号或者希望达到的评分，如4.8分，再输入现在的分数和评价人数，就能计算出还需要多少个五星好评就可以达到4.8分了，这个过程比较简单。一般来说，评分人数越多，后续需要打5分的越多才能达到4.8分，如图7-2所示。

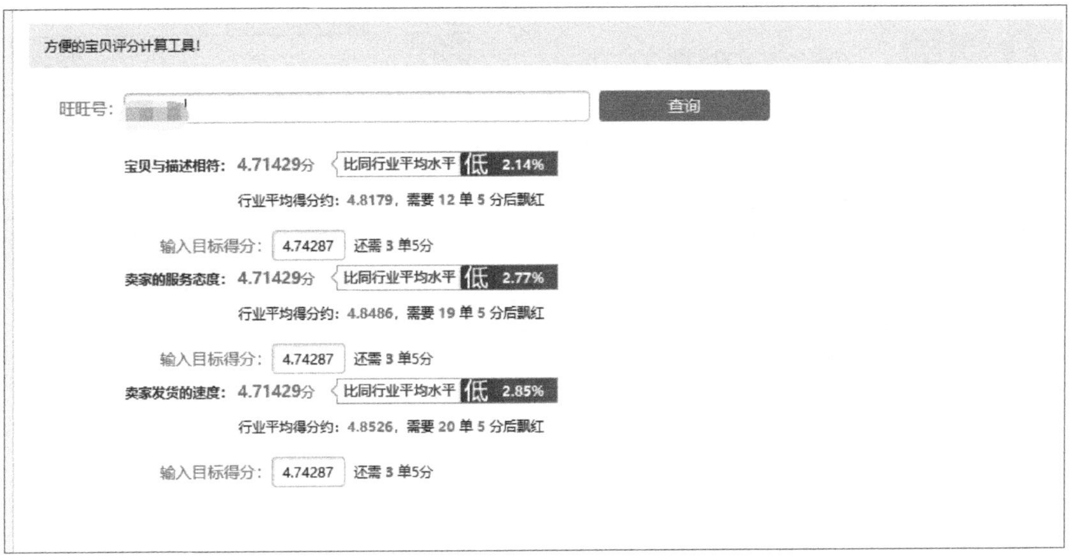

图 7-2

要计算出来还需要多少个5分后，接下来的目标就明确了，我们就需要不断累积5分的数量，达标了之后动态评分就会飘红。当然我们也可以在平时经营的过程中引导买家给予五分好评，以此来提高动态评分。但是有些同学的店铺生意可能不是很好，所以要累积到目标的量可能有些困难，那么我们就要用另外一种短时间能够提高动态评分的方式。

其实店铺不管卖什么产品，只要能拿到买家给我们打的5分就行了，那么为了降低难度，上架一些低价好卖的产品去报活动当然是最好的选择。一来，报活动效率高，如果选品选得好，可能一两天就能卖出几十单甚至几百单。二来，低价产品报活动即便是亏本卖也亏不了多少钱。

我们就拿众划算活动平台举例，它是一个第三方活动平台，主要模式是返利模式，也就是买家先原价到店铺下单，然后回到网站拿返利，这样买家就相当于以比较低的折扣价买到了商品，而卖家让利或者适当亏一点钱就有了销量和评价。

我们先要在众划算网站找与自己类目一致的销量好的产品，例如，做童鞋的卖家打开网站，找到一款鱼形的儿童拖鞋，看一下销量也挺好的，报名70份，还剩8份，意思是已经卖出了62份。这个时候我们查看商品详情，再把这个链接复制到阿里巴巴网站，搜索同款货源，发现这个鞋子在阿里巴巴的代销价是6.9元包邮。我们算一下，如果代销价6.9元的鞋子在众划算卖5.8元(见图7-3)，那相当于一单亏1块钱左右就能买到一个5分好评，太划算了。这个时候就可以把阿里巴巴的一件代发的同款货源一键发布在我们自己的店铺里，然后再去报名众划算的活动，可以与众划算网站上的鱼鞋相同或者略低一点儿的价格报名。活动上线之后，我们等着订单来，按照流程发货即可。

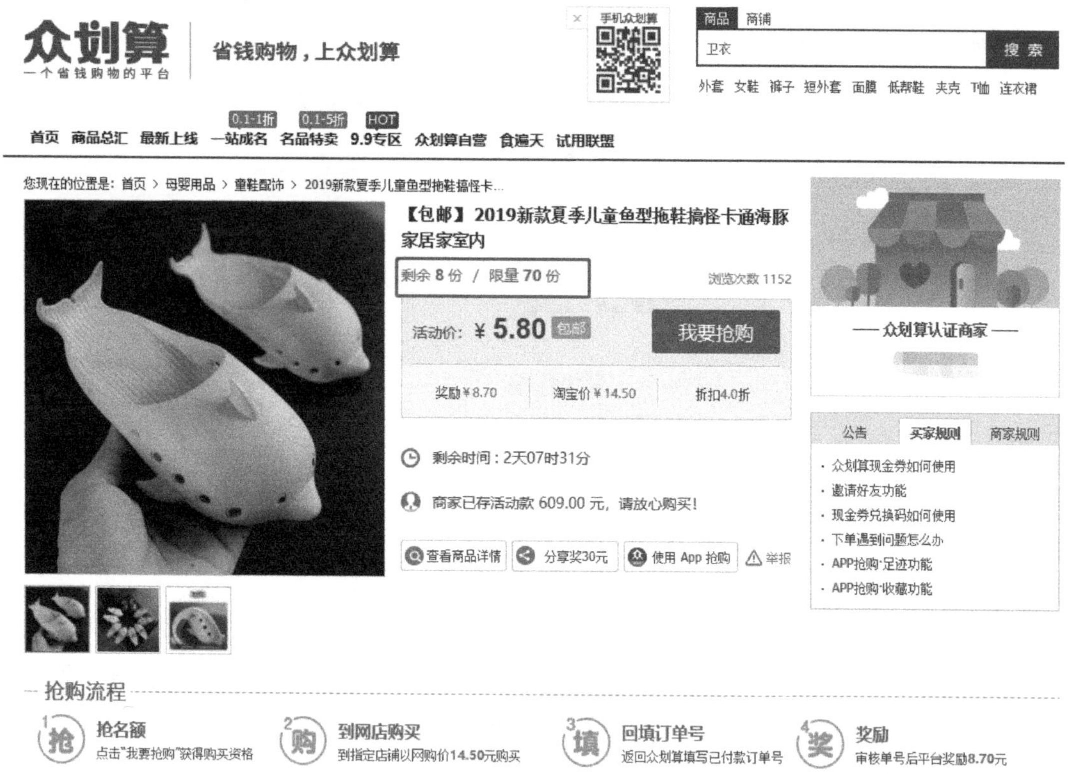

图 7-3

当达到了我们要求的5分数量之后,这款做活动的鱼鞋就可以下架或者删除了。如果一个产品卖不到我们要求的数量,那么可以多找几个产品去报活动,直到完成为止。

用这种方式提高动态评分比较简单,费用也不高。外面专门帮别人提高动态评分的公司一个5分收费十几块钱,我们自己在活动网站上报名活动一单最多亏几块钱就能完成,不仅大大节约了成本,效率也提高了很多,关键是这种方式是正常地卖东西,不违反淘宝规则,所以安全性也高。

二、被中差评的处理方法

(一) 中差评的危害

对于集市店来讲,中差评对店铺的影响非常大,如果处理不好,一个中差评可能毁了一个店。对于天猫店而言,由于店铺性质不一样,所以天猫店没有中差评,但是也无法避免买家恶意负面的评价,如果一条恶意评价置顶在评价列表前面,那么对产品的转化率影响也非常大。所以中差评是所有淘系卖家不得不面对的一个难题,也是所有卖家不得不学的一个必修课。

中差评对店铺的影响主要体现在对产品转化率的影响上。买家购物过程中最喜欢参考的就是评价内容和问大家的回答，销量都已经不是最核心的参考指标了。而买家参考评价过程中最常查看的就是中差评和追评的内容，从而判断这个商品值不值得买。如果有几个影响不好的中差评的评价内容，则会让后面的买家丧失信心，从而会大大影响他们下单的积极性。

(二) 中差评的错误应对方法

淘宝店的中差评在评价生效之后，30天内都可以修改的，而天猫店因为没有中差评的选项，所以只能对评价做出掌柜解释。一般来说，绝大多数的中差评都是可以引导买家修改的。他们给出中差评可能只是当时对某一方面有一点点不满，所以习惯性地勾选了中评或者差评。这种情况一般只需要打个电话，有礼貌地表示诚恳的歉意，适当安抚一下买家的情绪，就能让买家帮我们修改成好评。如果买家给出中差评的原因是产品缺斤少两或者存在质量问题，则可以包来回运费给买家退换或者适当给一定的经济补偿，一般也能说服买家修改。

绝大多数的新手掌柜并不重视中差评，抑或是虽然很重视，但是根本不知道如何下手，甚至羞于给买家打电话，对于请求买家修改中差评这件事更是难以启齿。我们不能对店铺的中差评坐视不管，每一个中差评都要重视，能修改的尽量都要修改。如果长期不重视中差评，不管不问，那么店铺的转化率和流量一定会受到影响。

经理班的常辉同学在去年就吃过这个亏。常辉去年在他的三钻店铺里测出了一个数据比较好的大码女装，加购率和转化率都不错，于是他用直通车递增拉升了点击量，不到一个月这个款就爆了，光9月份一个月就做了70万元的销售额。不过好景不长，10月份只做了9万元左右的业绩。按理来说，9月份已经算是进入秋冬旺季了，如果10月份维持住，进入11月份就可以在"双十一"爆发了，到12月份还可以在"双十二"活动中再次爆发一波，但是为什么这个产品在10月份就断崖式下滑了呢？后来我了解到，常辉在打造这个爆款的过程中，由于没有团队，销量起来之后，他老婆负责旺旺上接单，他负责打包发货，销量高峰期每天都要忙到凌晨两三点，根本顾不了店铺数据的异常，所以那个时候累积了很多中差评都没有时间去联系买家修改，导致评价数才2000多个，但是中差评累积了100多个，关键是有些中差评的评语特别长，买家一打开评价列表，这些长长的中差评就排在前面，导致店铺转化率在10月份下降了一半，流量也就跟着下降了，所以销售额大大减少。

(三)中差评的正确应对方法

打电话就能修改掉的中差评,对于我们来说并没有什么难度,有难度的是那些我们无论怎么讲都不修改的难缠的买家。对于这种困难的中差评,常规方法就不管用了,这个时候我们必须祭出大招,才能说服这类买家。

1. 做好本店的店铺分析

在处理困难的中差评之前,我们首先要做好本店的店铺分析。通过生意参谋或者自己经营这个类目的经验,需要分析出店铺的人群情况,如买家性别占比、年龄层次、销售价格区间。

其次我们还需要把每一个需要处理的中差评对应的买家信息挖掘出来,如订单对应的买家姓名、收货地址、支付宝账号、电话号码等个人信息。

最后就是收集具体的评价内容,以及对评价内容反映出来的买家不满的原因进行提炼。以上三个方面的店铺相关的分析就是我们在处理中差评之前具体要做的。

2. 对中差评进行分类

接下来是对我们收集的中差评进行分类。常规的中差评主要是反映质量问题、客服问题、运费问题、好评返现问题等。比较顽固的中差评我们又可以分为赔付原因、固执型、拖延型、误解型。还有一类数量不多,但是基本处理不掉的恶意类中差评,如职业差评师、同行、前同事等。

中差评分好类之后,再把我们平时遇到的中差评进行归类,每种类型处理方式不一样。

3. 对中差评进行分类解决

1) 常规类中差评的处理

我们针对第一类中差评也就是常规类中差评,通常采用的是常规的旺旺在线沟通、打电话联系处理及发短信处理等方式。

2) 顽固类中差评的处理

第二类比较顽固的中差评,我们则采用的是提高赔付金额或者长期拉锯战来处理。就拿长期拉锯战举例,如果旺旺和电话等常规方式都处理不了,提高赔付金额买家也不买账,那我们就只能来软的了。

(1) 微信红包感化法。

我们可以尝试用微信去添加对方的电话号码,看下是否能加到微信。如果电话号码确实是对方的微信号,我们在添加的时候先不要暴露自己的身份,就像平时加好友一样找个其他看起来合理的理由即可。通过之后，每天关注对方的朋友圈，只要对方发了朋友圈就去点赞和评论，引起对方的注意。在适当的时候每天给对方发红包，1~5块钱都可以。

不管对方领不领，他肯定会很好奇："我又不认识你，干吗天天给我发红包呀？"就是要等他主动问我们，这个时候我们就可以开始表明身份了。我们可以参考这样的话术来说："其实我们之前认识，我加您微信主要是来给您道歉的。前段时间您在网上的一次购物，因为我工作的疏忽，给您带来了非常不好的体验，老板也批评了我。在我经过反复的思索之后，我确实认识到之前的行为不规范、不专业给顾客带来了困扰，所以我非常自责，这几天也是寝食难安。我只希望能够得到您的原谅，希望我的歉意能够让您心情更舒坦一点。真的对不起！"

具体的话术可以根据情况来优化。核心的逻辑就是发自内心地、诚恳地道歉，不找理由也不推卸责任。一般来说，我们这么诚恳地道歉，肯定能得到原谅。这个时候不要第一时间要求对方修改中差评，我们可以借此机会多聊几句，建立稳定的关系。等过两天聊得稍微熟一点儿之后再请求对方帮忙修改中差评即可。

(2) 支付宝转账感化法。

如果微信加不上，可以用支付宝尝试给对方的电话号码转账。有些买家的支付宝账号就是电话号码，当然在后台也是有方法可以查到买家的支付宝账号的。不过，不需要转太多，持续几天每天转1块钱左右就可以了。转账的时候可以备注信息，这个就相当于是添加微信的验证信息一样，在这个备注信息里可以引导对方通过我们的支付宝加好友请求。

一般来说，大部分人都会通过好友请求的。通过了之后，我们就可以像微信那样用支付宝来和买家聊天了，这个时候我们再用前面讲到的道歉的方式去赢得买家的原谅，修改中差评的事情就变得顺理成章了。

(3) 掌柜解释法。

"智者千虑，必有一失"，也许还是存在极少部分人软硬不吃的，这种中差评基本上就修改不了了。还有恶意中差评如同行、职业差评师等给的评价基本上也是修改不了的，这个时候我们就只能用最后一招：掌柜解释。

掌柜解释是我们对于无法修改的中差评做出的最后挽救方法。如果解释到位，可以变中差评的负面影响为正面的营销作用，不仅不会降低转化率，反而会加强买家下单的信心。

首先我们要明确的就是，掌柜解释不是解释给当下给了中差评的买家看的，而是解释给后面准备下单的买家看的，所以掌柜解释本身是一项营销工作。

我们先看一下这样一个差评："失败的一次网购，建议亲们真心不要买，有毛刺，本人家宝宝使用一段时间后，坐垫居然裂了，太坑人了。请不要打电话给我，伤不起。"

如果是不职业的卖家，一般都会这么解释："我们的宝贝从来都没出现过这种情况，大家都满意，唯独你。可见你是多么难伺候，坐垫裂开是你人为的吧。让20元改评价的伤不起！您的目的达到了？您宝宝长大了怎么看您？您到时候怎么面对宝宝？人品？ 祝您幸福吧！"后面的买家一看到是这样的解释，肯定会大大降低对店铺的信任感，因为他们从这个掌柜解释里看出了你恶劣的服务态度，看出了你的推卸责任，所以他们担心自己买了东西如果遇到质量有问题，肯定也会遭遇和这个买家同样的待遇。

正确的解释应该是诚挚地道歉，真心地解决问题。例如这样的解释："给亲造成了影响，我们表示真诚的道歉。出现这个情况，可能是我们发货量太大，检查的时候不太细致误发造成的，非常感谢您帮我们发现了这个问题。我们往您的支付宝打了一点儿钱，希望能给您一定的补偿，小小的心意请不要介意。另外，我们看到您反馈的这个情况之后立马团队内部开会商量了解决方案，我们下次会在促销期多安排两个人专门检查货品，杜绝此类事情再次发生。真诚希望得到您的谅解，祝愿您开心每一天！"这样的解释让人看了心情舒畅，这才是买家应该享受的高水平服务。

正确的掌柜解释的基本框架和流程就是：先道歉，然后感谢—描述中差评成因—我们的弥补措施—我们后面要怎么改善—衷心的祝愿。只要按照这样的逻辑解释中差评，无论是淘宝店还是天猫店，都能把不利的中差评或者评论变成展示我们良好服务态度和专业的服务窗口。

| 本节学习心得 |

请将学习本节内容后的心得记录在下面，以备后期查阅。

学习完本章内容之后，请登录幕思城官网的学员个人学习中心，单击"实操作业"完成本章的课后实操作业。

在完成实操作业过程中遇到问题时，请及时联系专属成长顾问和学习顾问解决。

立有攸往

后 记

一、致谢

我个人认为，一个人要成功需要遇见四个人：高人指点、贵人相助、本人努力、小人监督。

《淘宝、天猫店核心盈利技术》是众多人智慧的结晶。做了几年淘宝店之后，我成了讲师，后续每年去杭州阿里巴巴园区参加淘宝小二组织的讲师培训，并与来自全国各地的高手一起碰撞切磋，他们的高瞻远瞩让我钦佩。8年前我开启了授课之路，每年会有成千上万的卖家来跟我学习淘宝，我所总结的打造盈利店铺的方法在很多卖家的店铺上得到了印证！再加上我大学修的是市场营销专业，我是发自内心喜欢学习和研究营销。非常感谢众多淘宝官方小二、讲师朋友给我思维上的启发。

我还要感谢我的老师、电商界的朋友、幕思城的同事，以及数以万计的学员、支持我的卖家等。书中列举了我了解的一些卖家朋友、学员的店铺情况，把他们的情况写成了案例，结合到本书的一些难以理解的章节中，试图将枯燥的知识变得简单易懂。这要感谢给我提供案例素材和照片的同学。

就本书的出版和完善，我要深深地感谢：

——感谢肖龙和李严。他们在我经营幕思城公司的过程中给我提供了很多帮助，并经常抽空来幕思城做分享，给予了我非常多的启发和灵感。他们在百忙之中抽空为本书写了推荐序。

——感谢落叶老师、秋秋老师、随风老师、雪狼老师，以及吴博、徐磊、胡润。他们抽空阅读完了本书的初稿，然后帮我写了推荐语。

——感谢团爸、梁庆选、胡润、阿蓉、张钰、婷婷、吴博、大喽、甘宗孝、毛毛、高原、兰花、谭志友、小刚、史永志、小邓邓、肖建林、小吴等。他们作为本书选用的案例，积极提供案例素材和照片。

——感谢万堂书院小二铁凝、淘宝大学负责人叶挺、淘宝大学小二捷达。他们在我电商之路上给予了难得的认可和支持。

——感谢幕思城经理班所有学员。他们排除各方阻碍最后选择在幕思城学习打造盈利店铺的方法。

——感谢幕思城过去和现在的所有员工。他们每日辛勤工作，任劳任怨，为学员答疑解惑，教授学员打造盈利店铺之法，使得幕思城的课程和服务有口皆碑。

——感谢我的小学老师杨兴俊、初中老师杨晓玲、高中老师伍永琼、大学老师王影。经师易遇，人师难求，幸运的是求学的每个阶段，总会有那么一两位老师给予我为人处世的指导，教会我如何成为一个优秀的人。

——感谢我的父母和弟弟。父母养育我成人，教我做人的道理，打工挣钱供我读书。弟弟在我未陪在父母身边的日子里帮我照顾好了父母，减轻了我的负担。

——感谢我的妻子豆豆和她的父母。他们在生活和工作上给予我极大的支持。

二、感受

当落笔完稿那一刻，内心有一种满满的感动，终于距离我的使命实现又近了一步。当初决定长期把幕思城做下去就是凭借这种使命感，希望帮助更多像我一样的普通人。甚至在过程中，我们特别针对在校大学生、退伍军人、残疾人、贫困人群等，提供了我们力所能及的帮助。所以，在写这本书的时候更多的是肩上扛着一份责任，内心藏着一份使命。

写书的过程中也有忐忑和惶恐。一方面担心自己写得不够全面，无法照顾到更多需要帮助的卖家。另一方面担心读者无法从头到尾系统性地阅读本书，从而导致这本书的价值无法被卖家挖掘。所以在写作过程中，思考的时间远大于动笔的时间，我在不断思考怎么写、写什么才能更好地便于卖家掌握这些电商盈利精髓，也在思考用什么案例、逻辑才能让枯燥的知识变得更加浅显易懂。

写完本书之后，更多的是一种期待的心情。期待这本书能够给幕思城的学员带来蜕变，也期待其他卖家在阅读完本书之后，能够对他们经营店铺提供一些指导。如果这本书能够对卖家起到哪怕一点点帮助，我也就心满意足了。

三、后续

电商行业日新月异,新的方法和技巧层出不穷,淘宝、天猫店的规则和玩法也经常更新。因此,本书在大框架不过时的前提下,计划每年更新最新的案例、玩法及规则,以此来确保本书能够跟得上电商行业的步伐和电商行业的变化。欢迎各位读者提出宝贵的建议,我会将有指导性的建议应用在下一个版本的书中。